U0367515

SAIF

Shanghai Advanced
Institute of Finance

上海高级金融学院

全球的中国金融研究权威

中国的全球金融研究高地

FURTHERING THE DEVELOPMENT OF
SHANGHAI AS AN INTERNATIONAL FINANCIAL CENTER
SERIES REPORT

上海国际金融中心
建设系列报告 2022

高金智库《上海国际金融中心建设系列报告》课题组 著

主编 屠光绍 执行主编 李 峰

上海交通大学出版社
SHANGHAI JIAO TONG UNIVERSITY PRESS

内容提要

为更好应对新征程下上海国际金融中心建设面临的新情况和新挑战,进一步服务国际金融中心能级持续提升,从而推进上海2035年建成具有全球重要影响力的国际金融中心,本报告分别从绿色金融(单独出版)、科创金融、金融科技、资产管理、人民币跨境使用和浦东引领区金融开放及长三角金融一体化等多个角度展开专题研究,为上海国际金融中心建设在"金融功能深化"和"城市能级提升"两个方面提出建议和展望。

本报告适合经济金融专业研究人员以及政府、企业管理者参考阅读。

图书在版编目(CIP)数据

上海国际金融中心建设系列报告. 2022 / 高金智库《上海国际金融中心建设系列报告》课题组著. — 上海 : 上海交通大学出版社,2023.10
ISBN 978 - 7 - 313 - 29492 - 0

Ⅰ.①上… Ⅱ.①高… Ⅲ.①国际金融中心-建设-研究报告-上海- 2022 Ⅳ.①F832.75

中国国家版本馆 CIP 数据核字(2023)第 178061 号

上海国际金融中心建设系列报告(2022)

SHANGHAI GUOJI JINRONG ZHONGXIN JIANSHE XILIE BAOGAO(2022)

著　　者:	高金智库《上海国际金融中心建设系列报告》课题组		
出版发行:	上海交通大学出版社	地　　址:	上海市番禺路 951 号
邮政编码:	200030	电　　话:	021 - 64071208
印　　刷:	上海万卷印刷股份有限公司	经　　销:	全国新华书店
开　　本:	787mm×1092mm　1/16	印　　张:	12.25
字　　数:	306 千字	插　　页:	2
版　　次:	2023 年 10 月第 1 版	印　　次:	2023 年 10 月第 1 次印刷
书　　号:	ISBN 978 - 7 - 313 - 29492 - 0		
定　　价:	98.00 元		

版权所有　侵权必究
告 读 者: 如发现本书有印装质量问题请与印刷厂质量科联系
联系电话: 021 - 56928178

高金智库书系

　　高金智库(英文名称为 SAIF ThinkTank)是上海交通大学上海高级金融学院(高金/SAIF)的智库品牌,主要任务是组织国内外专家学者,围绕党和国家在经济金融领域的政策脉络和任务部署,聚焦"国际金融中心建设",深入"金融科技""科创金融"和"可持续金融"研究,着重研究上海金融中心发展中带有战略性、全局性和前瞻性的问题,向金融管理部门提交研究报告和建议,同时承担相关管理部门交议的研究任务。

　　高金智库秉持"形成顶级政策智库"的发展使命,立足全球经济金融趋动前沿,在上海交通大学上海高级金融学院(SAIF)学术研究基础上,依托上海交通大学中国金融研究院(CAFR),联动上海高金金融研究院(SAIFR)等应用研究资源,做好政策研究与决策支持,提供高质量的策论及研究报告、高水平的重大研究成果,开展高层次、有实效的研讨活动,举办运营"上海国际金融中心发展论坛",打造兼具学术性和现实性、有国际影响力的特色金融专业智库。

　　"高金智库书系"旨在通过求解国际金融中心建设中具有战略性、全局性和前瞻性的发展任务,转化为可借鉴的经济金融领域的研究成果,促进学术研究和政策研究的双向赋能,力图打造成为通晓世界、关注中国的国家高端智库书系品牌。

课　题　组

总顾问：　屠光绍

协调人：　李　峰

（子课题组长按报告合订先后排序）

课题组长：　朱克江　李　峰　马　颖　刘晓春　李明良
韩汉君

（编写人员按姓氏字母排序）

编写人员：　陈　珏　董昕皓　胡素素　贾德铮　潘　薇
齐冠云　沈思宇　向　坚　汪　强　汪　洋
王　玮　吴尚尚　吴　婷　徐明霞　赵玲玲
张一愫　张逸辰　周政宇　祝修业

前　言

一、新征程下上海国际金融中心建设面临的新情况和新挑战

国际政经格局的加速调整、技术进步、全球新冠疫情的冲击成为上海国际金融中心建设新阶段的三大外部环境变量。一方面,国际政经格局快速调整、全球新冠疫情持续冲击、世界气候生态环境加速恶化等问题带来的不确定性明显加剧,促使全球科技发展迫切需要国际合作以解决人类面临的共同问题;另一方面,科技竞争加剧,科技创新支撑经济社会转型发展的压力增大,使得科技创新受政治裹挟、成为政治博弈工具的现象更加普遍,凸显了科技发展的战略重要性。

经济增长的"新常态"及绿色可持续增长模式的变革、新冠疫情的冲击和应对、人口老龄化趋势成为上海国际金融中心建设新阶段的三大内部环境变量。后金融危机时期,中国经济进入中高速增长的"新常态",绿色可持续高质量发展模式成为必需。同时,新冠疫情冲击对经济、社会、科技各方面都产生长期深远影响。人口老龄化发展趋势深刻影响中国经济增长模式,为经济社会转型发展带来了新情况和新挑战。

二、上海国际金融中心建设 3.0 升级版本的重点功能

上海的国际金融中心建设从提出伊始就是服务于国家战略,是国家战略的重要组成部分。上海国际金融中心建设的 1.0 版本可以追溯到 1992 年党的十四大提出,"尽快把上海建设成为国际经济、金融、贸易中心之一"。2009 年国务院 19 号文《关于推进上海加快发展现代服务业和先进制造业建设国际金融中心和国际航运中心的意见》,明确上海至 2020 年基本建成"与我国经济实力以及人民币国际地位相适应的国际金融中心"的目标,可以认为是上海国际金融中心建设的 2.0 版本。《上海国际金融中心建设"十四五"规划》中提出,到 2025 年,上海国际金融中心能级显著提升,服务全国经济高质量发展作用进一步凸显,人民币金融资产配置和风险管理中心地位更加巩固,全球资源配置功能明显增强,为到 2035 年建成具有全球重要影响力的国际金融中心奠定坚实基础,并提出"两中心、两枢纽、两高地"六个目标,上海国际金融中心建设迈入 3.0 版本时代。

上海国际金融中心建设 3.0 升级版的重点功能有:

一是风险管理和避险功能。进一步完善多层次资本市场建设,进一步提升上海国际金融中心的市场化水平,为风险管理和避险功能提供足够纵深和有效的金融市场。聚焦金融

服务实体经济,提供实体经济所需风险管理和避险的金融工具。强化风险防控能力,维护国家金融安全,密织金融安全网。

二是货币自由兑换功能。发展相对独立、功能强大的人民币离岸体系。推动贸易投资高水平自由化便利化。提升人民币金融资产配置中心和风险管理中心功能。

三是制度型开放功能。依托临港新片区"离岸金融创新实践区"探索在人民币离岸体系建设、人民币跨境使用、人民币资产配置等离岸金融和人民币资本项目开放上面的制度创新,并在风险可控的前提下,逐步推进。深化与全球主要金融市场的互联互通机制和制度,进一步扩大资本市场双向开放,助力全球资产管理中心建设。

三、本报告的结构和内容安排

一是《金融功能深化专题研究》,含科创金融、金融科技、资产管理、人民币跨境使用等四个专题研究。

二是《城市能级提升专栏研究》,含浦东引领区金融开放和长三角金融一体化等两个专栏研究。

另外,由邱慈观教授组建专项课题组撰写的《上海绿色金融指数专项研究》,作为本报告的重要组成部分,后期将单独出版。

目　录

城市能级提升专栏研究

金融功能深化专题研究

引　言

习近平指出,深化金融供给侧结构性改革必须贯彻落实新发展理念,强化金融服务功能,找准金融服务重点,以服务实体经济、服务人民生活为本。要以金融体系结构调整优化为重点,优化融资结构和金融机构体系、市场体系、产品体系,为实体经济发展提供更高质量、更有效率的金融服务。中国人民银行行长易纲指出,金融的作用和功能主要是更好地配置金融资源,同时不断为市场主体提供风险管理等金融服务。深化金融功能,能够促进实体经济健康发展,推动高质量发展。同时,加快金融功能建设是上海开展国际经济、金融、贸易、航运、科技创新"五个中心"建设的重要一环。

为深化上海金融功能,本报告将从以下方面开展研究:第一,大力发展上海科创金融。借助科创金融改革试验区新机遇,加快产业基金群、科技信贷体系、创业投资、资本退出新机制、科技保险等建设,构筑科创金融生态。加快金融与科技高质量发展的联动融合,从而加快形成上海科创金融高质量发展的局面。第二,加快全球金融科技中心建设与发展。通过核心技术攻关与应用、基础设施强化、金融数据有序共享和合理流动、高质量金融科技人才培养、金融科技领域投融资和金融监管体系完善等,弥补上海金融科技发展的不足。第三,加快全球资产管理中心建设和发展。从特色定位,多元化与差异化发展,人才储备、集聚与激励,司法监管体系和投资者保护,金融环境,资源的全球配置,资管科技、数字化与可持续发展等方面,建设全球资产管理中心。第四,加快人民币跨境使用枢纽建设与发展。通过以制度创新为核心深化金融改革开放,发展相对独立、功能强大的离岸体系,提高"上海价格"的全球影响力,完善跨境投融资功能和打造国际一流的金融发展生态,积极建设跨境人民币枢纽。

通过以上四个方面的建设与发展,深化上海金融功能,加强对实体经济的服务,加快上海国际金融中心建设,加快构建新发展格局,着力推动经济高质量发展。

上海科创金融发展研究

子课题[①]负责人:朱克江

内容摘要:党的二十大报告强调:"加快构建新发展格局,着力推动高质量发展""加快实现高水平科技自立自强"。这为我国推进金融与科技高质量发展的联动融合、加快构建科创金融体系指明了方向。未来,上海要抓住机遇,着力完善国家科创金融改革试验区发展的顶层设计,充分用好政策手段,加大改革力度,加强资源整合,加快形成上海科创金融高质量发展的新局面。

一是,用好科创金融改革试验区新机遇,推动上海科技创新核心功能再上新台阶。二是,强化先导产业资金投入,加快产业基金群建设步伐。三是,加快完善科技信贷体系,大幅提升间接融资便利度。四是,大力繁荣创业投资,为科创企业提供强大资本支持。五是,探索构建资本退出新机制,打通募投管退良性循环。六是,强化科技保险支撑,为科创发展提供市场保障。七是,提高财政资金使用效率,撬动更多社会资本支持科创。八是,推进专利资产化和货币化探索,加快发展 IP 金融。九是,加快构筑科创金融生态,开辟科创与金融资源互动的高容量市场空间。

一、上海科创金融发展现状与成效

党的二十大报告强调指出:"加快构建新发展格局,着力推动高质量发展""加快实现高水平科技自立自强"。这对我国科技创新发展提出了新的更高要求,也为推进金融与科技高质量发展的联动融合、加快构建科创金融体系指明了方向。

实现"高水平科技自立自强",必须高度重视并加强科技创新的市场支撑和生态建设。其中,重要的是建立与完善科创金融制度体系,加快形成对科技创新广覆盖、全流程、多层次、便利化的金融服务机制,以充分发挥金融服务科技创新的效能。同时,持续推进科创金融制度创新,充分利用好国内国际两个市场、两种资源,以实现科创金融服务体系的高水平、国际化发展。

---

① 本课题组由高金智库组织相关专家组成,课题组长:朱克江,上海高金金融研究院资深研究员;课题组成员:贾德铮、胡素素。

上海作为更深层次、更宽领域、更大力度的金融全方位高水平开放前沿阵地，是推动我国科技与金融高质量发展的关键节点，也是构建新时代新发展格局的重要一环。上海一直被国家赋予重要历史使命。2022 年 11 月 18 日，《上海市、南京市、杭州市、合肥市、嘉兴市建设科创金融改革试验区总体方案》发布，将上海科技首创、金融引领功能引入长三角科创金融体系通盘考虑，对上海提出更高层次要求，赋予上海更多开创性任务和引领性功能，撬动长三角协同创新再上新台阶。

近年来，上海市围绕国家战略部署，全力推进国际金融中心和具有全球影响力的科技创新中心建设，并致力于两者联动融合，取得了举世瞩目的成效，促进形成了良好的科创金融服务环境。自 2019 年上海市发布"浦江之光"行动方案以来，全市开展一系列金融服务科技创新的重大战略部署，着力攻坚克难，推动科创金融服务覆盖面持续扩大，服务品质持续升级，服务体系持续优化，全市科技创新成果丰硕，金融市场活跃繁荣。同时，也形成并积累了大量可复制可推广的成功经验和政策措施，为国家启动科创金融改革试验区建设奠定了坚实基础。

（一）金融创新持续赋能，创新发展基础不断夯实

上海以科技信贷、科技保险、科技投融资、资本市场等重点业务板块为抓手，努力为科技中小型企业、创业企业提供科创金融服务，取得了显著进展。全市科技信贷规模持续增长，创业投资市场日益活跃，服务科创企业的各类基金和股权投资持续发力，科技保险蓬勃兴起。目前，上海科创金融快速发展，已构成上海国际金融中心新阶段建设的重要组成部分，为具有全球影响力的科创中心建设提供了有力支撑。

在金融赋能的环境下，上海科创发展基础日益坚实。一是科技企业产值稳步增长，新旧动能转换加快。上海战略性新兴产业快速发展，科创企业对经济增长的贡献稳步提高。2021 年，上海战略性新兴产业增加值创历史新高，达 8 794.5 亿元，同比增长 15.2%，占全市生产总值比重约 20.4%，比上年提升 1.5 个百分点（见图 1）。

二是研发投入不断增加，创新实力明显提升。2021 年，上海全社会研发（R&D）经费投入占全市生产总值的比重提高到 4.21%，经费支出达 1 819.8 亿元（见图 2），位居全国第二，处于领先水平。2021 年末，上海集聚跨国公司地区总部 831 家、外资研发中心 506 家、国家级研发机构 85 家，建成上海光源、蛋白质中心等一批世界级大科学设施。在《2021 自然指数全球科研城市排名》中，上海从 2016 年的第八位升至第五位。

三是科技成果转化快速推进，新兴产业高地规模初现。上海技术合同成交金额从 2012 年的 588.52 亿元增长到 2021 年的 2 761.25 亿元，增长 4.69 倍，占全国技术合同金额的 7.4%，高新技术企业从 4 311 家提高到了超 2 万家，增长 4.64 倍，促进形成了集成电路、生物医药、人工智能三大产业高地的"上海方案"。世界知识产权组织最新发布的《全球创新指数 2021》报告中，上海位列全球"最佳科技集群"第八位，排名再创新高。

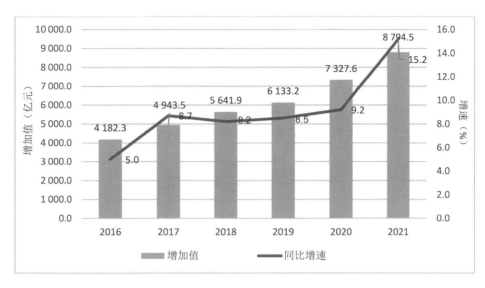

图 1 上海市战略性新兴产业增加值及增速

数据来源:上海市统计局

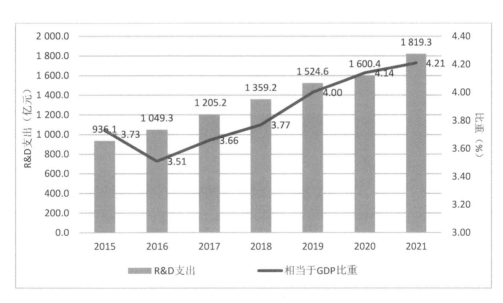

图 2 上海市 R&D 支出及占 GDP 比重

数据来源:上海市统计局

(二)培育机制日趋成熟,科创包容性显著增强

一是科创载体建设全国领先。全市双创载体围绕企业发展和产业培育,依托自有空间优势,不断凝聚各类资源,为发掘孵化科技企业、培育发展战略性新兴产业提供了"源头活水"。目前,上海双创载体规模位居全国前列,形成了"众创空间—孵化器—加速器"的双创

培育载体格局。截至 2022 年 9 月,上海各类双创载体超过 500 家。其中,科技企业孵化器 189 家、众创空间 170 家、大学科技园 15 家。各类载体经营场地总面积超过 343 万平方米,孵化服务企业近 3 万家,毕业企业达 4 076 家。

二是科创企业认证体系健全,政府服务覆盖面增强。上海注重科技企业源头培育,全面打造从支持创新意识、创意火花到孵化科技型中小企业、高新技术企业培育链,构建完善的科技企业认证体系,引导科技型中小企业加大研发投入,激发创新创业活力,助推上海科技企业高效率培育、高质量发展。目前,全市已建立起科技企业认证和"专精特新"企业认证两大体系,彼此优势互补,共同发力,为上海科创企业持续赋能。

在科委系统,全市入库企业数量快速增长。2021 年,全年科技型中小企业入库 15 254 家,比上年增长 90.5%;高新技术企业库新认定 4 014 家,有效期内高新技术企业数突破 2 万家;科技小巨人库新立项支持企业 153 家,累计扶持企业 2 498 家;技术先进服务企业新认定 15 家,累计认定 250 家(见表 1)。

在经信委系统,全市"专精特新"企业数量在全国名列前茅。截至 2022 年 8 月,上海市累计有"专精特新"中小企业 4 945 家,"专精特新"小巨人企业 507 家(见表 2)。

表 1　上海科技企业培育情况　　　　　　　　　　　　　　　　　　　　(单位:家)

年份	科技型中小企业		科技小巨人		高新技术企业		技术先进服务企业	
	新入库	累计入库	新立项	累计扶持	新认定	有效期内企业数	新认定	累计认定
2018	1 751①		180	1 798	3 705	9 250		
2019	1 672②		177	2 155	5 950	12 848		
2020	8 008	17 000	191	2 300	7 396	17 000		
2021	15 254		153	2 498	4 014	20 000	15	250

数据来源:根据历年上海科技进步报告整理得到

表 2　上海"专精特新"中小企业认定数　　　　　　　　　　　　　　(单位:家)

年份	"专精特新"中小企业
2019	1 769
2020	1 236
2021	1 430
2022 年第一批	510

数据来源:上海产业转型发展研究院上海转型发布

---

① 该数据为当年支持企业数量。
② 该数据为当年支持企业数量。

三是科技创新券通用通兑规模扩大,科技成果转化效率提高。全市努力降低创新创业成本,集合长三角地区资源,打破行政壁垒,推动科技创新券在长三角通用通兑,实现了科技创新资源的双向流通和有效互动。支持科技企业、创新创业团队在更广范围内向服务机构购买专业服务,促进科技资源精准对接研发需求,促成产学研各创新主体间建立长期合作,支撑科技企业利用社会共享资源持续创新,并吸引和带动其他企业与机构加入合作,推动社会化、专业化科技服务市场持续壮大。

近年来,全市中小科创企业对科技成果转化诉求增加,科技创新券使用重点由仪器共享转向技术转移,发放金额逐年升高。2020年,为应对疫情,上海将科技企业每年使用创新券额度由30万元调整至50万元。2021年,全市共向3 319家中小企业和创业团队发放总额9.9亿元的创新券,其中,向1 641家中小企业和创业团队发送总额4.9亿元的技术转移服务类科技创新券,带动企业获投融资53项,投融资金额3.5亿元(见表3、表4)。

表3 上海科技创新券使用情况(仪器共享服务)

年份	发放企业数(家)	金额(亿元)	利用创新券购买服务(万元)	研发总支出(亿元)	实际兑现补贴(万元)
2019	10 100	11.6	42 000	6.2	13 396
2020	3 739	18.6		2.1	7 837
2021	1 678	5.0	2 239	2.1	6 210

数据来源:根据历年上海科技进步报告整理得到

表4 上海科技创新券使用情况(技术转移服务)

年份	发放企业数(家)	金额(亿元)	利用创新券购买服务(次)	购买服务总支出(万元)	带动企业获投融资(项)	投融资金额(亿元)	形成或购买新专利(件)
2019	820	0.98	—	—			
2020	542	0.52	—	—	71	4.1	57
2021	1 641	4.9	240	4 025.9	53	3.5	224

数据来源:根据历年上海科技进步报告整理得到

(三)科技信贷规模扩大,科创企业融资环境显著改善

目前,银行信贷仍是我国科创企业获得资金的主要渠道。2022年上半年,上海辖区内科技型企业贷款存量户数为1.8万户,同比增长59%;贷款余额6 542亿元,同比增长65.2%。

1. 政策信贷种类不断丰富

上海聚焦科技企业创新主体培育,加速构建"载体链＋政策链＋服务链＋金融链"的双

创生态。2021 年,上海科技信贷授信规模 1 583 亿元,服务科创企业达 4 793 家,同比分别增长 6%和 18%。

一是不断完善"3+X"科技政策信贷产品体系,实现科创企业不同融资需求的全阶段覆盖。上海的银行金融机构致力于市场定位、信贷政策、科技服务等方面的不断创新,针对不同领域和不同发展阶段的科技型企业,量身订制科技信贷产品,不断改进业务机制,优化信贷流程,让科技型企业不再着急等"贷"。2021 年,上海简化贷款手续,成功推出"科创助力贷",为处于初创期的科技型小微企业提供无抵押的流动资金贷款,提升科创企业贷款的可获得性。上海科技政策贷款总额持续扩大,从 2016 年的 29.19 亿元上升至 2021 年 62.59 亿元,增长了 1.14 倍。2022 年 1 至 9 月,累计实现贷款 57.46 亿元,全年有望超过 2021 年。截至 2022 年 9 月,"3+X"贷款以及科创助力贷、创投贷等科技政策贷款累计授信金额超过 358 亿元,累计服务 6 137 家科技型企业(见表 5)。

表 5　上海科技贷款授信完成情况　　　　　　　　(单位:万元,家)

年份	类别	科技履约贷	小巨人信用贷	科技微贷通	科创助力贷	合计
2022 年 1-9 月	信贷额	165 900	387 800	430	20 500	574 630
	贷款家数	338	169	3	89	599
2021	信贷额	266 890	354 850	1 950	2 245	625 935
	贷款家数	600	187	11	12	810
2020	信贷额	308 835	350 286	2 480		661 601
	贷款家数	763	171	16		950
2019	信贷额	308 990	253 137	3 376		565 503
	贷款家数	705	166	24		895
2018	信贷额	263 677	236 037	4 245		503 959
	贷款家数	617	88	29		734
2017	信贷额	224 140	143 217	4 800		378 687
	贷款家数	526	69	34		640
2016	信贷额	164 024	104 780	6 355		291 909
	贷款家数	429	90	45		586

数据来源:根据历年《上海科技进步报告》汇总得到

二是持续加大对高新技术企业的贷款支持。2019 年 9 月,上海市科委、人民银行上海总部联合发布了"高新技术企业贷款授信服务方案",即高企贷。该项贷款重点支持中小微高新技术企业,为其提供低息或信用贷款,并建立绿色审批通道。2020—2021 年,高企贷规模快速增长,每年服务企业数量 3 000 家至 4 000 家左右,贷款规模在 1 500 亿元至 2 000 亿元之间,截至 2022 年 6 月,累计为 6 045 家高新技术企业提供各类授信超 5 667 亿元(见表6)。

表 6　上海高企贷贷款规模　　　　　　　　　　　　　(单位:家,亿元)

年份	企业数	贷款额
2019	824	237.59
2020	3 338	1 839.27
2021	3 983	1 521.63

数据来源:根据历年《上海科技进步报告》汇总得到

2. 融资担保体系趋于完善

针对科技型中小企业融资"短、频、快"的特点,上海不断健全科创金融风险分担机制,搭建"政府＋市场＋科技企业"的信贷担保合作模式,支持中小微企业在科技创新和产业结构升级中发挥作用。

一是政策性担保体系逐渐壮大。上海基本建成以市中小微企业政策性融资担保基金管理中心为龙头,各区政府性融资担保机构为支撑,新型银担分险机制为载体,覆盖全市的政府性融资担保体系。初步形成了国家、市、区"三级联动、层层分险"的政府性融资担保机制,有效增强科创企业融资担保放大效应。2022 年突发疫情期间,上海市中小微企业政策性融资担保基金降费减费,极大降低了科创企业贷款成本。截至 2022 年 6 月,基金已经累计为上海市中小微企业实施政策性担保贷款 1 668 亿元。

二是市场化担保模式不断创新。上海不断优化保险公司服务流程,探索建立承保全流程限时制度,鼓励行业协会牵头制定相对统一的行业服务标准,以满足中小微企业对资金周转时效以及投保便利化的需求。截至 2022 年 4 月,上海市科委与 7 家保险公司、保险代理机构和保险经纪机构达成科技贷款合作。截至 2022 年 10 月 25 日,在沪保险机构已累计服务科技型中小微企业 3 619 家次,通过保证保险的方式支持贷款金额 130 亿元。

3. 补偿、贴息贴费力度持续加大

上海进一步推动科技与金融深度融合,让科技信贷助力企业更好地跨越"融资高山",对信贷补偿、贴息补助等政策进行优化升级。从政策安排到资金分配,对中小微企业贷款担保、贷款保险给予全面财政补贴。

一是贴息贴费规模持续上升。对获得科技履约贷、科技微贷通等政策性贷款的授信企业,如果已按时还本付息,履行完成贷款合同,可享受保费(担保费)50%的财政专项补贴。2022 年 1 至 10 月,上海共进行两批科技金融保费补贴,合计 700 家企业,补贴金额 3 211 万元,创历史新高(见图3)。

二是信贷风险奖补规模持续增加。目前,上海财政专项资金(财政资金直达基层)中,"中小微企业信贷奖补专项资金"不仅对中小微企业信贷风险进行补偿,也对为中小微企业提供贷款的银行给予奖励,以调动商业银行的积极性。2021 年,该项财政资金分配金额 2.3

亿元,比上年增长18.6%。其中,对商业银行奖励约2.29亿元,增长19%(见表7)。

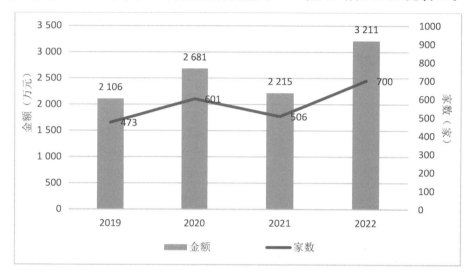

图3 上海保费补贴规模

数据来源:根据上海市科学技术委员会网站公开信息整理

表7 上海小微企业信贷风险补偿专项资金 （单位:家,万元）

年份	使用类别	分配银行家数	分配金额
2020	上海市小型微型企业信贷奖励	39	19 240.0
	上海市科技型中小企业和小型微型企业信贷风险补偿	2	179.7
	合计	41	19 419.7
2021	上海市小型微型企业信贷奖励	38	22 900.0
	上海市科技型中小企业和小型微型企业信贷风险补偿	4	104.1
	合计	42	23 004.1

资料来源:上海市人民政府网站

(四)面向早期的创业投资繁荣,高新技术企业备受青睐

近年来,上海重视加强对科创的资本支持,创投引导规模扩大,基金数量、管理总量均走在前列,投向集成电路、计算机及其应用、生物医药、新能源等行业的资金持续提升。

1. 早期投资活跃度增强,创业效能显著提高

一是专注早期投资的基金数量稳步增长。上海着力搭建多层次创投体系,通过引导基金搭建创业基金、天使基金,鼓励早期投资基金发展,通过系统性和生态化的服务,响应投

前、投中、投后市场需求,培育有利于优秀初创企业不断产生、持续成长的外部环境。2021年,上海新增备案的创业投资引导基金数量达到 73 只,早期投资基金新增备案数量为 6 只,创近年新高(见图 4)。

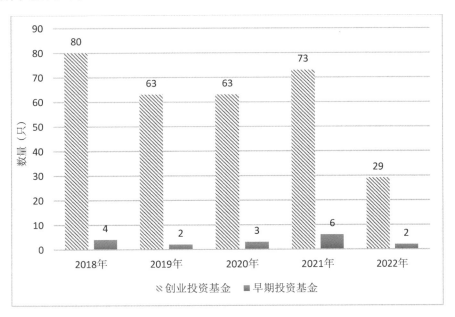

图 4 上海创投基金新备案数量

数据来源:根据清科 PEDATAMAX 数据库整理

二是早期投资规模稳步上升。上海创投"投早、投小、投科技"日益活跃,对未上市企业投资有着较高的渗透率。2021 年,上海科创企业种子轮投资数量和规模均显著提高。投资 54 起,为上年的 2.7 倍;投资规模 6.3 亿元,为上年的 3 倍。2021 年,上海科创企业天使轮投资虽与 2020 年相比有所下降,但相比 2018 年、2019 年有显著提高。2022 年,即使在疫情冲击下,1 至 9 月,投资金额达到 55.09 亿元,超过 2021 年全年(见图 5、图 6)。

2. 创投引导得到加强,增值潜力逐渐释放

上海推动国有资本加速创新链与产业链对接,积极推动市区两级引导基金在促进创新资本形成和构建创新生态体系中发挥杠杆和引领作用,打通天使、VC、PE 及产业并购全链条,提供源源不断的资金和优质项目。目前,上海市级政府引导基金,主要有上海市创业投资引导基金、上海市天使投资引导基金和上海科创基金等,分别由上海科技创业投资(集团)有限公司,上海创业接力科技金融集团有限公司和上海科创中心股权投资基金管理有限公司负责管理。三只基金目前合计管理资金约 390 亿元,有效撬动社会资本参与科技创投(见表 8)。

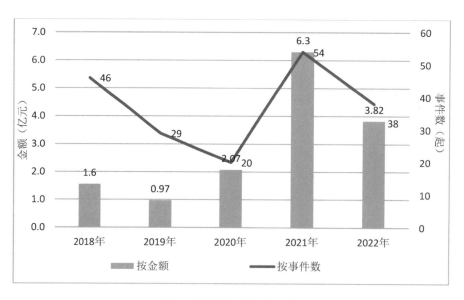

图5 上海种子轮投资规模

数据来源:根据清科 PEDATAMAX 数据库整理

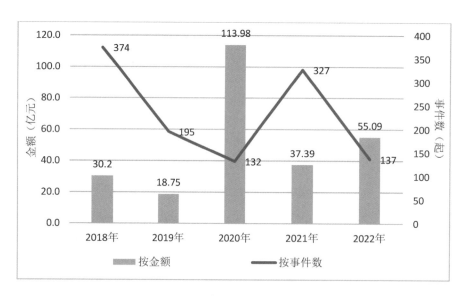

图6 上海天使轮投资规模

数据来源:根据清科 PEDATAMAX 数据库整理

表8 上海市主要引导基金情况

基金名称	管理机构	基本情况
上海市创业投资引导基金	上海科技创业投资(集团)有限公司	规模 120 亿元

基金名称	管理机构	基本情况
上海市天使投资引导基金	上海创业接力科技金融集团有限公司	截至 2022 年 10 月,基金总规模超过 150 亿元,合作基金 60 家,过会基金超过 110 只,覆盖被投企业超过 1 000 家
上海科创基金	上海科创中心股权投资基金管理有限公司	截至 2022 年 6 月,管理规模约 120 亿元,已投资子基金超过 65 支,子基金签约总规模超过 1 700 亿元,投资组合超过 1 700 家,投资组合中已上市企业达 61 家,其中科创板 37 家

资料来源:各集团公司网站

上海创业接力科技金融集团是上海政策性天使投资的核心部分。创业接力集团旗下"接力母基金"负责管理"上海市天使投资引导基金",截至 2022 年 10 月,基金总规模超过 150 亿元,合作基金 60 家,过会基金超过 110 只,覆盖被投企业超过 1 000 家。在清科发布的"2022 中国政府引导基金 50 强榜单"中,上海市天使投资引导基金排名第 15 位,是上海市级各类引导基金中排名最高的一只基金。

3. 产业引导管理高效,撬动社会资本能力增强

上海国资瞄准全球科技创新,广泛聚集创新要素,吸纳先进产业,探索构建"政府引导基金+大型产业集团"的产业培育模式,实现"产融协同"。在国有资本的撬动下,投向上海战略性新兴产业的创新资本正加速形成。

上海产业引导基金体系中,上海国际(集团)有限公司、上海国盛(集团)有限公司、上海科技创业投资(集团)有限公司是上海国有资产运营和政府科技产业基金管理主要机构,发挥着产业引领作用。

2021 年,上海国盛(集团)有限公司主导发起和运作 7 只基金,共计完成投资项目决策 62 个,涉及投资资金 55.55 亿元。公司参与投资项目中,新增 8 家在科创板上市,3 家在创业板上市,2 家在主板上市,1 家在港股上市。截至 2021 年末,上海国盛集团主导发起的头部基金、参股设立的基金均超过 10 只。

上海国际(集团)有限公司创设金浦、国和、赛领、科创、国方五大基金管理品牌,截至 2022 年 6 月,合计管理资产规模超 1 200 亿元,旗下基金投资的 100 多家科创企业已在境内外成功上市。

上海科技创业投资(集团)有限公司资本管理规模超过 1 200 亿元,累计直接投资项目超过 360 家,参股创投基金超过 160 家,参股基金投资项目超过 1 800 家,培育科创板上市企业 51 家。目前,上海科创集团主要管理与参股 6 只基金,其中规模最大的是上海集成电路产业投资基金,规模 361 亿元。2021 年,全年累计投资 134.6 亿元,直接和通过参股基金间接投资项目 420 余项。集团旗下市场化投资管理平台海望资本一年时间募集 6 只基金,规模超过 100 亿元。

4. 科技产业投资多点发力,"3+6"产业高质量发展

上海重点围绕集成电路、生物医药、人工智能等三大先导产业,以及新能源汽车、高端装

备制造、航空航天、信息通讯、新材料、新兴数字等六大重点产业,富集科技与资本资源手段,实现面向科技产业投资的集群式发展。

一是以先导产业为核心,分别构建 500 亿元、500 亿元和 1 000 亿元产业基金群。首先,上海市集成电路产业基金目标规模 500 亿元人民币,主要投资于集成电路的制造和装备行业,截至 2022 年 10 月,上海集成电路产业基金共完成 2 期募集,合计募资 361 亿元,完成72.2%的募资目标。其次,上海生物医药产业股权投资基金是由上实集团发起设立并管理,总目标规模为 500 亿元,截至 2022 年 10 月,已募资 91.9 亿元,完成 18.4%的募资目标,累计完成对 32 家企业的 37 笔投资,带动社会资本近 120 亿元。最后,上海人工智能产业投资基金于 2018 年 9 月成立,首期目标规模人民币 100 亿元,最终形成 1 000 亿级基金群,截至2022 年 10 月,已募资 31.2 亿元,完成首期目标的 31.2%,累计对外直接投资规模约 17 亿元,通过子基金撬动社会资本近 500 亿元,整个基金体系累计投资企业超过 550 家(见表 9)。

表 9 上海三大先导产业基金情况

基金名称	管理机构	目前情况
上海集成电路产业投资基金(一期、二期)	上海集成电路产业投资基金管理有限公司	截至 2022 年 10 月已募资 361 亿元
上海生物医药产业股权投资基金合伙	上海上实资本管理有限公司	截至 2022 年 10 月已募资 91.9 亿元,带动社会资本近 120 亿元
上海人工智能产业投资基金	上海人工智能产业投资管理中心	截至 2022 年 10 月已募资 31.2 亿元,带动社会资本近 500 亿元

数据来源:根据清科 PEDATAMAX 数据库整理

二是聚集一批以六大重点产业为核心的产业基金、母基金。这些基金大多由上海国际、上海国盛、上海科创等上海国资机构参与投资,协同构建高科技产业基金集群,如上海半导体装备材料产业投资基金(一期、二期),上海北斗七星股权投资基金,上海知识产权扶持基金,上海产业转型升级投资基金等(见表 10)。

表 10 上海部分产业基金情况

管理机构	基金名称	目前情况
上海市信息投资股份有限公司	上海产业转型升级投资基金	—
国投创新投资管理有限公司	先进制造产业投资基金(有限合伙)	—
	长三角协同优势产业股权投资合伙企业(有限合伙)	截至 2022 年 10 月已募资72.08亿元
	上海国企改革发展股权投资基金(一期、二期)	截至 2022 年 10 月已募资 111.3亿元

（续表）

管理机构	基金名称	目前情况
上海盛石资本管理有限公司	长三角产业创新股权投资基金（一期、二期）	截至 2022 年 10 月已募资 31.9 亿元
上海半导体装备材料产业投资管理有限公司	上海半导体装备材料产业投资基金（一期、二期）	截至 2022 年 10 月已募资 50.5 亿元
北斗七星股权投资有限公司	上海北斗七星股权投资基金	截至 2022 年 10 月已募资 43.5 亿元
金浦产业投资基金管理有限公司	上海金融发展投资基金（一期、二期）	截至 2022 年 10 月管理规模 580 亿元
上海国和现代服务业股权投资管理有限公司	国和现代服务业系列基金（一期、二期、三期）	截至 2021 年年底国和体系资产管理规模逾 300 亿元
上海国方母基金股权投资管理有限公司	上海国方母基金一期创业投资合伙企业（有限合伙）	2022 年 6 月，管理规模超过 180 亿元。
上海科技创业投资（集团）有限公司	上海知识产权扶持基金	截至 2022 年 10 月已募资 2 亿元
	武岳峰集成电路并购基金	截至 2022 年 10 月已募资 100 亿元
上海军民融合产业投资管理有限公司	上海军民融合产业投资基金	截至 2022 年 10 月已募资 40.4 亿元

数据来源：根据清科 PEDATAMAX 数据库整理

2022 年，上海产业投资基金持续快速发展，基金布局明显加快。2022 年 7 月，上海浦东引领区产业发展基金正式启动，首期规模 50 亿元。2022 年 10 月，上海园区高质量发展基金揭牌，该母基金计划募资规模 100 亿元，将导入社会资本，在全上海成立区域子基金，充分发挥引导基金作用。

（五）支持科创的股权市场活跃，募投管退循环加快

上海私募股权基金集聚度高，集中表现为科创股权投资基金数量多、资金规模大、投资交易活跃，以及退出频繁。上海私募股权投资的主要方向是战略性新兴产业，2022 年，上海战略性新兴产业的股权投资笔数占全部投资笔数的 73.6%。

1. **股权基金规模持续增长**

2022 年以来，受疫情等多方面因素影响，全国股权投资市场活跃度下降，募、投两端波动较大。在此背景下，上海依然保持高涨势头，在市场、政策、LP 出资等方面均居于各领域前列。2018 年至 2022 年 10 月,上海地区累计新备案基金 946 只,募资金额 9 470 亿元。其中,2021 年上海基金募资规模达到 2 978 亿元,增速达 67%,创近年新高;2022 年,由于疫情冲击,上海股权投资基金数量和资金规模均出现大幅下降,1 至 10 月期间仅有 68 只基金备案,募集资金约为 877.9 亿元,相当于 2021 年全年的三分之一左右(见图 7)。

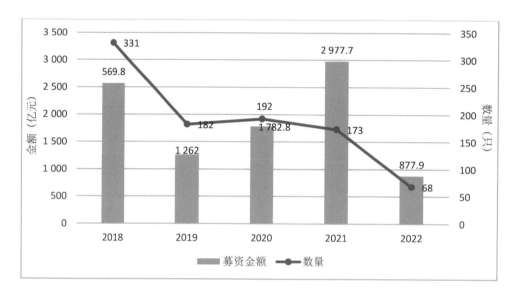

图 7 上海新增备案数量和募集资金额

数据来源:根据清科 PEDATAMAX 数据库整理

大型基金成为上海私募股权基金的主流。从基金规模分布来看,2018—2022 年 10 月,上海新备案基金中大型基金较多,其中规模在 1 亿元至 5 亿元之间的基金有 332 只,占比达到 35%,1 000 万元至 1 亿元的基金有 243 只,占比 26%,超过 10 亿元的基金有 186 只,占比 19%,1 000 万元以下的基金有 82 只,占比仅为 9%(见图 8)。

2. 科技股权投资规模持续攀升

一是股权投资规模稳步扩大。上海市场化资本与国有资本高度融合,上海直投基金、S 基金和母基金数量快速增长,引导基金的撬动能效大幅提高,围绕上海市"十四五"规划的"3+6"产业体系,聚焦新一代信息技术、先进制造、数字经济、医疗健康等板块密集投资布局。2018 至 2022 年 10 月,上海累计发生股权投资 7 100 笔,合计融资规模 11 341 亿元,高于同时期的深圳,落后于北京,位居全国第二。其中,2021 年,共发生投资 2 025 笔,投资规模 3 081.7 亿元,创近年新高。受疫情影响,2022 年 1 月至 10 月,上海一共发生基金投资 1 174 起,金额约为 1 594.9 亿元,超过同期北京的 1 365 亿元和深圳的 973 亿元。

二是科技股权投资加速增长。围绕上海全球科创中心建设,股权基金持续挖掘高科技领域内的创新创业企业。上海战略性新兴产业投资笔数稳步提高,占全部股权投资笔数的比例逐渐攀升。2022 年股权投资整体下滑背景下,战略性新兴产业投资状况好于其他产

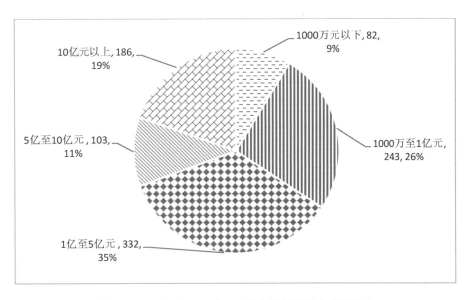

图 8 2018 年至 2022 年 10 月上海新增基金规模分布

数据来源：根据清科 PEDATAMAX 数据库整理

业，共投资 864 笔，占比提高至 73.6%（见表 11）。

表 11 上海战略性新兴产业股权投资笔数　　　　　　　　　　　（单位：笔）

	2018 年	2019 年	2020 年	2021 年	2022 年
战略性新兴产业投资笔数	1 190	940	792	1 349	864
股权投资笔数	1 821	1 377	1 139	2 025	1 174
战略性新兴产业占比	65.3%	68.3%	69.5%	66.6%	73.6%

数据来源：根据清科 PEDATAMAX 数据库整理

　　三是科技股权投资聚焦新一代信息技术取得突破。上海股权投资高度契合产业发展，战略新兴产业中新一代信息技术、生物产业是股权投资的重点对象，2022 年 1 至 10 月，投资笔数占战略性新兴产业投资笔数的 74%，是全市科技股权投资资本最为集中的领域（见表 12）。

表 12 上海新兴产业股权投资笔数　　　　　　　　　　　　（单位：笔）

	2018 年	2019 年	2020 年	2021 年	2022 年
新一代信息技术	647	513	415	697	442
生物产业	198	182	190	316	194
数字创意产业	119	82	49	97	45

（续表）

	2018 年	2019 年	2020 年	2021 年	2022 年
高端装备制造业	37	41	44	79	61
新材料产业	29	27	25	49	39
节能环保产业	20	17	17	17	14
新能源产业	13	8	10	21	24
新能源汽车产业	18	12	7	26	13
相关服务业	109	58	35	47	32
合计	1 190	940	792	1 349	864

数据来源：根据清科 PEDATAMAX 数据库整理

3. 科创领域基金退出日显活跃

近年来，在资本市场制度不断完善的宏观背景下，股权投资"募投管退"通道更加畅通，创投机构"投早、投小、投科技、投未来"日益成为市场风气，推动科技、资本与实体经济的高水平循环。上海各类基金退出案例数超过北京和深圳，累计达到 2 243 例，退出资金总额 7 747.5 亿元，平均单笔退出金额 3.45 亿元，平均每年退出案例数 440 起，位居全国领先地位。

其中，上海战略性新兴产业股权基金退出更加活跃，2022 年 1 至 10 月，上海战略性新兴产业退出笔数达到创纪录的 417 笔，占全部退出笔数的 93.5%（见表 13）。

表 13 上海战略性新兴产业基金退出笔数 （单位：笔）

	2018 年	2019 年	2020 年	2021 年	2022 年
战略性新兴产业退出笔数	144	325	327	357	417
退出总笔数	255	393	475	668	446
战略性新兴产业退出占比	56.5%	82.7%	68.8%	53.4%	93.5%

数据来源：根据清科 PEDATAMAX 数据库整理

4. S 基金制度体系初步确立

一是 S 基金发展政策框架形成。2021 年 11 月，中国证监会批复同意在上海区域性股权市场开展私募股权和创业投资份额转让试点，助力金融与产业资本循环畅通。这是继北京之后，全国第二家 S 基金交易所。在上海市层面，2022 年 9 月，上海市地方金融监管局等 6 家单位发布《关于支持上海股权托管交易中心开展私募股权和创业投资份额转让试点工作的若干意见》，支持各类国有基金份额通过基金份额转让平台进行转让。截至 2022 年 9 月末，上海私募股权和创业投资份额转让平台已累计成交 15 单，交易基金份额 12.59 亿份，交易金额 12.16 亿元。

二是 S 基金市场雏形显现。2022 年 7 月,上海首只百亿 S 基金——上海引领接力创业投资合伙企业一期(有限合伙)签约落地浦东,总规模 100 亿元人民币,首期 30 亿元。此外,2022 年 9 月 24 日,上海股权托管交易中心和上海科创基金联合发起设立的上海 S 基金联盟正式揭牌。上海 S 基金联盟首批成员包括国家级母基金,海内外知名市场化母基金,地方引导基金,保险、券商、银行等金融机构,地方国企及产业集团等超 80 家市场一线机构,助力上海在全国率先形成 S 基金发展高地。

(六)科技保险快速发展,科创企业保障不断加强

上海力促科技保险服务科创发展,持续推动保险公司完善科技创新支持体系、引导保险行业开发科技保险产品,实现服务前移、专营优做,探索灵活的保费支付机制,强化科技企业风险识别、风险保障。充分发挥科技保险对科技创新风险的分散、转移、消化作用,推动科技与保险的双向赋能、深度融合,以科技保险创新助力科技创新,推动产业升级转型、提质增效。2021 年,上海科技保险累计承保项目 679 项,承保风险规模达 24.25 亿元,帮助科创企业有效降低研发、信贷风险。

1. 科技保险供给体系逐渐成熟

2007 年,国家科技部和保监会下发《关于开展科技保险试点工作的通知》,标志着我国科技保险正式启动。2008 年起,科技保险在包括上海市在内的 12 个试点城市推广。当前,上海市科技保险逐步从以政策扶持为主导,过渡到开始走向市场化、商业化的运作模式。

当前,上海围绕国家级、市级重点实验室等创新平台,加强科技创新策源地风险保障,深入推进科技保险产品与服务创新,丰富科技保险产品体系,推出针对科技企业的重点产品以及针对行业的综合性保险保障方案。构建了包括科技企业财产保险、责任保险、专利保险、保证保险、高管人员和关键研发人员团体健康保险等五大类保险,推动产、融、保有效衔接。

2022 年,上海持续深化首台(套)重大技术装备保险、首批次新材料保险补偿机制试点,持续推进生物医药产品责任保险、临床试验责任保险试点。截至 2022 年 6 月底,首台(套)重大技术装备保险累计完成 191 个重点创新项目承保,涵盖 ARJ21 飞机、船舶制造、智能发电设备、工程设备等重点领域,累计提供风险保障 764 亿元。生物医药责任保险服务本土药企 624 家次,提供风险保障 45 亿元,远超 2021 年水平。

2. 专利保险取得突破式增长

面对科技企业知识产权意识逐渐提升、知识产权纠纷逐年增多的客观形势,上海不断推动知识产权保险发展,加强知识产权保护,推动专利保险业务升级,鼓励保险机构开展知识产权海外保险业务,优化承保、理赔全流程服务,为科技企业自主创新、融资、并购等提供全方位的保险支撑。

自 2014 年以来,上海专利保险规模逐渐上升,但增速较为缓慢,2019 年,保险金额仅为 6 920 万元,2021 年,上海专利保险快速增长,保险金额突破亿元,达到 1.51 亿元(见表 14)。

表 14 上海专业保险规模

年份	专利保险		生物医药人体临床实验责任险、生物医药产品责任险	
	保险金额（亿元）	笔数（笔）	保险金额（亿元）	笔数（笔）
2014	0.059	—	—	—
2015	0.070	30	—	—
2016	0.261	50	—	—
2017	0.251	57	—	—
2018	0.395	82	—	—
2019	0.692	157	—	—
2020	—	185	—	70
2021	1.510	—	12.61	81

数据来源：根据《上海科技进步报告》《上海知识产权白皮书》整理

3. 科技保险的创新步伐加快

一是科技保险发展思路不断创新。2021 年 10 月，中国集成电路共保体在临港新片区成立，由 18 家满足条件的国内财产保险公司和再保险公司组建。集成电路共保体围绕国家建立集成电路产业创新生态系统、维护集成电路产业链和供应链稳定、解决核心风控技术难题等关键环节，通过产品创新、机制创新、服务创新，提供高质量、差异化、全流程的集成电路产业风险解决方案，持续扩大集成电路经营企业、生产环节、技术领域的保险广度与深度。截至 2022 年 7 月，中国集成电路共保体已为承保客户提供 5 900 亿元风险保障。

二是科技保险政策试点取得重大突破。2022 年 7 月，原银保监会和上海市人民政府联合发布《中国（上海）自由贸易试验区临港新片区科技保险创新引领区工作方案》，决定在临港新片区建设科技保险创新引领区。方案充分体现了"地方与部委联动，科技与金融联动，创新与安全统筹"的特点，成为国家新一轮改革开放"试制度、探新路、测压力"的有益探索。

三是科技保险资金市场化应用迈出步伐。上海积极推动保险资金发挥长期、稳定和价值投资者作用，通过拓宽产业基金来源和加大股权直接投资力度等形式来为制造业和战略新兴产业提供多层次资金支持，与银行业金融机构形成错位发展和优势互补。2022 年 7 月，《中国（上海）自由贸易试验区临港新片区科技保险创新引领区工作方案》鼓励保险机构依法合规投资科创类投资基金，保险资金创新应用有望借助新片区政策优势迈出关键一步。

（七）专利价值持续赋能，知识产权金融获得发展

1. 知识产权金融体系逐步完善

目前，全球范围内专利质押直接融资占比不断提高，美国已超过 55%，而我国仅为

3%～5%,还处于知识产权融资体系发展的初级阶段,未来发展有着巨大潜力。

上海知识产权金融服务进入更深层次,知识产权运营服务体系建设迈向更高水平。通过一系列举措引导支持银行等金融机构开展知识产权质押贷款等金融服务,完善知识产权金融服务体系,积极推进知识产权质押登记便利化,不断探索优化知识产权融资的法律法规和政策环境。

一是政策性支持手段连续出台。2009 年,上海市知识产权局、市工商局、市版权局会同市金融办等七部门出台了《关于本市促进知识产权质押融资工作的实施意见》,提出了开展知识产权质押融资工作的具体措施,全面启动了知识产权质押融资试点工作。经过十多年的努力,上海已经初步建立起包括知识产权质押贷款、知识产权质押担保、知识产权保险以及知识产权 ABS 等为主要业务的知识产权金融体系。2021 年 9 月,上海发布《关于进一步加强本市知识产权金融工作的指导意见》,之后又发布《上海市知识产权保护和运用"十四五"规划》和《上海市知识产权强市建设纲要(2021—2035)》,描绘了上海知识产权金融体系的完整框架,为未来上海知识产权金融发展指明了方向。

二是政策性专业服务平台功能持续增强。2019 年,上海市知识产权金融服务联盟正式成立,主要协助科技企业获得金融机构知识产权质押融资服务和保险机构知识产权保险服务。截至 2022 年 3 月,共有联盟成员单位 27 家,其中,金融机构 20 家、知识产权服务机构 6 家。2021 年,各成员单位为上海市企业提供知识产权质押融资近 200 笔,质押登记金额近 80 亿元。2022 年上半年,受疫情影响,上海市知识产权金融服务联盟推动 130 家企业办理专利商标质押融资贷款,登记金额达 37.13 亿元。

2. 知识产权质押贷款进入爆发增长期

近些年,上海知识产权顶层设计全面加强,市政府不断强化知识产权运营平台和市场主体的培育工作,持续推动知识产权质押融资保险业务发展,打通知识产权质押融资的"最后一公里",尤其在 2021 年国家发布《知识产权质押融资入园惠企行动方案(2021—2023 年)》后,上海知识产权质押贷款迎来高速发展期,市场化程度逐渐提高。

根据上海知识产权金融服务平台显示,目前,上海约有 15 家银行提供不同模式的知识产权信贷产品,并提供较为优惠的贷款利率。2021 年,上海专利商标质押融资总额 76.34 亿元,同比增长 98.75%(见表 15)。上海已经提出到 2025 年,基本建成国际知识产权保护高地,知识产权质押融资登记金额达到 100 亿元的目标。

表 15 上海知识产权金融规模

年份	知识产权质押贷款		知识产权资产支持证券
	额度(亿元)	笔数(笔)	额度(亿元)
2009	1.2	64	—
2010	1.8	68	—

年份	知识产权质押贷款		知识产权资产支持证券
	额度（亿元）	笔数（笔）	额度（亿元）
2011	2.2	97	—
2012	2.3	80	—
2013	10.8	—	—
2014	8.6	—	—
2015	11.4	52	—
2016	5.3	52	—
2017	6.6	62	—
2018	7.1	82	—
2019	13.6	89	—
2020	38.4	—	1.05
2021	76.3	—	—

数据来源：根据上海知识产权白皮书整理得到

3. 知识产权证券化逐渐起步

上海积极探索知识产权证券化实践，努力实现无形"知产"向有形"资产"转化。加快知识产权融资模式创新，为技术转化与金融资本搭建合作之桥，拓宽科技企业融资渠道，让专利变现跑出"加速度"，对全国知识产权证券化改革探索新路具有重要意义。

2020 年，浦东科创 1、2 期知识产权资产支持证券挂牌仪式在上海证券大厦举行，上海知识产权证券化项目实现零突破。由浦东科创集团作为发起人的知识产权资产支持专项计划顺利发行 2 期，合计发行金额 1.05 亿元，涉及 102 件已授权专利，共支持 17 家中小型高新技术企业获得低成本融资。

2021 年，上海市发布《上海市知识产权强市建设纲要（2021—2035 年）》和《上海市知识产权保护和运用"十四五"规划》，鼓励上海知识产权资产证券化业务发展。2021 年 9 月，上海市知识产权局印发《关于进一步加强本市知识产权金融工作的指导意见》，鼓励金融机构学习借鉴浦东知识产权资产证券化项目经验，以高质量知识产权为标的，积极探索知识产权ABS、ABN 业务发展新模式。

（八）多层次资本市场繁荣，科创企业直接融资基础夯实

1. 上市培育机制不断完善

构建科技企业上市发现培育机制。上海高效利用资本市场完善上市的服务体系，持续助推科创企业登陆资本市场，以科技企业培育库的形式，延伸服务链长度，做深服务厚度，挖

掘服务潜能,创新服务模式。

目前,上海市级层面直接服务科创企业的两大企业培育库分别是上海市经信委下属的"改制上市培育企业库"和上海市科委下属的"科创企业上市培育库",分别由上海市中小企业上市促进中心和上海市科技创业中心负责日常运作。两者充分发挥各方的资源优势,为企业上市保驾护航。

企业上市培育库成效卓著。2019 年 5 月,科创企业上市培育库正式启动,2021 年,科创企业上市培育库全年新增入库企业 275 家,累计入库 1 557 家,新增科创板上市企业 11 家,累计 24 家。截至 2022 年 9 月,上海科创企业上市培育库已累计入库 1 700 多家企业,新增科创板上市企业 7 家,累计 31 家(见表 16)。

表 16　上海科创企业上市培育库情况　（单位:家）

年份	新入库企业数	累计入库企业数	其中:登录科创板企业数
2019	875	875	5
2020	408	1 283	8
2021	275	1 557	11
2022 年 1-9 月	154	1 711	7

数据来源:根据《上海科技进步报告》整理

上海"改制上市培育企业库"稳步扩容。截至 2022 年 9 月,改制上市培育企业库入库企业总数达 731 家(成功上市 82 家)。2022 年 1-6 月,成功培育出库企业 16 家,其中科创板 12 家。入库培育企业最近一年平均研发投入占比 24%,平均研发人员占比 47%,是上海科创发展的中流砥柱。

2. 上海股权托管交易中心能级逐渐提升

上海股交中心主动跨前升级服务,增加中小微企业与投资者之间的对接渠道,细化综合金融服务平台产品,助力中小微企业获得更多融资机会。

2021 年 12 月,上海印发《上海股权托管交易中心管理办法》,进一步明确上股交的培育和转板功能,强调上股交是服务于上海市中小微企业的私募股权市场,是扶持中小微企业政策措施的综合交易平台,是多层次资本市场服务科技创新生态体系的塔基,其主要功能是引导上市后备企业到上股交挂牌,并进行规范化培育,鼓励符合条件的挂牌企业转板到全国中小企业股份转让系统(新三板)挂牌或证券交易所上市。2021 年,上股交新挂牌企业 439 家,分布于先进制造、信息技术、节能环保、生物医疗等 20 个新兴行业。其中,248 家次挂牌企业实现股权融资 42.78 亿元,782 家次企业实现债权融资 34.98 亿元。截至 2022 年 10 月末,上股交累计为中小企业股权融资 1 809.12 亿元,债权融资 994.68 亿元(见表 17)。

表 17　2022 年 10 月末上海股权托管交易中心市场概况

主要业务	规模
N 板挂牌企业	457　家
E 板挂牌企业	471　家
Q 板展示企业	7 904　家
科创 Q 板企业	18　家
绿色 Q 板	2 072　家
股权融资	1 809.12　亿元
债权融资	994.68　亿元

数据来源：上海股权托管交易中心网站

3. 科创板支撑与溢出效应凸显

一是科创板影响力全面提升。截至 2022 年 10 月底,科创板共有 485 家上市企业,其中 2021 年有 162 家公司上市,IPO 融资 2 029 亿元,占同期 A 股 IPO 数量的 33%、首发募集资金的 38%。专精特新"小巨人"企业占比超 3 成,包括纳米微球材料龙头纳微科技、户用储能龙头派能科技等多个细分行业"隐形冠军"。受益于多元化的发行上市条件,科创板对科技创新的包容性持续提升,截至 2021 年年底,共有 26 家未盈利企业、4 家特殊股权结构企业、5 家红筹企业等多家按原有上市标准无法在 A 股上市的企业成功登陆科创板,有效引导了市场资源向重点攻坚的"硬科技"领域集聚。2021 年,科创板股票被纳入富时全球、MSCI 全球、标普道琼斯全球三大主流国际指数。

二是科创板成为上海科创企业上市首选之地。2016—2017 年,上海企业 IPO 去向以主板为主,2018 年,逐渐转向港股及美股,2019 年,科创板设立,满足了部分达不到主板条件的科创型企业上市需求,上海企业在科创板上市的数量和募资金额均超过其他市场。2020 年,全市有 24 家企业在科创板上市,募集资金总额为 945 亿元;2021 年,22 家企业在科创板上市,募集金额 418 亿元;2022 年 1 - 10 月,19 家企业在科创板上市,募资金额高达 430 亿元,远超排名第二的创业板(7 家企业上市,募资金额 48.1 亿元)(见图 9、图 10)。

(九)科技债券创新迅速起步,直接融资增长加快

1. 科技债券发行体系加速构建

总体看,我国科技企业债券发行尚处于起步阶段。2017 年,中国证监会发布《中国证监会关于开展创新创业公司债券试点的指导意见》,开启我国双创债发行的开端。2022 年 11 月,中国证监会、国务院国资委发布《关于支持中央企业发行科技创新公司债券的通知》,鼓励中央企业产业基金和创业投资基金发行科技创新公司债券,募资用于对国家重点支持的科技创新领域企业进行股权投资,建设创新要素集聚能力突出的科创孵化园区,并通过股权、债权和基金等方式支持园区内科创企业。

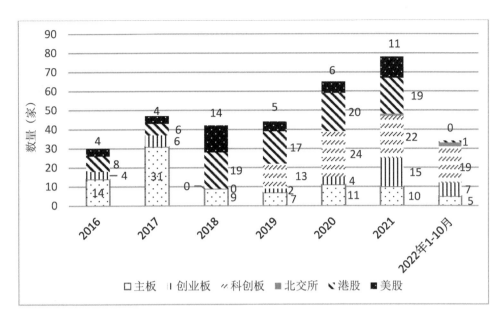

图 9　上海企业境内外资本市场 IPO 数量分布

数据来源：根据清科 PEDATAMAX 数据库整理

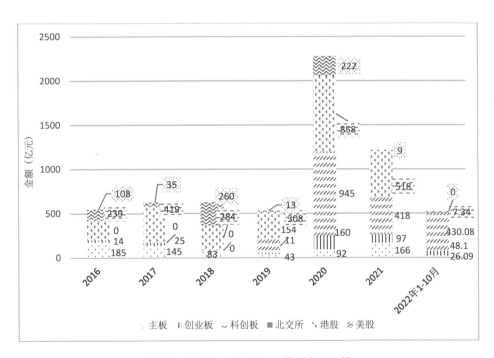

图 10　上海企业在各市场募集资金规模

数据来源：根据清科 PEDATAMAX 数据库整理

2022年5月,上交所正式发布并施行《上海证券交易所公司债券发行上市审核规则适用指引第4号——科技创新公司债券》(简称科创债指引),标志着科技创新公司债券品种在上海正式落地,并将科创债发行人分为科创企业类、科创升级类、科创投资类和科创孵化类共4类,极大地提高了科创债的发行空间。

2. 双创债、科创债发行踊跃

一是双创债发行再获突破。2021年7月,上海松江国有资产投资经营管理集团有限公司面向专业投资者公开发行创新创业公司债券(第一期),发行规模20亿元。此外,2021年上海证券公司共完成20个双创债项目,金额109.14亿元,积累了大量双创债发行经验。2022年4月,上海科技创业投资(集团)有限公司面向专业投资者公开发行创新创业公司债券(第一期)成功簿记,债券共发行15亿元,主要用于支持创新创业公司发展、补充流动资金。

二是科技债券率先尝试。2021年3月,上海科技创业投资(集团)有限公司在上交所成功发行国内首单科技创新公司债券,标志着全国首批专注于前沿科技和战略创新领域的科技创新公司债券登陆资本市场。此次债券发行规模为5亿元,期限为3年,票面利率3.68%,全场倍数2.52倍,募集资金用于投资上海集成电路产业投资基金。

《科创债指引》发布之前,全国已有12家公司试点发行科创债。其中,发行主体多为央企、股权投资类优秀企业。《科创债指引》正式发布后,国鑫控股和上海国资也分别提交了25亿元和10亿元的科技债发行前备案。2022年6月,上海海通恒信2022年第一期科创债起息,这是融资租赁行业首单科技创新公司债券,也是首单募集资金用于支持"专精特新"企业、制造业单项冠军等企业的公司债券。

二、上海科创金融发展面临的矛盾问题

在上海国际金融中心建设和具有全球影响力的科创中心建设融合发展的推动下,上海科创金融发展已形成良好基础,并展现出强劲的发展势头。从趋势看,科创金融发展是一项新的伟大实践。但由于受发展阶段以及相关条件的影响制约,上海科创金融发展也还存在一些突出的矛盾问题。

(一)科创金融存在多头管理,缺乏统领协调机制

科创金融体系涉及企业范围广、政府部门多、服务门类杂、政策措施细,是一项较为复杂的系统性工程。上海作为国际金融中心和全球科技创新中心,全市现已构建了较为全面的科创金融体系,先后出台了一系列务实的政策措施,科创金融发展总体处于全国领先地位。但在顶层规划与管理体制上,依然存在着管控多头、政策交叉、措施叠加等矛盾问题。由此,可能影响科创企业对金融资源获取渠道等相关信息的了解与掌握,一定程度会加大科创企业对政府政策理解的难度。

比如,对科技企业的认定,上海科委将科技企业分为科技创业团队、科技型中小企业、高新技术企业、科技小巨人企业、卓越创新企业;对"专精特新"企业的认定,由上海市经信委负责。在科技信贷方面,市科技部门组织构建"3+X"科技信贷体系,但知识产权质押贷款又涉及知识产权、财政等部门,协调不好容易增加信贷流程的复杂难度。

形成以上矛盾的原因是多方面的。要提高上海金融服务科创的体系效能,必须着力提升上海科创金融体系的整体协调性,在更高层面形成完善的顶层设计,构建专门的协调机制和制度安排,联合分解重点任务,制定时间表和路线图,推动各项任务落到实处。

(二)科创企业孵化动能尚显不足,体制机制创新不够

上海双创载体建设优势还不明显,依然有较大的发展空间。目前,上海双创载体资源规模、数量和活力远不如北京、深圳。从载体数量上看,2021年末,上海有约500家双创载体,但是北京有约594家,深圳有约570家。在"众创空间—孵化器—加速器"的培育体系中,众创空间是科技创新的起点,上海有170家,深圳有351家,是上海的2倍多。并且,上海一些众创空间的管理机制相对落后,提供的增值服务与科创企业需求存有差距(见表18)。

表18 2021年末或2022年9月末各城市双创载体数量 (单位:家)

载体类型	上海	北京	深圳
创新载体	500	594①	570②
其中:国家级科技企业孵化器	61	64	39
国家备案众创空间	69	147	124
大学科技园	15	—	—

资料来源:《2021年上海科技进步报告》

上海需要继续加大双创载体的投入,从数量、质量上持续突破。上海的500家双创载体中,国家级科技企业孵化器有61家,而北京有64家;上海有国家备案众创空间69家,而北京有147家、深圳有124家。此外,国家级载体的评价标准包括毕业企业数量等载体活力指标,上海国家级载体数量偏少,表明对科创企业培育、引导还需要持续加强。

(三)科技信贷覆盖范围有限,渠道方式还须开拓

科创金融体系建设要有相应的国家政策支持,在国家总体政策精神明确之后,往往更多需要地方根据自身实际加以推进和细化,突破现有困难和问题制约,以此构建适合地方发展

---

① 截至2021年年底,北京市拥有国家级孵化器64家,市级孵化器81家,国家级众创空间147家,市级众创空间302家。资料来源:发展北京。

② 截至2022年9月,深圳已拥有科技企业孵化载体570家(孵化器219家,众创空间351家),其中国家级孵化器39家,国家级众创空间124家。资料来源:深圳卫视深视新闻。

需要的市场化制度环境。

一是政策性科技信贷产品创新滞后。"3＋X"贷款依然局限于部分银行、保险、担保机构,科技信贷创新严重不足,市场力量未从根本上发挥作用,造成的结果是,首先科技支行并未成为真正意义上的业务、机制创新支行,上海多年来科技支行数量也没有发生变化。其次,投贷联动业务尚未真正爆发。近些年,投贷联动业务规模有所下降,且大多数银行开展的投贷联动属于外部投贷联动,基本以跟贷为主,银行投贷联动业务内部机制也未发生根本性改变。再次,并购贷款发展迟滞,造成股权投资企业并购退出发展依然缓慢。最后,科技保证保险创新不足,业务种类多年基本不变,业务规模增长缓慢。

二是对科技中小微企业信贷支持不足。政策性贷款的支持,需在首贷、续贷、知识产权运营、股权托管交易、市场化担保等领域做足创新、下足功夫。上海现有科技贷款结构尚未体现更多向科技中小微企业的倾斜,针对小微企业贷款的科技微贷通和科技履约贷在近几年都出现了明显下降。尤其是科技微贷通,2016 年有 45 家企业获得该项贷款,但是 2022 年1～9 月,仅有 3 家企业获得该项贷款,且贷款额度仅为 430 万,平均每家企业 143 万。

在国家重视并鼓励各地科创金融创新发展的大环境下,上海拥有浦东引领区和临港新片区等制度创新高地,应充分用好机遇,更加积极地推动科创金融制度建设,大胆试大胆闯,实现科创金融爆发式增长。

(四)科创投资总体规模不大,对初创企业支持有待加强

从上海风险投资的投向来看,更多倾向于投资成长期、扩张期和成熟期的科创企业。2019 年,美国风险资金投资于种子期及初创期的项目合计占比高达 80%。2018 年至 2022年 10 月,上海种子轮和天使轮的风险投资项目数仅占全部投资的 18%,投资资金占全部资金的 2.3%。

一是早期投资基金数量不足,远少于北京和深圳。截至 2022 年 10 月 20 日,根据清科私募通数据库备案基金库,上海、北京、深圳分别有各类基金 3 547 只、2 510 只和 5 290 只。其中,上海的早期投资基金数量仅为 39 支,少于北京的 57 只和深圳的 104 只。上海创业投资基金约为 728 只,远少于深圳的 1 820 只(见表 19)。

表 19　截至 2022 年 10 月各城市基金数量及分类①　　　　　　　　　　(单位:只)

类型	上海	北京	深圳
早期投资基金	39	57	104
创业投资基金	728	584	1 820
成长基金	2 250	1 520	2 972
FOF 基金	84	80	57

① 该分类依据清科私募通数据库 PEDATA MAX 的分类。

类型	上海	北京	深圳
并购基金	68	39	105
联接基金	16	6	36
夹层基金	4	2	7
房地产投资基金	86	31	21
基础设施投资基金	15	24	22
其他	257	167	146
合计	3 547	2 510	5 290

数据来源：根据清科 PEDATAMAX 数据库整理

二是股权投资阶段整体后移。从股权投资金额看，最近五年上海种子轮投资仅为 14.4 亿元，远小于北京的 513.1 亿元。从平均投资额来看，上海各轮次平均投资额均高于深圳，如上海种子轮平均投资规模约为 837 万元，而深圳仅为 442 万元；上海天使轮平均投资规模约为 2 279 万元，而深圳仅为 951 万元。与上海相比，深圳对中小科创机构的扶持更加细致，更善于发掘中小企业的投资机会（见表 20）。

表 20　2018 年至 2022 年 10 月各城市早期投资轮次　　（单位：起，亿元）

城市	投资轮次	种子轮	天使轮	A	B	C
上海	事件数	172	1 119	2 589	1 131	496
	金额	14.4	255	2 182.4	2 127.2	1 601.1
	平均投资额	0.0837	0.2279	0.8429	1.8808	3.228
北京	事件数	258	1 612	3 481	1 268	575
	金额	513.1	184.9	2 528.9	1 681.8	1 430.4
	平均投资额	1.9886	0.1147	0.7265	1.3264	2.4876
深圳	事件数	119	992	2 066	681	300
	金额	5.3	94.3	1 090.8	819.6	723.7
	平均投资额	0.0442	0.0951	0.528	1.2036	2.4122

数据来源：根据清科 PEDATAMAX 数据库整理

（五）政府引导基金影响力不足，市场化改革相对滞后

总体看，政府引导基金发展与上海经济能级还不匹配。一是引导基金排名靠后。在清科"2022 年中国政府引导基金 50 强榜单"中，深圳市创新投资集团有限公司管理的深圳市政府投资引导基金排名全国第 1 位，其投资的子基金深圳市天使投资引导基金排名全国第 13

位。而上海市级引导基金最高排名仅为第 15 位——上海市天使投资引导基金,上海市创业投资引导基金排名第 19 位。上海市区级引导基金——嘉定引导基金排名第 14 位,超过上海市级两大引导基金。上海市级政府引导基金的这一表现,与上海国际金融中心和全球科创中心定位还有一定差距。

二是引导基金管理效能不高。深圳市政府投资引导基金主要由深圳市创新投资集团有限公司负责管理,截至 2021 年末,该基金规模高达 1 049.24 亿元,参股子基金 143 只,基金管理总规模达 4 761.69 亿元。上海市政府引导基金主要由上海科创集团和上海国际集团参与管理,两者管理的基金总规模均是 1 200 亿元,合计 2 400 亿元,依然低于深创投一家公司的水平。

三是引导基金规模总体偏低。上海市政府引导基金仍有增长空间,截至 2021 年末,上海市政府引导基金规模为 903 亿元,排名低于江苏、浙江、北京、深圳及广东,在全国省市排名第六。从引导基金单只规模来看,深圳市的政府引导基金虽然数量较少,但平均每只引导基金规模达到 38.5 亿左右,位列第一,其次是北京,平均每只引导基金自身规模约为 18.6 亿元左右,上海约为 16.1 亿元(见图 11)。

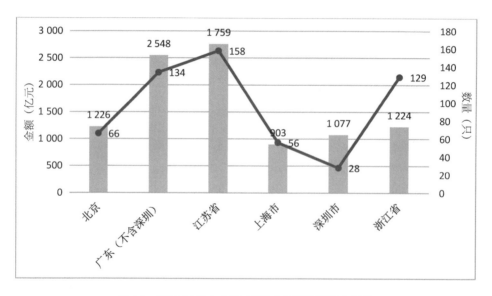

图 11　2021 年末六大热点辖区政府引导基金规模

数据来源:前瞻产业研究院

(六)知识产权运营模式单一,科创企业融资限制突出

目前,上海知识产权运营方式,主要是采用知识产权质押方式及少量股权投资方式运作。由于知识产权质押融资缺乏市场化机制,知识产权价值评估、运营主体缺失等因素,使得知识产权贷款运作模式基本上采取政府主导型的"银行＋科技担保机构＋专利权反担保"

间接质押模式,代表性的业务流程是由上海浦东科技融资担保有限公司对科技中小企业提供担保,并对质押融资的知识产权进行简易评估,在此过程中,浦东科技融资担保与银行合作,流程简化,放款速度加快。这实质上并不能充分释放知识产权金融价值,这种质押模式也并无第三方机构对知识产权价值进行专门评估,可能形成质押物较高风险,加之缺乏专门监督,容易导致质押贷款风险转移至政府机构。并且,政府由于资金及担保范围的局限,对科技型中小企业知识产权质押融资的覆盖面也很有限,使得知识产权质押融资增长减缓。

上海知识产权证券化尚未成熟,科创企业难以通过知识产权单独获利或者据此获得融资。科创企业的发明专利、著作权等无形资产,难以通过金融手段获取融资,流动性较差且抵押能力较差。

(七)金融平台作用发挥不够,对科创发展支撑亟须加强

上海市资本市场发展较快,客观上为全市科创企业市场融资提供了"近水楼台"的便利条件。但由于多层次资本市场要求较高,对上海市为数众多的中小型科创企业来说,又有一种"近水难解急渴"的感觉。科创板上市门槛高,难以适用于大量初创期科创企业。上市IPO对科创企业股权融资的退出功能并不显著。2022年,上海战略性新兴产业只有31家企业成功上市,仅占战略性新兴产业退出企业数的7.4%(见表21)。

表 21　上海战略性新兴产业 IPO 企业数 （单位:家）

IPO 影响程度	2018 年	2019 年	2020 年	2021 年	2022 年
战略性新兴产业 IPO 数量	13	21	28	33	31
战略性新兴产业退出数量	144	325	327	357	417
占比	9.0%	6.5%	8.6%	9.2%	7.4%

数据来源:根据清科 PEDATAMAX 数据库整理

上海市股权交易中心虽挂牌门槛不高,但活跃度不够。由于上海市股权交易中心板块相关制度建设完善,信息披露充分及市场交易流动性等问题,导致企业挂牌后交易量不足,从而影响其支持科创企业股权交易及资金融通作用的发挥。

另外,不同层次资本市场之间转板机制尚不完善。上海股权交易市场及新三板向科创板转板的难度较大。截至2022年10月,曾在新三板挂牌的645家企业成功转板至上海、深圳主板市场。与新三板上市企业数量相比,成功转板上市的企业仍是少数,上海股权交易市场转板上市的企业更是少之又少。转板难度高及转板机制不完善也影响了其自身对科创企业的吸引力及服务科创企业功能作用的发挥。

(八)科创金融中介服务欠缺,市场化专业化服务有待提高

科创中介机构的服务水平、跟投能力、估值能力以及对科创属性认知能力与监管期待等

方面,都还存在一些差距。

从上市要求层面看,一方面,科创企业的技术创新通常拥有较强的专业性,对于从事金融行业的保荐人来说,会因自身专业水平的限制,对于技术创新缺乏充分了解,从而导致企业错失上市资格;另一方面,由于科创企业大多处于成长期,许多尚未盈利,企业前景不明朗,中介机构对其准确估值存在一定难度。

从资金供需层面看,对资金供给方,中介机构通过调查科创企业,评估其技术价值揭示当前存在的风险,为政府部门提供有参考价值的信息。对资金需求方,中介机构的信用评估机制能够使科创企业对自身的科研能力和未来的走向有一个较为清晰的认识,并进行有针对性的创新,从而获得更多的资金支持。目前,相当数量的中介机构规模不大,服务手段创新不足,主要业务大多局限于场地、公共关系或低层次的技术、信息服务,且科技评估和创业投资服务两类机构远比其他类型的机构发展滞后,专业水平亟待提高。

三、上海科创金融发展政策措施建议

在新一轮科技革命和产业变革方兴未艾之际,抢占颠覆性技术创新高地、加速技术与产业的深度渗透融合,成为全球竞争争相抢占的"制高点"。作为科创金融改革试验区的核心成员,上海拥有独特的资金集聚优势和科技创新底蕴,需要以更高的站位、更严的标准和更广的布局,积极探索科技与金融联动融合道路,以资金和资源进行精准科技"滴灌",在科创培育、科技信贷、创投引导、国资使用等领域闯出上海道路,形成上海模式,取得上海成效。

当前及未来发展,上海要高度重视并加快完善国家科创金融改革试验区发展的顶层设计,充分用好政策手段,加大改革力度,加强资源整合,加快形成上海以及长三角科创金融高质量发展的新局面。

(一)用好科创金融改革试验区新机遇,推动上海科技创新核心功能再上新台阶

抓紧启动科创金融改革试验区建设。充分认识国家科创金融改革试验区在长三角一体化发展和创新体系建设中的战略重要性,拿出主要精力、精干力量、优质资源加快部署推进。一是迅速成立改革试验区领导专班,统一负责协调全市及各区的行动,畅通各区各部门协同机制,分区分级精准有序扎实推动。二是要把科创金融作为上海高水平对外开放、高水平科技自立自强的主赛道,统筹推进上海相关金融系统、政府机构的协调对接,理顺科创金融运行机制,加快形成上下贯通、左右协调、联动推进的工作局面,确保各项工作高效运转。

明确上海功能定位。一是紧紧围绕上海国际金融中心和具有全球影响力的科技创新中心核心功能再上新台阶的目标定位,完善顶层设计,编制总体改革方案和发展规划,并构建监测评估体系。二是充分发挥上海在长三角的金融辐射性和科技引领性优势,注重与其他试验区之间的政策对接和优势互补,建立联合工作机制,深化科创金融跨区域合作,当好科创金融改革试验区的"领头羊",引领和推进长三角高水平一体化发展。

抓紧出台试验区行动方案及相关细则。一是逐项分解、细化总体方案中布置给上海的各项任务,逐项制订方案,逐项明确时限和责任人,实行挂账管理、对账销号。二是与国家相关部门协调,抓紧出台或新科技信贷、科技保险、创投基金、多层次资本市场等科创金融细分领域政策实施细则,明确阶段目标,突出任务重点,统筹推进,聚焦难点工作再攻坚,形成各方合力,确保实效。

完善试验区改革组织保障机制。上海市相关管理部门要加强信息共享工作,完善协调机制,定期开展灵活多样的培训活动,建立常态化政府机构与金融体系、科创企业交流机制,推动有关经验做法和典型案例的交流、复制和推广。

(二)强化先导产业资金投入,加快产业基金群建设步伐

完善重点产业基金布局。一是推动设立产业发展母基金。引导产业资金、社会资本参与产业母基金建设,充分发挥母基金的战略价值,积极布局专业子基金,开放式投资布局市场化头部子基金,形成完备的基金体系,实现"基金+产业"双向赋能,打造产融互促生态圈。二是支持市属国有大型企业围绕上海重大战略参股设立产业母基金,并通过参股子基金投资、直接股权投资以及参与可转债/夹层/上市公司定增等方式开展投资活动,激发产业链科技协同创新活力。

推动三大基金提质增效。加快上海集成电路产业投资基金、上海人工智能产业投资基金、上海生物医药产业投资基金募资进度,鼓励国有企业、银行、保险、资管公司以及民营企业等多方面投资主体出资;扩大募资规模,尽快分别形成1 000亿元规模的投资基金。鼓励三大基金在合规基础上积极对外投资,支持基金管理机构加大市场化运营管理,强化分配激励,鼓励团队持股、跟投,实行超额收益分成等市场化机制。

(三)加快完善科技信贷体系,大幅提升间接融资便利度

加快完善科创企业间接融资体系。鼓励金融机构加大对科创企业融资支持力度。扩大科技信贷覆盖面,提高首贷、无还本续贷比率,完善科技信贷产品服务体系,组建线下首贷中心,引导银行业金融机构创新科技信贷产品和服务。

大力推动银行服务体系改革。一是鼓励商业银行利用上海地区政策创新优势,率先设立科技金融事业部、科技支行、科创金融专营机构等,创新建立专营的组织架构体系、专业的经营管理团队、专用的风险管理制度和技术手段、专门的管理信息系统、专项激励考核机制和专属客户的信贷标准,探索差别化管理方式。二是鼓励银行业金融机构运用再贷款、再贴现资金加大对符合要求的科创企业信贷投放力度。三是支持商业银行在风险可控、商业可持续前提下,强化与创业投资机构、股权投资机构合作,创新多样化科创金融服务模式。

争取科技信贷融资体制的重大突破。充分利用国家科创金融改革试验区这一历史机遇,整合上海及周边地区科技、金融资源,探索金融支持实体的融资体制创新,积极创造条件,推动国家在上海设立政策性科技银行,实现科技融资在体制上的重大突破,确立上海在

试验区建设的独特优势,引领和带动国家试验区建设。一是试行科技信贷融资的体制创新,试点商业银行经营证券业务,兼具商业银行与投资银行职能,综合运用股权投资、债权融资、夹层融资、并购融资、结构化融资、股权质押贷款以及上市挂牌等工具,为高科技产业和高成长性中小科创企业提供长期融资支持。二是实行特别监管体制。建立符合科创企业发展需求特征的业务流程、审核标准,形成不同于传统商业银行的信贷审核机制和风控体系,探索金融支持创新的新途径。三是拓宽银行资本金渠道。通过国家注资和吸引国内大企业、基金机构和保险公司投资等多种方式,解决科技银行资本金来源问题。四是引进贷款保险机制。加强银行业务与保险业务的联动,运用保险和再保险手段,为科技企业信贷资金和投资资金提供安全保障,实现科技银行的持续健康发展。

大力发展股权质押等信贷产品。进一步丰富信用贷款产品种类,加大信用贷款投放力度。一是有效发挥保险公司、担保机构等风险分担和增信作用,扩大信贷产品覆盖面。积极开发符合技术贸易特点的金融产品,创新技术类无形资产交易融资的担保方式和风险管理技术,支持技术收储机制建设。支持有内部评估能力的商业银行将知识产权评估结果作为知识产权质押授信的决策依据。支持金融机构创新软件、大数据等无形资产价值评估体系。二是持续优化供应链金融服务。支持金融机构与供应链核心企业合作,开展应收账款质押贷款、标准化票据、供应链票据、保理等业务。

支持符合条件融资担保机构充实资本金。支持上海政府性融资担保机构与国家融资担保基金签订分保协议,与科创金融改革试验区内其他地方法人银行业金融机构签订总对总担保协议。完善上海政府性融资担保机构绩效评价体系,增加支持科创小微企业数量,降低反担保要求。

(四)大力繁荣创业投资,为科创企业提供强大资本支持

加快政府引导基金市场化改革。一是创新基金运营管理方式。学习借鉴深圳、合肥等地经验做法,通过财政增资或国企重组打造国资平台,再推动国资基金平台推进以管资本为主的改革,对重要产业领域的优质项目进行直投、领投,或组建和参与各类基金,带动社会资本投入本地鼓励发展的优势产业。二是打造具有专业化水准的管理团队。依靠现有国资管理平台,采取充分激励的政策手段,通过市场选聘、内部培养等途径,加快建立一批能够熟练进行基金市场运作的政府自主团队。三是建设适当容错的宽松环境。对容错机制实施作出清晰界定,包括对基金管理团队履职尽责边界作出明确划分,进行综合考量,并采取务实步骤。

加大对早期投资的支持力度。一是设立科技型中小企业创新基金。在现有财政扶持资金多在"后补贴"方式使用的情况下,鼓励科技中小企业依托创新基金与高校院所和大企业开展产学研合作,突破解决科技中小企业的原创动力问题,助力上海高质量发展。二是发挥国有企业在早期资本市场的作用。鼓励市属国有大企业设立 CVC(Corporate Venture Capital,企业创业投资)。加快国有创投机构混合所有制改革,切实形成对创业投资市场的

引导。

加强对科创企业的上市扶持。鼓励科技企业通过资本市场实现创新发展,鼓励在沪科技企业上市融资,优化科技企业上市培育制度,建立科创类企业上市专项工程。

完善多层次资本市场建设。一是积极配合科创板制度创新,支持上海股权托管交易中心开展制度和业务创新;二是探索科技债券发行常态化机制,优化科技债券发行流程,配合证监会等机构建立即报即核债券发行机制。鼓励上市科创企业开展定向增发、发行公司债或可转换债券,鼓励科创企业在银行间市场发行企业债、中期票据、短期融资券等金融产品,满足企业多元融资需求,支持科技企业发行集合债券和集合票据,鼓励企业债务融资模式创新,完善科创债券增信机制。

推动股权投资机构在沪集聚。一是积极推动科技创新基金体系建设,完善政府引导基金的市场化运行机制。二是持续加大财政对天使投资引导基金、创业投资引导基金的投入力度,设立科技型中小企业创新基金,发挥国有企业在早期资本市场的作用。

(五)探索构建资本退出新机制,打通募投管退良性循环

鼓励科技企业并购。一是鼓励金融机构为企业并购重组创新金融产品和服务。放宽产业并购和跨境并购行政审批门槛,优化审批环节,鼓励资本市场发展并发挥其在产业并购中的作用,针对不同类型的并购业务采用差异化的监管政策。二是建立科技企业并购估值系统。由市政府牵头带动市场主体参与共同构建科技企业并购估值系统,鼓励国有大企业设立并购基金,以基金方式投资入股科技中小微企业,以提升并购业务的灵活性,为科创企业及时提供资金和产业引导,降低企业并购成本。

积极发展S基金市场。完善S基金交易机制,支持私募股权投资设立二级市场交易基金,推动政府产业基金积极设立S基金,鼓励S基金参与市场交易活动。

鼓励发展常青基金。积极发展企业风险投资,鼓励长期风险投资集聚上海,积极引进国际长期资本,加大长期资本培育力度,鼓励捐赠基金、养老基金、退休基金和资金充足的非营利性组织,参与在上海设立常青基金,以培育长期LP,引导更多社会长期资本支持科创发展,争取国家税收政策试点支持。

(六)强化科技保险支撑,为科创发展提供市场保障

拓展科技保险保障功能。鼓励保险机构创新产品和服务,为科技企业在产品研发、生产、销售各环节以及数据安全、知识产权保护等方面提供保险服务。

推动科技保险功能升级。一是优化科技保险的融资担保功能,构建科技企业融资风险共担机制,支持保险机构开展科技企业贷款保证保险和信用保险业务,完善政府、银行、保险合作机制,发挥保险增加信用、分散风险作用,发挥市场化再保险作用,为科技企业信贷资金和投资资金提供安全保障。二是引进贷款保险机制,加强银行业务与保险业务的联动,促进银行科技信贷的持续健康发展。三是发挥科技保险资金的融资功能,鼓励保险机构参与科

技投融资,支持保险资金为科技创新企业提供资金融通,推动保险与各类创业投资、天使投资合作,对科技创新企业开展长期股权、债权投资。

加快科技保险机构集聚。鼓励国内外保险机构在沪集聚,借助临港新片区制度优势,推动全球各类保险机构在上海广泛集聚,并实现业务的充分展业。

(七)提高财政资金使用效率,撬动更多社会资本支持科创

继续扩大财政资金规模。市、区财政应当在本级财政预算中小企业科目中安排中小科技企业发展专项资金,专项资金通过补助、贷款贴息、风险补偿、购买服务、奖励等方式,重点支持中小科技企业公共服务体系建设、融资服务体系建设、政府性担保体系建设、专精特新发展、创业创新、人才培训等事项。

改进财政资金的资助方式。推进政府资金使用的产业化方向、资本化方式和金融化运作,积极探索将政府用于支持科创发展的预算安排更多以设立基金的方式进入市场,实现资本化运作,更多以支持金融机构或金融产品的方式,实现金融化操作,切实放大政府对科创的支持功能,提高财政资金使用效率。

加强财政与金融的主动协同。建立和完善"财政+金融"的政策模式体系,减少财政资金对科技项目的直接资助,以"政府引导、市场主导、公开透明、风险共担"的总体思路,通过科创企业按照生命周期分类,对应设计基金类、信贷类、担保类的产品体系,引入金融机构,更多通过产品联动方案,以银行、保险等市场化途径去撬动杠杆,吸引更多社会资金支持科技创新。

(八)推进专利资产化和货币化探索,加快发展 IP 金融

建立知识产权金融体系。推进金融资本与知识产权的深度融合。把发展知识产权(IP)金融,作为科创金融发展的重要方向,加快建立面向商业化、货币化的知识产权专业管理制度,利用激活知识产权的金融方法,充分实现知识产权价值和经济收益,以形成知识产权创造、利用、投资与收益的良性循环,为上海科技创新及科创金融发展闯出新路。

创新交易产品与业务模式。按照上海确定的三大先导产业和六大重点产业方向,引入全球产业链中关键知识产权;交易所产品属性的推出可先商品化、后证券化、再衍生品化。发挥上海开放引领的作用,在尽快形成境内知识产权核心市场的同时,突出跨境知识产权交易流动。引进国际一流知识产权持有机构、运营机构及主要证券交易机构等参与建设。设立国际知识产权交易专门平台,吸引境外知识产权机构及投资者入场交易,使上海深度融入全球知识产权运营体系。

推进知识产权资产化管理。转变对知识产权价值管理的传统思路,鼓励科创企业将专利、商标、著作权等知识产权,作为独立的无形资产与企业分离,通过转让、拍卖、交易等形式进行商业经营,结合抵押金融等金融手段实现企业融资,使科创企业 IP 资产特殊价值得以充分释放。创新知识产权资产化的金融方式。推行 IP 售出并回授许可(SLB),允许企业向

市场独立出售 IP 资产,获得收益融入资金。同时,通过获得 IP 买入方的许可,继续利用 IP 维持企业正常研发和生产运营。一段时间过后,再由企业根据需要适时回购相关 IP。以此,有效盘活科创企业的沉淀资产,开辟科创企业市场融资的新途径。

积极探索知识产权证券化。明确知识产权证券化的交易方式。允许以 IP 为标的资产,将原本流动性差的知识产权引入资本市场,通过发行可流通债券进行企业融资。支持证券发起者从科创企业挑选符合条件的知识产权,组成 IP 资产池,出售或信托给特设载体(SPV),由 SPV 对受让 IP 进行加工、信用增级,使其达到相应质量要求,再通过投资银行等专业机构安排,以标的资产为支撑向投资者发行 IP 证券,所募资金对价支付给证券发起者,所获投资收益支付给证券持有者。通过 IP 证券化操作,将科创企业 IP 资产转化成高流动性金融资产。加强知识产权证券化的跟进配套。注重培育专门从事 IP 管理的机构,即特殊目的公司,促进 IP 证券经营的专业化操作。实施必要的信用增强手段,改善证券化交易结构以分散风险,引入"专利使用费债券保险"以保障 IP 证券化的稳定收益。

推动 IP 金融专业化市场化运营。发展专门从事 IP 商业化运营的特定主体。转变发展观念,改变管理思路,从过去重市场建设转向重主体培育上来,鼓励发展非专利实施主体(NPE),引导和支持专以 IP 商业运作为营利目的的企业以及从事科技制造的实体企业、大学、科研院所等,设立直接面向 IP 服务的专利管理机构,与 NPE 开展合作,进行 IP 市场运作。允许境内外 NPE 到上海发展业务,吸引境内外 NPE 在上海设立分支机构。充分发挥 NPE 商业行为的功能作用,推动 IP 金融市场的繁荣发展。

(九)加快构筑科创金融生态,开辟科创与金融资源互动的高容量市场空间

加强对创新源头的金融支持。一是设立上海市科技概念验证基金。借鉴欧洲相关经验,由政府联合高校及科研机构,以培育产生新知识产权和技术为目标,通过设立政府概念验证基金的办法,鼓励科研人员开展具有商业价值的前沿科学研究,激发上海创新策源活力。二是积极支持上海地区高校设立知识产权管理与运营基金。用于开展专利导航、专利布局、专利运营等知识产权管理运营工作以及技术转移专业机构建设、人才队伍建设等。

深化金融机构跨区域协作。推动上海银行业金融机构在项目规划、项目评审评级、授信额度核定、还款安排、信贷管理及风险化解等方面与试验区以及其他地区加强合作。支持试验区内其他地区银行业金融机构在依法合规前提下,与上海探索建立跨省(市)联合授信机制,积极发展银团贷款等业务,优先满足试验区内科技产业及重大合作项目融资需求。支持科创金融改革试验区内其他城市符合条件的法人金融机构申请上海相关金融要素市场会员资格。

建设更加开放的科创金融国际环境。吸引更多海外股权投资机构入驻上海。扩大合格境外有限合伙人(QFLP)试点范围,吸引具有丰富科技投资经验的海外天使投资、创业投资、股权投资基金参与试点,争取实施投资领域负面清单政策,鼓励在上海充分展业,为科创企业拓宽全球资金来源和资金使用渠道。

参考文献

［1］人民银行等八部门.上海市、南京市、杭州市、合肥市、嘉兴市建设科创金融改革试验区总体方案［R］.2022.

［2］上海市科学技术委员会.2021年上海科技进步报告［R］.2022.

［3］上海市知识产权局.2021年上海知识产权白皮书［R］.2022.

［4］上海市人民政府.上海市知识产权保护和运用"十四五"规划［R］.2021.

［5］上海市人民政府.上海市知识产权强市建设纲要(2021—2035)［R］.2021.

［6］中国证监会,国务院国资委.关于支持中央企业发行科技创新公司债券的通知［R］.2022.

全球金融科技中心建设与发展研究

子课题①负责人：李　峰

内容摘要：2021 年 8 月，上海市政府发布《上海国际金融中心建设"十四五"规划》，明确"加快金融数字化转型，提升金融科技全球竞争力"。随着金融科技重构全球金融竞争格局，金融科技发展上升为国家战略，建设金融科技中心成为上海国际金融中心建设新征程的重要内容。

基于该背景，本报告分别从总体和行业两个层面评估上海金融科技发展状况。总体层面：构建上海金融科技发展指数，重点聚焦上海金融科技产业、金融科技生态环境、经济金融与科技基础三方面，按年度纵向评估上海金融科技中心建设的历年进展；简要总结上海金融科技创新监管工具应用和资本市场金融科技创新试点的进展。行业层面：上海地区的银行业领衔数字化转型；保险科技赋能行业发展；证券行业科技投入加速；金融科技企业多元发展。

本报告随后根据上海金融科技发展的优势和不足，最终提出推进上海金融科技中心建设的政策建议：聚焦核心技术攻关与应用，强化金融基础设施；促进金融数据有序共享，探索金融数据合理流动；培养高质量金融科技人才，构建多层次人才体系；增加金融科技资金支持，鼓励金融科技领域投融资；完善金融监管体系，加速金融科技创新先行先试。

一、上海金融科技中心建设背景

（一）金融科技重构全球金融竞争格局

金融科技已成为众多国家金融发展的重要内容。目前美国、英国、新加坡等金融强国均已将发展金融科技提升至国家战略高度，力推本国金融业全面转型。美国在全球金融科技发展中位居前列，其强势领域主要表现在智能投顾、区块链、人工智能等基础设施领域；英国是欧洲金融科技最为发达的国家，在支付与清算、财务分析、在线理财、金融监管等应用场景

---

① 本课题组由高金智库组织相关专家组成，课题组长：李峰，上海交通大学上海高级金融学院会计学教授、副院长；课题组成员：董昕皓、赵玲玲、周政宇、潘薇、祝修业、陈珏。

均有发展,但其全球影响力主要体现在营造金融科技宽松发展环境方面;新加坡是国家层面对金融科技支持力度最大的国家,相关产业依靠强倾斜性的政策吸引大量外部资源而获得了蓬勃发展。

金融科技已经成为国际金融中心城市竞争的重要因素。各国(地区)政府对发展金融科技高度重视,纽约、伦敦、上海、北京、深圳、新加坡等城市都在大力建设金融科技中心。为增强金融科技竞争力,上海须进一步提升对金融科技创新企业的吸引力,培育金融科技龙头企业,推动金融机构全方位数字化转型,打造国际领先的金融科技生态圈。

纵观全球,各国(地区)政府均对发展金融科技高度重视,金融科技已经成为国际金融中心城市竞争的重要因素。我国已将金融科技发展提升为国家战略,中国人民银行等相关部门也相继出台指导政策与发展规划。在上海国际金融中心建设向更高能级发展的新阶段,金融科技的重要性也日益凸显。

(二)金融科技发展已上升成为国家战略

2019年9月,中国人民银行印发《金融科技(FinTech)发展规划(2019—2021年)》。在一系列政策措施支持下,经过近三年发展,我国金融科技守正创新能力明显增强、普惠民生成效日益显著,整体竞争力已处于世界先进水平。

在此基础上,2022年1月,中国人民银行印发《金融科技发展规划(2022—2025年)》。该规划秉持"数字驱动、智慧为民、绿色低碳、公平普惠"四大原则,明确以深化金融数据要素应用为基础,以支撑金融供给侧结构性改革为目标,以加快推进金融机构数字化转型为主线,从健全金融科技治理体系、充分释放数据要素潜能、打造新型数字基础设施、深化关键核心技术应用、激活数字化经营新动能、加快金融服务智慧再造、强化金融科技审慎监管、夯实可持续化发展基础等八方面精准发力。

新阶段金融科技发展顶层规划的出台,以及国家相关部门指导细则的陆续推出(见表1),为我国金融科技发展迈入积厚成势的新阶段提供了强大动能。

表1　2021年以来国内主要金融科技政策

部门/机构	发布时间	政策文件
银保监会、人民银行	2021年1月	《关于规范商业银行通过互联网开展个人存款业务有关事项的通知》
银保监会	2021年1月	《监管数据安全管理办法(试行)》
银保监会	2021年2月	《关于进一步规范商业银行互联网贷款业务的通知》
国务院	2021年3月	《中华人民共和国国民经济和社会发展第十四个五年规划和2035年远景目标纲要》
人民银行	2021年3月	《金融业数据能力指引》

部门/机构	发布时间	政策文件
人民银行	2021 年 4 月	《金融数据安全数据生命周期安全规范》
十三届全国人大常委会	2021 年 6 月	《中华人民共和国数据安全法》
十三届全国人大常委会	2021 年 8 月	《中华人民共和国个人信息保护法》
人民银行	2021 年 9 月	《征信业务管理办法》
银保监会	2021 年 10 月	《关于进一步规范保险机构互联网人身保险业务有关事项的通知》。
人民银行等七部门	2021 年 12 月	《金融产品网络营销管理办法（征求意见稿）》
国务院	2021 年 12 月	《"十四五"数字经济发展规划》
人民银行	2022 年 1 月	《金融科技发展规划（2022—2025 年）》
银保监会	2022 年 1 月	《银行业保险业数字化转型的指导意见》
人民银行等四部门	2022 年 2 月	《金融标准化"十四五"发展规划》

资料来源：根据网络公开资料整理

（三）金融科技支撑上海国际金融中心建设

发展金融科技是上海国际金融中心建设新征程的重要内容。2019 年 10 月，人民银行上海总部发布《关于促进金融科技发展 支持上海建设金融科技中心的指导意见》。2020 年 1 月，上海市政府印发《加快推进上海金融科技中心建设实施方案》。2021 年 8 月，上海市政府发布《上海国际金融中心建设"十四五"规划》，明确"加快金融数字化转型，提升金融科技全球竞争力"，从加强金融科技研发应用、促进金融科技产业集聚、探索金融科技监管模式创新、营造金融科技发展环境，以及着力打造金融科技生态圈等方面提出了具体措施。

发展金融科技有助于上海引领长三角一体化发展。上海位居长三角龙头，以最前沿的金融科技创新领衔长三角城市群发展。对比国内重点城市的金融科技发展政策，上海金融科技发展战略更早强调"全球竞争力"，更早制定了配套政策（见表 2），利好政策效能快速释放。与其他区域相比，以上海为核心的长三角枢纽辐射范围更广阔，带动区域更庞大，示范效应更显著，金融科技发展有助于长三角区域高质量一体化发展格局加速形成，从而更好地反哺上海国际金融中心建设。

表 2　国内重点城市金融科技发展对比

城市	金融科技发展战略目标	金融科技发展重要政策与事件	金融科技发展主要优势
上海	具有全球竞争力的金融科技中心①	2021 年 4 月，中共中央、国务院印发《关于支持浦东新区高水平改革开放 打造社会主义现代化建设引领区的意见》； 2021 年 7 月，浦东金融数据港开港，发布"金融数据港十条"； 2021 年 8 月，上海发布《上海国际金融中心建设"十四五"规划》； 2021 年 11 月，上海发布《关于落实〈外滩金融金融集聚带关于加快推进金融科技发展的实施意见〉的实施细则（试行）》（《外滩金融科技 30 条实施细则》）	金融要素市场和基础设施最完备；科创企业和人才集聚；临港新片区引领最高程度的对外开放；位处长三角城市群枢纽；营商环境良好
北京	与国际通行技术标准相符合的金融科技创新高地②	2021 年 8 月，北京印发《北京市关于加快建设全球数字经济标杆城市的实施方案》； 2022 年 8 月，北京印发《北京市"十四五"时期金融业发展规划》	金融机构总部集中地，也是金融监管部门所在地；知识技术资本和人力资本密集；金融科技创新创业踊跃
深圳	全球金融科技中心③	2022 年 1 月，深圳发布《深圳市金融业高质量发展"十四五"规划》； 2022 年 4 月，深圳发布《深圳市扶持金融科技发展若干措施》； 2022 年 9 月，深圳发布《深圳市金融科技专项发展规划（2022—2025 年）（征求意见稿）》	产业基础厚实，科技型创新企业密集；金融生态良好，金融和风险投资活跃；政策和地理优势，位处一带一路和大湾区双枢纽，坐拥跨境金融优势

资料来源：根据网络公开资料整理

二、上海金融科技总体发展状况

本章首先通过设计上海金融科技发展指数来评估上海金融科技总体发展状况，相关指标涵盖上海金融科技产业水平、金融科技生态环境以及经济金融与科技基础等方面，然后总结了上海金融科技创新监管应用（包括人民银行金融科技创新监管工具应用和资本市场金

---

① 来源于《加快推进上海金融科技中心建设实施方案》，2020 年 1 月。
② 来源于《北京市"十四五"时期金融业发展规划》，2022 年 8 月。
③ 来源于《深圳市金融业高质量发展"十四五"规划》，2022 年 1 月。

融科技创新试点)的进展情况。

（一）上海金融科技发展评估

为定量评估上海的金融科技发展水平以及最近三年的变化,课题组设计了上海金融科技发展指数。下面详细介绍指数的编制原则、指标体系构成和指标解释,并对部分指标的变动情况进行了分析。

1. 指数编制原则

为保障上海金融科技发展指数能够更好地衡量上海金融科技发展水平,课题组在指数编制中遵循以下四个原则:

1) 全面性

本指数为衡量上海金融科技发展水平而设计,在指标选择及权重分配方面,聚焦上海金融科技产业、金融科技生态环境、经济金融与科技基础等方面,以2019年为指数元年,按年度纵向评价上海金融科技中心建设的历年进展。

2) 可延续性

为保障未来指数研究的延续性及成长性,在指标选择过程中,尽可能选取多方面、可连续获得、可信度高的数据作为指标设置的基础,从而保证指数的中立、客观和严谨。

3) 合理性

为保障指标设置的合理性,在按重要性分配指标权重的同时,对各指标数值进行标准化处理,并引入指标变动系数[①],以适配不同类型指标在数据变动过程中对上海金融科技发展的不同影响力。

4) 可对比性

为考量上海与其他城市金融科技发展水平横向对比的相对位置,选取权威性较高的城市发展排名纳入指标体系。

综合以上原则,每年定期更新该指数,长期评估和跟踪上海的金融科技发展水平。

2. 指标体系

指标构成方面,上海金融科技发展指数主要包括金融科技产业发展、金融科技生态环境、经济金融与科技基础3个一级指标。一级指标包含若干个二级指标,其中金融科技产业发展的二级指标涵盖金融机构(银行、保险、证券)与金融科技企业;金融科技生态环境的二级指标涉及金融科技政策、金融科技人才、金融科技基础设施和上海金融科技中心相对位置等;经济金融与科技基础的二级指标聚焦人才与创新、经济金融基础、科技基础、基础设施建设、上海国际金融中心相对位置等。二级指标又细分为21个三级指标,最终细分为44个定量指标。具体计算每一级指标和最终的上海金融科技发展指数时,以2019年的数值为100

---

① 指标变动系数可以使得数据增加带来不同程度的评分增加。例如指标变动系数为20时,表示原始指标每增长100%,但标准化得分只增长20%。

分,对 2020 和 2021 年的数据做标准化处理并结合指标变动系数换算成最终分数。

指标权重方面,课题组根据指标的重要性排序赋予权重,重要性排名越高则指标对应的权重越高。具体设置上,金融科技产业发展占 50%,金融科技生态环境占 25%,经济金融与科技基础占 25%。根据各指标的分数与权重进行加权计算,最终获得上海金融科技发展指数,指标体系具体展示如下(见表 3)。

表 3　上海金融科技发展指数—指标体系

一级指标	二级指标	三级指标
金融科技产业发展	金融机构	银行
		保险
		证券
	金融科技企业	上市金融科技企业
		未上市金融科技企业
金融科技生态环境	金融科技政策	监管创新
		政策扶持
	金融科技人才	金融科技人才数量
	金融科技基础设施	产业园
	上海金融科技中心相对发展	金融科技中心排名—GFHI
		金融科技中心排名—GFCI
		金融科技中心排名—燃指数
经济金融与科技基础	人才与创新	人才数量
		专利
	经济金融基础	GDP
		金融基础
	科技基础	R&D
		科创企业
	基础设施建设	一网通办
	上海国际金融中心相对发展	全球资产管理中心排名
		国际金融中心排名—GFCI

3. 指标解释

本节主要解释三级指标的具体内容。

1) 金融科技产业发展部分

金融机构(包括银行、保险、证券)用上海相关行业机构的金融科技投入金额、金融科技投入金额占营业收入比例、金融科技人员数量、金融科技人员占比、人均金融科技投入衡量,以评估上海主要金融行业的金融科技投入水平;金融科技企业包括上海的上市和未上市金融科技企业,前者用上市金融科技企业的数量、市值以及营业收入衡量,后者用头部未上市金融科技企业[①]的数量和融资额衡量。

2) 金融科技生态环境部分

监管创新用人民银行金融科技创新监管工具在上海的应用项目数量衡量;政策扶持用面向上海的金融科技政策与规划数量[②]衡量;金融科技人才用CGFT[③]的证书获得者数量衡量;金融科技基础设施用金融科技产业园数量衡量;上海金融科技中心排名用GFCI[④]、GFHI[⑤]和燃指数[⑥]中的上海排名衡量,以评估上海在全球或国内主要金融科技中心城市排名中所处的相对位置。

3) 经济金融与科技基础部分

经济基础用上海GDP衡量,金融基础用上海金融增加值衡量,科技基础用R&D投入比例和上海股权投资金额衡量,基础设施建设用一网通办进展衡量,上海国际金融中心相对发展用伦敦金融城发布的国际金融中心排名和中欧陆家嘴国际金融研究院发布的全球资管中心排名衡量。

4. 指标描述性统计分析

本节展示最近三年的上海金融科技发展指数、一级指标、二级指标的变动趋势。课题组发现,基于上海金融科技发展指数,2020年上海金融科技总体水平相对2019年提升了13.36%,2021年金融科技发展加快,比2019年提升了30.41%(见图1)。同时,基于一级指标的对比,可以发现上海金融科技产业、金融科技生态环境和经济金融与科技基础在最近三年都得到了大幅度的提升,2020年经济金融与科技基础发展较快,2021年则由金融科技产业发展领先(见图2)。

---

① 毕马威年度中国金融科技企业"双50"名单中的上海金融科技企业,大部分为非上市企业。

② 中央与上海市层面政策。

③ 上海高金金融研究院与上海管会教育培训有限公司签署合作协议,在上海交通大学上海高级金融学院学术指导下,联合推出"特许全球金融科技师"(CGFT,Chartered Global FinTech)三级证书认证体系及其培训课程,提供全方位的人才培养和评估体系,为金融科技行业培养所需的既掌握金融知识体系,又具备科技创新理论功底的复合型金融科技人才。

④ 伦敦金融城发布的"全球金融中心指数(GFCI)"。

⑤ 浙江大学互联网金融研究院发布的全球金融科技中心指数。

⑥ 中国社会科学院金融研究所金融科技研究室编制的《中国金融科技燃指数报告》。

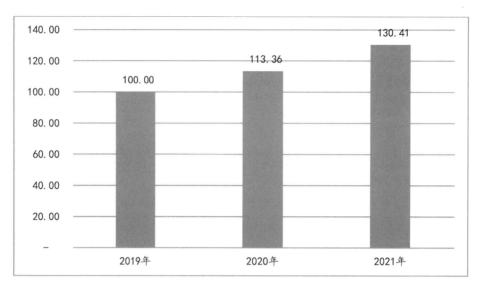

图 1 上海金融科技发展指数（2019—2021 年）

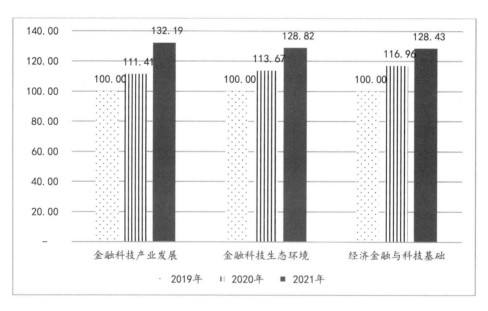

图 2 一级指标发展趋势（2019—2021 年）

从金融科技产业发展的具体指标看（见图 3），上海金融机构①的金融科技投入大幅增加，其中银行业与证券业尤为突出，无论是金融科技人员数量、总投入，还是人均投入，都得到了快速增长。上海金融科技企业的投融资等指标也在近两年大幅增加。

① 其中金融机构包括银行、保险、证券机构。

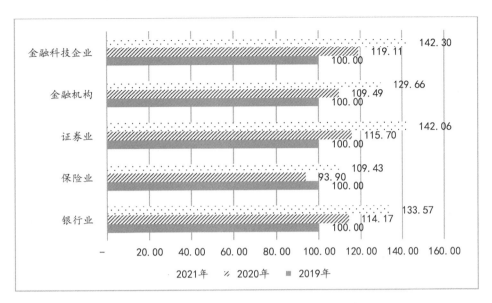

图 3　金融科技产业发展趋势（2019—2021 年）

从金融科技生态环境的具体指标看（见图 4），上海的经济实力提升和基础设施完善也在加速，金融科技相关政策、人才、产业园区等生态因素也在不断优化。相关基础设施的快速发展积极助力上海金融科技生态环境建设，同时上海也将金融科技类人才纳入紧缺人才目录[①]。

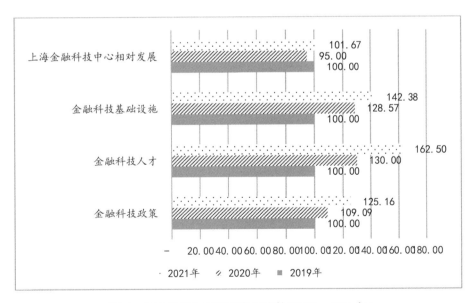

图 4　金融科技生态环境发展趋势（2019—2021 年）

---

①　在 2021 年印发的《上海市重点领域（金融类）"十四五"紧缺人才开发目录》里，特许全球金融科技师 CGFT 被列入了金融科技类紧缺人才中的"移动支付人才"和"大数据挖掘、应用金融人才"两个子类。这是上海首次将金融科技类纳入紧缺人才目录。

从经济金融与科技基础的具体指标看（见图5），上海受2020年以来的疫情影响，国际金融中心排名（GFCI）有所下降，导致上海金融中心相对排名有所下降。但上海近两年的科技基础建设尤为迅猛（如R&D投入、一网通办建设等），经济金融基础设施建设正在加速推进，为上海金融科技发展提供了稳健的发展环境。

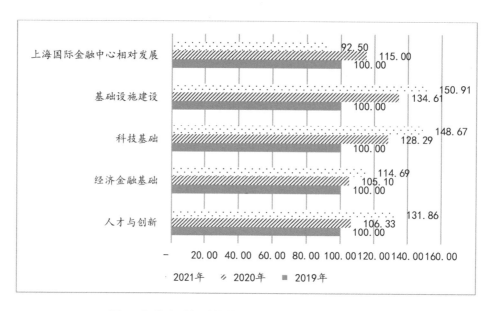

图5　经济金融与科技基础发展趋势（2019—2021年）

（二）金融科技创新监管应用进展

1. 金融科技创新监管工具应用扩容

为探索金融科技在监管框架内更好地发挥作用，2019年年底中国金融科技创新监管工具应用启动。2021年4月，金融科技创新监管工具开始在全国推广。截至2022年9月，全国31个省（直辖市/自治区）级行政区（不含香港、澳门和台湾）累计公示173个应用项目。

截至2022年9月，上海金融科技创新监管工具应用总计四批共19个项目。上海参与主体多元，既包括了国有商业银行、股份制银行、城商行、银行系金融科技子公司、科技公司，也包括了民营银行和第三方机构（支付机构、会计师事务所、安全认证机构等），不少主体参与了多个项目，例如，上海银行参与了3个项目；业务覆盖面广，涵盖了客户营销、订单管理、商户服务、函证和票据业务、普惠金融和供应链金融、支付业务，以及风控、数据融合和隐私保护等多种课题；技术复合性高，各项目均运用了两种或两种以上金融科技，除了传统的人工智能、区块链、云计算和大数据，还纳入了物联网、密码技术和隐私计算等前沿技术（见图6）。

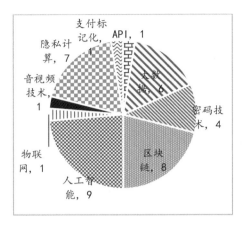
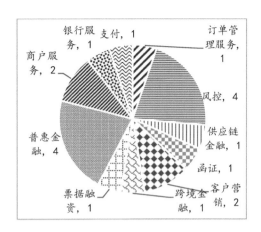

按技术方向分布　　　　　　　　　按业务方向分布

图 6　上海金融科技创新监管工具应用统计

数据来源：人民银行上海总部，截至 2022 年 9 月

　　从项目时间线看，上海各项目按照公示时间分布如下图所示。截至 2022 年 9 月，上海所有项目均已完成登记并开始测试（见表 4）。

表 4　上海金融科技创新监管工具应用进展情况

批次	上海金融科技创新监管工具应用项目	公示时间	开始测试时间
第一批	"上行普惠"非接触金融服务	2020 年 7 月	2020 年 11 月
	"信盟链"风险信息协同共享产品		
	"易融星空"产业金融数字风控产品		
	"融通保"中小微企业票据流转支持产品		
	基于人工智能的智慧供应链融资服务		
	基于区块链的小微企业在线融资服务		
	基于区块链的金融与政务数据融合产品		
	基于多方安全知识图谱计算的中小微企业融资服务		
第二批	远程视频银行服务	2020 年 12 月	2021 年 4 月
	基于大数据的商户服务平台		
	基于多方安全计算的图像隐私保护产品		
	基于同态加密的"数据通"数据融合应用		
	基于多方安全计算的差异化营销平台		
第三批	基于区块链的 B2B 订单管理服务	2021 年 3 月	2021 年 6 月
	基于大数据技术的客户营销服务		
	"会银通"第三方电子函证平台		

（续表）

批次	上海金融科技创新监管工具应用项目	公示时间	开始测试时间
第四批	基于区块链技术的数字贸易跨境支付服务	2022 年 3 月	2022 年 7 - 8 月
	基于支付标记化的企业移动支付服务		
	基于隐私计算的电信网络诈骗风险预警服务		

资料来源:人民银行上海总部,截至 2022 年 9 月

2. 资本市场金融科技创新试点启动

随着我国金融科技创新监管工具应用聚焦领域更为细分,资本市场金融科技创新试点正式启动,各城市推进工作正在有序展开(见表 5)。

表 5　全国资本市场金融科技创新试点进展情况

机构/城市	时间	进展情况
证监会	2021 年 2 月	资本市场金融科技创新试点动员部署大会召开,北京为首批试点城市
	2021 年 10 月	上海、深圳、广州和南京作为第二批试点城市,开展资本市场金融科技创新试点
北京	2021 年 3 月	发布关于开展资本市场金融科技创新试点(北京)项目申报工作的通知
	2021 年 11 月	公示首批拟纳入资本市场金融科技创新试点的项目名单
	2021 年 12 月	启动第一批共 16 个试点项目
	2022 年 9 月	资本市场金融科技创新试点(北京)总结暨第二批试点动员大会召开,并启动资本市场金融科技创新北京地区第二批试点工作
上海	2021 年 12 月	上海启动资本市场金融科技创新试点
	2022 年 8 月	资本市场金融科技创新试点(上海)首批项目已完成地方遴选工作
深圳	2021 年 11 月	启动资本市场金融科技创新试点
	2022 年 4 月	已完成第一批资本市场金融科技创新试点申请项目收集
广州	2022 年 3 月	发布《关于开展广州资本市场金融科技创新试点工作的通知》
南京	2022 年 1 月	召开资本市场金融科技创新试点工作部署推进会

资料来源:根据公开信息整理,截至 2022 年 9 月 30 日

上海方面,按照证监会相关部署,资本市场金融科技创新试点(上海)于 2021 年 12 月启动并开展首批项目征集工作。截至 2022 年 8 月,上海首批项目申报阶段收到 60 家牵头单

位申报项目 114 个[①],项目涵盖市场核心机构、证券基金期货经营机构、区域性股权市场运营机构、证券基金期货服务机构、科技企业等,参与主体囊括了主要的市场核心机构和行业头部企业。目前,首批申报项目已完成遴选和评审,并上报证监会开展专业评估。据公开信息披露,首批通过评审的项目技术方面涵盖了云计算、区块链、5G、隐私计算等,业务方面涉及了合规、风控、数据治理、系统运维等,特色较为鲜明。

三、上海金融科技行业发展状况

本章从银行、保险、证券、金融科技企业等行业角度回顾上海 2019—2021 年金融科技产业的发展状况。

(一)银行业领衔数字化转型

随着金融科技的快速发展和渗透,我国银行业正进入一个数字化、智能化、生态化时代,各商业银行已将金融科技作为发展的核心战略之一。2021 年,商业银行持续加大布局力度,旨在借助科技手段增强获客能力,降低运营成本,提高风控水平,加快数字化转型,提升核心竞争力。2021 年,中国工商银行金融科技投入最高,达到了 259 亿元,中国建设银行以 235 亿元紧随其后,中国农业银行投入 205 亿元,位居第三。除了国有大型银行外,股份制银行和城商行也开始加大金融科技投入。

上海已经形成了业务覆盖面广、产品服务齐全的多层次银行体系,金融科技投入不断增长,持续发挥金融机构引导功能,促进实体经济高质量发展。上海五家典型银行交通银行、浦发银行、上海银行、上海农商银行和华瑞银行分别作为上海本地国有商业银行、股份制银行、城商行、农商行和民营银行的代表[②],其金融科技发展各具特色。

从金融科技资金投入看,最近三年各家银行的金融科技投入增长较快(见图 7)。其中,交通银行领衔上海银行业金融科技投入规模,2021 年金融科技投入达到 87.50 亿元,而在金融科技营收占比[③]方面(见图 8),华瑞银行较高,超过了 10%。

从科技人员投入看,上海银行业科技员工人数也增长迅速(见图 9)。浦发银行增速最高,2020 年科技员工增长 50.3%,2021 年虽有所放缓,但科技员工总人数已接近 6 500 名。科技员工占总员工比例方面,华瑞银行相对突出,占比接近 33%(见图 10)。

---

① 上海市政府官网,2022 年 8 月 17 日。

② 除了这五家外,上海地区的其他银行主要包括国内其他银行和外资银行在上海的分行以及上海各区的村镇银行。

③ 金融科技投入营收占比＝金融科技投入/营业收入。

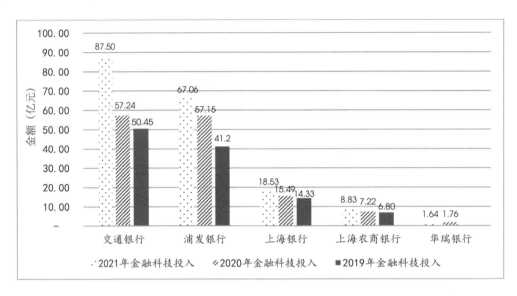

图 7 上海代表性银行金融科技投入（2019—2021 年）

数据来源：各银行历年年报

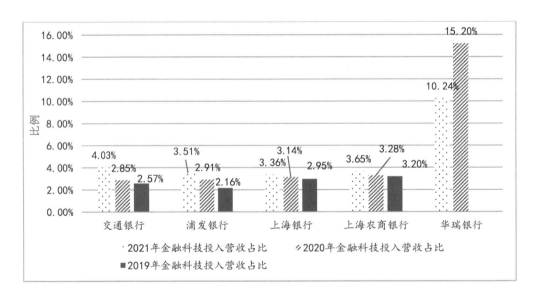

图 8 上海代表性银行金融科技投入营收占比（2019—2021 年）

数据来源：各银行历年年报

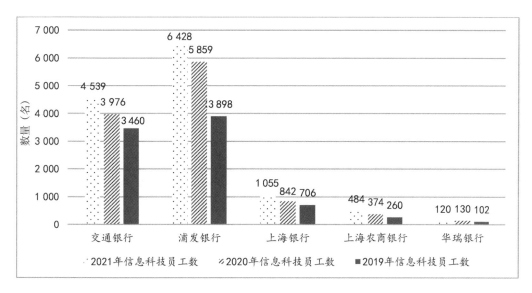

图9 上海代表性银行信息科技员工数（2019—2021 年）

数据来源：各银行历年年报

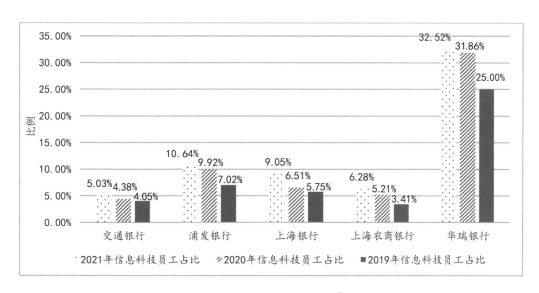

图10 上海代表性银行信息科技员工占比①（2019—2021 年）

数据来源：各银行历年年报

从人均金融科技投入看，上海农商行的科技员工人均金融科技投入最高（见图11），而在全行员工人均金融科技投入方面（见图12），华瑞银行相对领先。

---

① 信息科技员工占比＝信息科技员工数/总员工数。

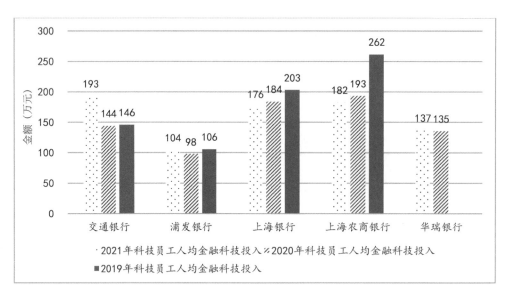

图 11　上海代表性银行科技员工人均金融科技投入①（2019—2021 年）

数据来源：各银行历年年报

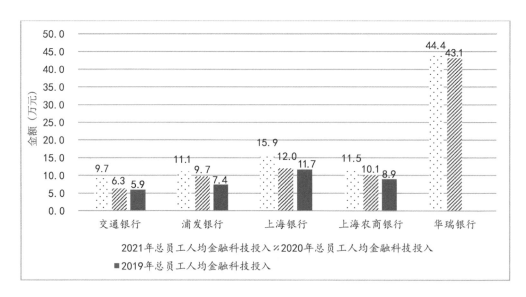

图 12　上海代表性银行总员工人均金融科技投入②（2019—2021 年）

数据来源：各银行历年年报

　　从 5 家银行金融科技总体资金投入和总体人员投入看（见图 13），2020 年科技员工数量

---

①　科技员工人均金融科技投入＝金融科技投入/信息科技员工人数，单位：万元。

②　总员工人均科技投入＝金融科技投入/总员工人数，单位：万元。

增幅较大,而 2021 年金融科技总投入金额增长较多。

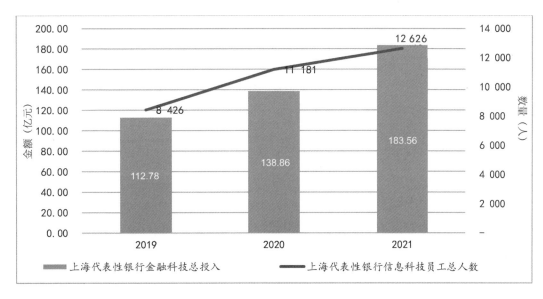

图 13 上海代表性银行金融科技总投入和信息科技员工总人数(2019—2021 年)

数据来源:各银行历年年报

(二)保险科技赋能行业发展

从全国保险业总投入看,2021 年 12 月中国保险行业协会《保险科技"十四五"发展规划》披露,自 2018 年以来,保险业信息科技累计投入达 941.85 亿元,其中 2020 年行业信息科技总投入 351 亿元。信息科技人员方面,截至 2020 年年底,行业信息科技正式员工数量超过 2.6 万人,占正式从业人员数量的 2.51%。中国太保调研数据[①]显示,2021 年约七成险企进行了大数据应用的投入。按照投入金额划分,目前已布局的公司可以分为"重点布局"和"初级阶段"两种类型:重点布局的企业资金投入超 1 000 万元,而初步阶段的企业资金投入在 500 万元以内。大型险企中约四成已进入了"重点布局"阶段,但大部分中小型险企仍处于数字化的"初级阶段",大数据建设亟待加强。

聚焦上海保险行业,上海险企持续加大科技投入,推进数字化转型。截至 2021 年,上海共有 58 家法人保险机构[②]。其中有上市公司 3 家,分别为中国太保、众安保险和永诚保险。中国太保是首家 A+H+G(上海、香港、伦敦)三地上市的国内领先综合性保险公司,公司设立太保科技,开展前沿技术预研和新技术应用创新孵化,加速罗泾数据中心和太保云等基础设施建设;众安保险为国内首家互联网保险公司,从保险科技产品到数智化服务,通过"科

---

① 2021 年 7 月,中国太平洋保险发布《健康保险大数据产业应用研究》。

② 来源:上海市原银保监局。

技＋保险"驱动业务发展,在全球保险科技独角兽公司处于领先地位;永诚保险为中国华能集团旗下的金融企业,专注于电力能源及大型商业风险领域。此外,有多家大型上市保险企业的财险、寿险、养老险等类型的子公司在上海注册,如太平人寿、平安健康险、长江养老等,均在深化数字化转型,如长江养老以数字化转型、主动科技创新扎实提升养老金服务和管理水平。

从险企个体的资金投入和人员投入看,以众安保险为例,其信息科技投入在 2021 年大幅提升(见图 14),信息科技人员占比增加到近 50%(见图 15)。

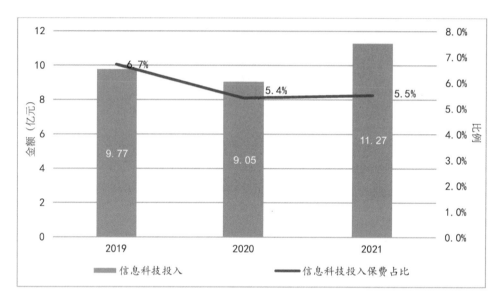

图 14　众安保险信息科技投入与信息科技投入保费占比(2019—2021 年)

数据来源:众安保险历年年报

(三)证券行业科技投入加速

近年来,证券行业对信息科技重视程度不断增强,行业信息技术投入逐年增长。2021年,全行业信息技术投入金额 338.20 亿元,同比增长 28.7%[①]。行业持续加大信息技术领域的投入为行业数字化转型和高质量发展奠定坚实基础。从全国范围券商的信息技术投入看,中国证券业协会公布的证券公司 2021 年经营业绩指标排名显示,2021 年,7 家券商的信息技术投入占营业收入比例超过 10%,9 家券商信息技术投入金额超过 10 亿。

---

①　来源:中国证券业协会。

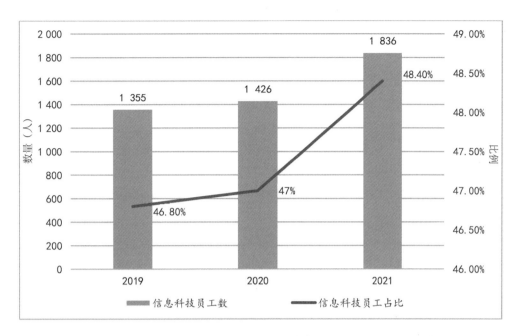

图 15　众安保险信息科技员工数与信息科技员工占比（2019—2021 年）

数据来源：众安保险历年年报

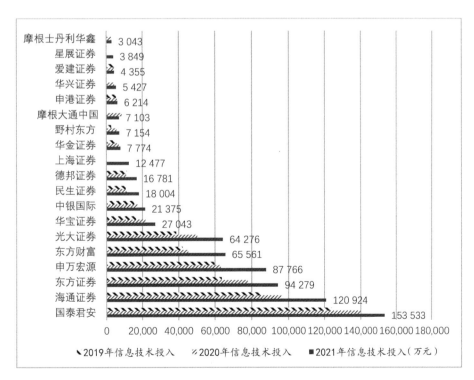

图 16　上海地区证券公司信息技术投入（2019—2021 年）

数据来源：中国证券业协会

从上海地区券商的信息技术投入看（见图 16），上海券商科技发展呈现明显的阶梯，大中型券商的信息技术投入已超过 5 亿，而小型券商的信息技术投入仍少于 1 亿，尚处于起步阶段。其中上海已上市的 7 家券商分别是国泰君安、海通证券、东方证券、申万宏源、东方财富、光大证券、华宝证券。2021 年，上海地区券商总信息技术投入约 72.7 亿，占证券业行业总投入比例约 21.5%（与 2020 年的 21.7% 和 2019 年的 22.4% 相比，稍有下降）。而比较上海地区所有券商近三年的总信息技术投入（见图 17），可发现 2021 年的增幅达 27%，高于 2020 年的 17.8%。

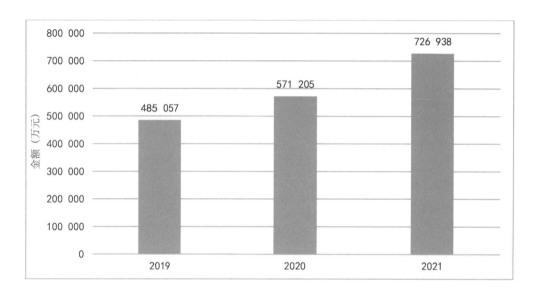

图 17　上海地区证券公司信息技术投入总额（2019—2021 年）

数据来源：中国证券业协会

从上海地区大中型券商的信息技术投入（见图 18）看，在信息技术投入大于 1 亿的券商队伍当中，除了华宝证券的信息技术投入占营收比例特别高，其他券商的投入营收比例大部分在 5% 到 7%[①]。

（四）金融科技企业多元发展

随着国内监管环境的日趋完善，以及金融机构数字化程度的显著提升，金融科技市场前景可观，2021 年我国金融科技投融资规模总体保持增长（见图 19）。具有鲜明硬科技特征、高成长性和高发展潜力的企业，深受各投资机构青睐。

聚焦上海金融科技企业，包括陆金所、旗天科技、360 数科、大智慧在内的数十家金融科技企业活跃在各个金融科技赛道，涉及综合金融、保险科技、消费信贷、金融 IT 等多个领域。

---

① 　科技投入如果小于 1 亿，其由于业务规模较小而营收较低，导致投入营收占比偏高，参考价值有限。

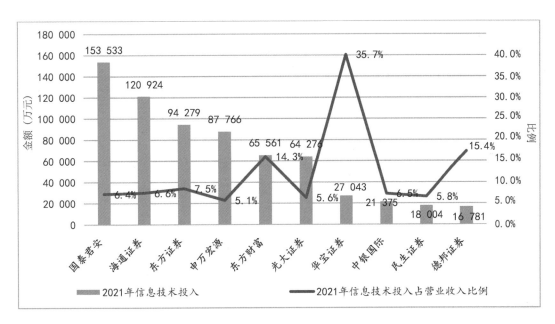

图 18　2021 年上海地区证券公司信息技术投入与投入营收比例

数据来源：中国证券业协会

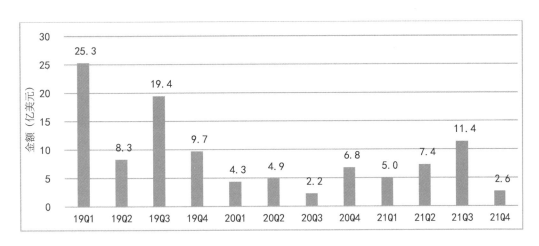

图 19　中国金融科技投融资规模（2019—2021 年）

数据来源：KPMG 2022

以陆金所为代表的线上财富管理平台，为机构、企业与合格投资者等提供专业、高效、安全的综合性金融资产交易信息及咨询相关服务；以旗天科技为代表的数字生活科技创新企业，主营数字生活营销科技服务和航旅信息服务等；以 360 数科为代表的人工智能驱动的金融科技平台，通过自主研制开发、独立知识产权的技术、工具、模型、平台，为金融合作伙伴提供多种赋能产品和解决方案；以大智慧为代表的互联网金融信息服务提供商，业务聚焦涉及证券信息服务、大数据及数据工程服务、境外业务和保险经纪等多个板块。

四、上海金融科技发展的优势和不足

上海近些年来加速推动金融科技升级,使之持续赋能科技创新、普惠金融、乡村振兴、绿色低碳等国家战略重点领域,为实体经济高质量发展提供有力支撑。上海金融业在金融科技的深刻影响下,综合固有禀赋资源,实现了量质齐升。

整体而言,上海金融科技发展存在显著的"市场拉动"特征,由于超大规模金融服务需求的存在,市场重视金融科技应用与体验,但在原创技术开放与数字基础设施建设方面尚有不足,在监管体系完善与整体生态优化方面也相对逊色。这也导致上海明显缺少大型金融科技龙头企业,应用场景特别强大的企业和科技含量特别高的企业也较少。此外,由于政策空间等因素,创新向大机构倾斜,融资渠道不够顺畅,上海对金融科技初创企业吸引力不够。最新一期 GFCI 指数[①]综合竞争力排行榜中,上海屈居全球第六,距离 31 期下滑两位。上海金融科技发展的优势和不足主要表现在以下几个方面。

(一)上海金融科技发展的优势

1. 金融基础雄厚

作为我国最大的经济中心城市和长三角地区合作交流的龙头,上海在金融方面的雄厚基础是其发展金融科技的最大优势。上海具有相当规模、功能完备的金融市场体系,多层次资本市场日益完善,货币市场和债券市场持续建设,银行间利率、外汇、信用等衍生品市场也在不断发展;上海拥有高度聚集、门类齐全的金融机构体系,吸引了境内外多家大型银行、证券、基金、期货、保险等机构入驻,以及国际金融组织、外国央行代表处、国际金融行业协会及新型多边金融组织落户上海;上海建成了领先的金融基础设施,上海清算所、中央结算公司上海总部、中国银联等机构功能加速完善;上海还培育了完善的金融要素市场,上海证券交易所、上海期货交易所、中国金融期货交易所等在完善股票、债券、期货、衍生品等金融产品的基础上,不断加大资产证券化产品创新力度。

2. 区位条件突出

面对中央交付三项重大任务[②]的新机遇,上海在打造国内大循环中心节点和国内国际双循环战略链接上发挥着更大作用,上海借助区位优势,在发展金融科技方面大有作为。国内层面,上海引领的长三角城市群为总面积亚洲第一大城市群,经济规模已约达全国 GDP总量的四分之一,作为长三角高质量一体化发展龙头,上海能够借助城市群集聚效应吸引高

---

① GFCI 32,2022 年 9 月 22 日发布。GFCI 指数从营商环境、人力资本、基础设施、金融业发展水平、声誉等五方面对全球主要金融中心进行评价和排名。

② 2019 年 11 月,习近平总书记听取了上海市委和市政府工作汇报,并指出要深入推进落实党中央交付给上海的三项新的重大任务。三大任务包括:增设上海自贸区试验区新片区、实施长三角一体化发展国家战略、设立科创板并试点注册制。

端资源,夯实金融科技核心竞争力。国际层面,上海始终位于国家开放创新的最前沿,是国家"一带一路"倡议的重要枢纽,特别是临港新片区引领我国最高程度的对外开放,2021年多家外资金融企业陆续落户上海自贸区。

3. 科技要素丰富

上海科技要素聚集且丰富,是科技之木苗壮成林的肥沃土壤。科技创新资源不断聚集,大科学设施已运行8个,在建6个,普通高等学校64所,跨国公司总部831家,外资研发中心506家[①],2021年新能源、高端装备、生物、新一代信息技术、新材料、新能源汽车、节能环保、数字创意等工业战略性新兴产业完成规模以上工业总产值[②]突破16 000亿元,占全市规模以上工业总产值的40.6%[③]。张江科学城、漕河泾开发区、紫竹高新区、临港新片区等一批科技创新园区各具特色,正加速推动具有全球影响力的科技创新中心和国际金融中心联动发展;支付宝、建信金科、金融壹账通等一批重要的金融科技企业落沪。

4. 营商环境良好

上海具备发展金融科技的友好营商环境。上海金融监管环境持续优化,上海是全国首批金融科技创新监管应用城市,并相继推出了人民银行金融科技创新监管工具应用和资本市场金融科技创新试点,项目数量领先全国。上海法治环境持续改善,上海知识产权法院是全国最早成立的三家知识产权法院之一,上海金融法院为全国首家金融法院。上海金融科技产业合作升级,上海国际集团联合相关金融要素市场、金融机构和高校等单位,倡议设立上海金融科技产业联盟,致力于推动领域合作与资源共享。2021年3月,《上海市加强改革系统集成持续深化国际一流营商环境建设行动方案》公布上海优化营商环境4.0版,主要围绕优化政务环境、提升企业全生命周期管理服务、营造公平竞争市场环境等5方面提出31项任务共207条举措,为科技企业提供了更便利优越的发展生态环境。

(二)上海金融科技发展的不足

1. 本源创新能力需进一步提升

一是上海主体创新能力需要加强。从国内发明专利申请授权量[④]来看,2021年,上海获得了3万多项发明专利,虽然位居全国前三,但近三年来上海与北京(近8万)、深圳(约4.5万)等城市的差距有进一步扩大的趋势(见图20)。

二是上海金融科技生态系统成熟度和对外辐射能力不够。上海金融科技产业主要由金融机构的科技子公司(建信金科、金融壹账通、太保科技等)和信息技术服务商(万得等)领衔,众多中小型信息系统和科技服务公司跟随,缺乏大型龙头类平台金融科技公司,应用场

---

① 《2021年上海科技进步报告》。

② 规模以上工业总产值指年主营业务收入2000万元及以上的采矿业、制造业、电力燃气及水的生产和供应业的工业法人单位。

③ 《2021年上海市国民经济和社会发展统计公报》。

④ "国内发明专利申请授权量"统计的发明(专利),指对产品、方法或者其改进所提出的新的技术方案,是国际通行的反映拥有自主知识产权技术的核心指标。

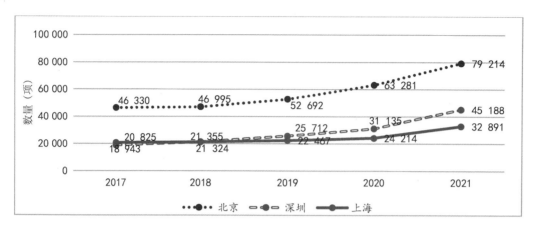

图 20　沪京深三市获得国内发明专利申请授权量情况（2017—2021 年）

数据来源：国家知识产权局

景特别强大的公司和科技含量特别高的公司也有所欠缺。因此，其科技服务触角大多局限于金融行业内部，依赖于金融机构"输血"，面向城市、交通和物流等实体产业的数字化转型一体化解决方案缺乏，自身"造血"能力偏弱，因此对外辐射强度较低。上海对金融科技初创企业吸引力不够，现行的发展模式主要依赖市场拉动，上海金融科技生态系统的成熟有待创新能力的提高和政府政策的优化。

2. 金融机构数字化转型不均衡

上海金融机构的数字化转型进展程度各不相同。事实上，金融科技发展"不均衡"不只是上海面临的挑战，也是全国性问题。一是不同类型和规模的金融机构数字化能力不均衡。以交通银行、浦发银行和太平洋保险为代表的大中型金融机构数字化能力大幅领先，中小金融机构自身系统互联互通和应用能力较弱，在与外部平台合作过程中也难以落实营销获客、自主风控和业务集中度等方面的规范要求。二是金融机构不同业务环节的数字化程度不均衡。由于金融机构在渠道维护和规模拓展方面的大力投入，其零售、营销和风控方面的数字化程度较高，而对公业务、内部运营等其他环节较为薄弱。

3. 金融数据资源价值尚待挖掘

上海金融机构的业务数据化已基本完成，但数据业务化还刚起步，海量的金融数据如何发挥作用还有待推进。一方面，金融机构数据治理能力仍待升级，数据标准化、质量管控、数据平台建设以及外部数据对接等方面进展参差不齐。例如 2022 年 3 月，原银保监会严肃查处一批监管标准化数据（EAST）在数据质量领域的违法违规案件，对 21 家银行机构依法做出行政处罚决定，处罚金额合计 8 760 万元，上海部分银行也未能幸免。另一方面，数据要素市场尚未健全，影响数据红利释放。目前，对于数据使用的具体细则尚未明确，数据共享、数据安全等问题还有待进一步推出示范案例，给予机构/企业更加具体的指导。《上海市数据条例》（2022 年 1 月起施行）的落地为推动数据要素流通、促进数字经济发展迈出了突破性的步伐,但要真正成为引领全国数据要素市场发展的"上海模式",还任重道远。

4. 金融科技人才吸引力须加强

上海金融科技类人才紧缺。《中国金融科技人才培养与发展问卷调研(2021)》显示,96.8%的调研机构 2021 年金融科技专业人才存在缺口。从招聘渠道来看,调研机构招聘金融科技专业人员主要通过应届生校园招聘,占全部调研机构的 77.45%。金融机构在招聘金融科技专业人员过程中,面临的最主要问题是入职人员在金融科技技能经验方面能力不足,占全部受访机构的 54.75%[①]。2016 年,上海启动"三类金才"计划,加上上海市金融市场的强大聚集效应,上海金融人才总体供给得到改善,但金融科技类人才缺口仍然很大。2021 年 8 月,上海市地方金融监督管理局印发《上海市重点领域(金融类)"十四五"紧缺人才开发目录》将金融科技类纳入紧缺人才目录,其中特许全球金融科技师 CGFT 被列入了金融科技类紧缺人才中的"移动支付人才"和"大数据挖掘、应用金融人才"两个子类。

吸引人才和留住人才仍存在以下主要制约因素:一是市场供给因素,市场上金融人才更多的是侧重金融服务专业素质,而具有复合型特征的金融科技人才供给及支持则严重不足,经验资深的更为稀少,多数金融机构需要先招聘再内部培养;二是薪酬和股权等收入因素,受制于体制、规模等原因,相关人才收入,相对于高度市场化的互联网公司,竞争力有限;三是生活配套因素,即子女教育、住房、医疗和养老等社会安全保障问题,在社会大环境压力之下,安居乐业不易。

5. 金融科技投融资潜力待激发

上海对金融科技初创企业吸引力不够,融资额累计达到 5 000 万美元以上的未上市金融科技企业数量较少。从 2021 年开始,资本市场对金融科技行业的热度不断提升,欧美投融资市场始终保持领先,尤其是北美地区占全球比例近 50%,亚洲与其差距巨大(见图 21),上海在 2021 年全球风投最热衷的十大区域当中仅排名第 7(见图 22)。主要原因在于,一是国内公司国外上市的不确定性越来越高,当下世界各国均对金融安全和数据安全问题格外重视,金融科技公司自然更加敏感;二是科创板对金融科技类公司的审查更为严格,专注于基础研发和重大发明创造的智力和技术密集型企业更受青睐,单纯人力和资本密集的金融科技公司若"硬科技"含量不足则难以过关;三是国内金融科技创新的产业格局趋于稳定,在存在寡头垄断迹象的支付领域尤其明显,不利于市场创新。

6. 金融科技监管机制有待完善

上海金融科技监管机制待完善,执行效率待提高。一是科技服务与金融业务的边界划分尺度的把握。监管要求对金融业务与非金融业务严格隔离,但实际操作过程中需要灵活

---

① 2021 年 12 月 23 日,由中国银行业协会、国家金融与发展实验室学术指导,金融科技 50 人论坛主办的"中国金融科技人才培养与发展研讨会"在北京举办,本次会议发布《中国金融科技人才培养与发展问卷调研(2021)》。

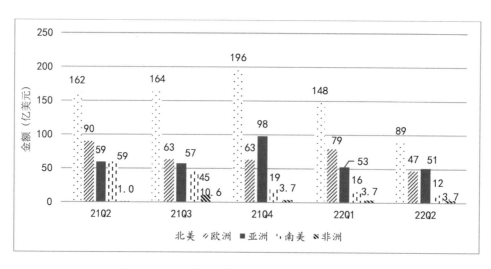

图 21　全球金融科技投融资额（2021Q2—2022Q2）

数据来源：CB Insights，2022 年 9 月

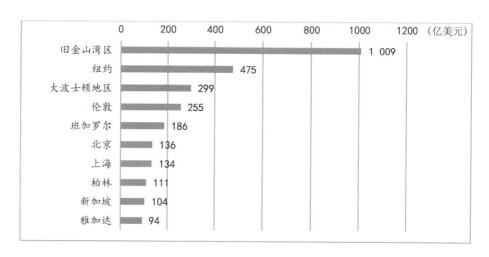

图 22　2021 年全球风投最热衷的十大区域

数据来源：Dealroom 和伦敦发展促进署，2022 年 1 月

引导，因时制宜，避免一刀切等问题。二是金融科技伦理规范实践有所不足①。监管模式往往更为注重审慎经营与框定业务边界，对消费者权益保护的重视程度仅停留在产品和客户本身，缺乏投资者教育和金融消费观等社会层面的整体框架指导。三是金融科技创新监管工具的运用相对缓慢。中国金融科技创新监管工具实施工作截至 2022 年 9 月，上海以 19

---

① 2022 年 10 月，人民银行发布《金融领域科技伦理指引》（JR/T0258—2022）标准，明确在金融领域开展科技活动需要遵循的守正创新、数据安全、包容普惠、公开透明、公平竞争、风险防控、绿色低碳等 7 个方面的价值理念和行为规范，为各省市金融科技伦理治理工作指明了方向。

个项目数处于全国第二位,但在已完成测试的项目当中,尚未披露测试完成情况,有关项目最新进展的公开报道也较少。金融科技创新监管工具应用未对市场形成实质性的激励与约束,相关企业创新合规动力一般,未能尽快使创新应用工作形成可持续发展闭环。在未来的试点中,需加强跟踪与反馈,并综合评估用户体验和市场反响,争取形成示范效应,真正以金融科技创新推动企业降本增效。

五、推进上海金融科技中心建设的政策建议

本报告前文分析了上海金融科技发展状况,总结了上海金融科技发展的优势和不足,本章将主要针对上海的短板,从核心技术、数据共享、人才培养、资金支持、监管创新等方面提出未来推进上海金融科技中心建设的政策建议。

(一)聚焦核心技术攻关与应用,强化金融基础设施

当前金融科技领域核心技术卡脖子的情况比较突出。金融业基础软硬件采购支出中,国产化率仅占 20%[①]左右。特别是在关键核心的操作系统、数据库、算法核心等关键技术领域,国产力量还较为薄弱。建议从以下几方面加强金融科技赋能。

第一,发挥上海科技领先、科技人才聚集、科技创新成果丰富的优势,加强金融科技领域关键软硬件技术应用的覆盖度,在保证基础设施稳步推广的前提下推动前瞻性与战略性研究攻关,助力形成稳健、可持续的关键核心技术在金融领域的供给体系。

第二,发挥上海海量应用场景和庞大市场体量优势,从实际金融需求出发做好技术选型和应用融合,以应用场景为牵引推动关键核心技术的持续迭代和不断完善。

第三,推进金融科技关键要素——金融数据的科学发展,实现金融数据在质与量上双翼并举(包括但不限于数据丰富度、准确度、时效性、数据口径规范等)。

第四,建设内容丰富、覆盖面广、引领细分领域的金融科技创新应用高地,深化智慧银行、资本市场金融科技创新、量化投资、保险科技等应用,推动在人工智能、大数据、隐私计算等领域产出重要研究成果,形成具有上海特色的系列标准,推动金融服务中小微企业水平提升。

第五,借助金融领域数字化转型打造国际领先的金融基础设施。一是推动多层次的金融基础设施建设,支持金融机构重大底层共性技术创新,通过技术规则的规范与统一,面向国际市场提升新型金融基础设施的"话语权";二是聚焦"金融+科技+产业"的深度融合,通过上海金融科技等股权投资基金等方式支持多方共建金融基础设施云平台,加强金融科技互联互通和数据共享;三是运用数字化的金融基础设施解决我国金融基础设施长期分散落

---

① 李沐华,朱丽江.《计算机行业:金融信创超预期落地 提升长期成长空间》.国泰君安证券股份有限公司 2021 年 7 月 21 日。

后、股票和债券登记不统一、清算收付系统不集中、国家掌控力不强和面临国际风险隐患的问题;四是探索基于云计算技术的分布式架构转型,共建金融算力,共享基础设施,实现机构间算力的互联共享,着力解决数字鸿沟。

(二)促进金融数据有序共享,探索金融数据合理流动

深化金融数据要素应用以支撑金融供给侧结构性改革是新阶段金融科技发展的主线[①],积极支持和鼓励金融与民生领域数据融合应用全面深入。当前高质量数据汇聚不足,数据管理机制不健全、数据安全保护不足等问题较为突出,海量的金融数据如何发挥作用还有待探索,消除"数据孤岛"、挖掘数据价值是未来发展关键。

第一,积极探索数据有序共享。培育金融领域数据要素市场,汇集高质量数据,采用统一标准采集数据,提升采集频率和数据兼容性,释放社保、水、电、天然气、证照资质等高质量民生数据,提升数据要素质量基础。上海已经制定和发布《上海市数据条例》,依托上海地方立法,探索建立多元化数据共享和权属判定机制,明确数据的权属关系、使用条件、共享范围等,鼓励数据所有者提升开放意愿,探索不同的数据开放方式(包括但不限于直接买卖、产品推荐、基于场景的数据产品、数据信托、隐私计算等),支持在沪金融要素市场(基础设施)挖掘现有行业数据价值。

第二,探索建立跨主体数据安全共享计算平台,支持隐私计算、智能核验、模糊查询等技术应用研发,实现数据可用不可见。在满足现有法律和监管要求的基础上,保障原始数据不出域,确保数据交互安全,保障商业秘密和隐私,支持推动金融机构之间、金融机构与民生行业数据的有序共享,在最小、必要、合法、可控的前提下,开展跨行业、跨机构、跨地区金融数据资源有序共享、交易。

(三)培养高质量金融科技人才,构建多层次人才体系

当前,金融科技类人才已被纳入上海市重点领域(金融类)"十四五"紧缺人才开发目录。一方面需要扶持金融科技相关的基础学科,为建立健全金融科技基础设施提供人才梯队资源,包括数据治理、数据科学、人工智能、硬件开发等方向;另一方面是强化金融科技应用,在加快培养金融科技专业人才的同时确保人才质量,不断扩大金融科技应用人才储备队伍。

第一,多层次协同推进人才培养,夯实人才底座。一是完善学历人才培养体系。鼓励更多在沪高校设立金融科技专业,鼓励本市金融科技机构与高校合作设立大学生实习基地,加强师资培训,选派教师跨校访学,引进或聘用外部高层次人才、业界技术专家等担任实践导师或兼职教师等;二是拓宽从业人员在职培训渠道。面向在职和社会人群,以"短平快"方式传授实践经验和实用技能,针对业界诉求准备实用技能类课程,或推出金融科技多学科交叉的特色培训项目并发放相关证书;三是推动政校企人才规划合作。由政府层面领导,行业协

[①] 中国人民银行《金融科技发展规划(2022—2025 年)》。

会负责具体运作,定期收集和发布数据,明确本行业未来 5 到 10 年所需技能类型和人员数量的数据。企业参与政府和学校主导的活动,协助科技普及和业界实践指导。校企合作,定制人才培养方案。

第二,多方面发力保障人才乐业,提高人才生产力。一是从落户、住房和子女教育等方面着手,如进一步放宽城市落户门槛,加快健全人才安居房供给体系,提供租金补贴、加大住房公积金个人住房贷款支持力度等;二是保持上海积累的应用型人才优势,扶持基础科学人才就业,推动人才在产学研结合环境内进一步交流。加速推进科技研究、成果转化及落地应用,拓宽合作联盟,促进科技与行业的融合。鼓励创新实践基地的在站博士后开展课题研究和技术成果转换。支持金融科技相关协会或联盟定期举办金融科技人才交流活动、专场招聘会等活动,吸引优秀金融科技人才留沪。

(四)增加金融科技资金支持,鼓励金融科技领域投融资

第一,打造国际领先的金融科技生态圈,完善对金融科技企业的认定标准,支持境内外具有"硬科技"属性的金融科技企业在沪集聚并上市。坚守科创板定位,发挥科创板在金融科技领域的集聚效应和示范效应,支持和鼓励更多"硬科技"属性的金融科技企业上市,更好发挥科技创新策源功能,在推动科技、资本和实体经济高水平循环方面展现更大担当作为。在临港新片区设立金融科技企业板块。在临港新片区的国际金融资产交易平台上,探索开辟金融科技企业上市国际板块,鼓励中外金融科技企业上市,实行注册制。完善对金融科技企业的认定制度,不仅扶持国内的金融科技中小企业,也可吸引国际企业来沪上市,利用临港新片区的制度优势实现风险隔离。

第二,鼓励和支持发起设立多类型的金融科技发展专项基金。积极发挥政府产业发展基金的引导作用、吸引更多社会资本采取多种方式,围绕数字金融新基建、传统金融机构数字化转型升级、"硬科技"属性的金融科技创新等多个金融科技领域进行布局。鼓励金融科技领域股权投资企业在上海的发展,搭建多样化的平台促进金融科技企业与股权投资企业对接。

(五)完善金融监管体系,加速金融科技创新先行先试

第一,在沪设置部分金融科技和监管科技相关的全国性监管职能机构。上海目前已经处于金融科技创新监管工具应用的第一梯队,凭借现有的雄厚金融科技基础,已经在运作过程中积累了一定经验,将一些金融科技监管和风险检测职能放到上海,也有助于更加及时、有效地运用数字化监管手段,促进上海各类金融科技创新产品、服务的探索、尝试与评估。

第二,继续扩大上海金融科技创新监管工具应用,提供持续化管理并加强过程的评估与反馈。主体范围已扩大到银行、证券、保险、其他金融子行业和各类科技公司,未来可考虑更多的非持牌机构以合作形式参与。对于未来的金融科技创新监管工具(包括资本市场金融科技创新试点)实施工作,须加强对参与企业与机构提供持续化的管理,提升监管服务能力,

提供必要的系统搭建、实验室等支持,加强后续的跟踪、评估与反馈,以期达到对行业机构与金融科技企业的未来指引和风险提示作用。

参考文献

[1] 中国人民银行.金融科技发展规划(2019—2021 年)[R].2019.

[2] 中国人民银行.金融科技发展规划(2022—2025 年)[R].2022.

[3] 上海金融科技产业联盟.上海金融科技发展白皮书 2021[R].2022.

[4] 中国人民银行《金融领域科技伦理指引》(JR/T0258—2022)标准[S].2022.

[5] 国务院."十四五"数字经济发展规划[R].2021.

[6] 银保监会.银行业保险业数字化转型的指导意见[R].2022.

[7] 上海市人民政府.上海国际金融中心建设"十四五"规划[R].2021.

[8] 上海市人民政府.加快推进上海金融科技中心建设实施方案[R].2020.

[9] 北京市金融服务工作领导小组.北京市"十四五"时期金融业发展规划[R].2022.

[10] 深圳市地方金融监督管理局.深圳市金融业高质量发展"十四五"规划[R].2022.

[11] 全球金融中心指数(GFCI)[R].伦敦金融城,2022.

[12] 全球金融科技中心指数(GFHI)[R].浙江大学互联网金融研究院,2022.

[13] 中国社会科学院金融研究所金融科技研究室,中国金融科技燃指数报告[R].2022.

[14] 上海市重点领域(金融类)"十四五"紧缺人才开发目录[R].2021.

[15] 中国太平洋保险.健康保险大数据产业应用研究[R].2021.

[16] 中国证券业协会.证券公司 2021 年经营业绩指标排名情况[R].2022.

[17] 毕马威.中国金融科技企业双 50 报告[R].2021.

[18] 毕马威.金融科技动向 2021 年上半年报告(The Pulse of Fintech H1 2021)[R].2021.

[19] CBinsights.State of Fintech 2022 Report[R].2022.

[20] 李沐华,朱丽江.计算机行业:金融信创超预期落地 提升长期成长空间[R].国泰君安证券股份有限公司,2021.

[21] 上海市人民代表大会常务委员会.上海市数据条例[S].2021.

全球资产管理中心建设与发展研究

子课题[①]**负责人：马　颖**

内容摘要： 上海全球资产管理中心建设首次正式提出是在《上海国际金融中心建设行动计划（2018—2020 年）》发布之后，2021 年《关于加快推进上海全球资产管理中心建设的若干意见》和《上海国际金融中心建设"十四五"规划》的出台，更加明确了上海建设全球资产管理中心的目标与制度安排，提出了该目标实现的路径。资产管理业务发展是撬动诸多金融市场的支点，为金融业发展提升供需方动能。上海全球资产管理中心建设嵌入上海国际金融中心建设的内涵中，不仅能丰富上海国际金融中心建设的路径依赖，而且成为其升级建设的必由之路。

纵观全球领先资产管理中心的形成与发展历程，既可以看到公认全球资产管理中心发展的共性，又可以看到其个性特色的轨迹。多家智库[②]采用不同的视角和方法论对目前全球领先资产管理中心进行评价与研究，多维度地展现全球领先资产管理中心的生态特征、经验发展和核心竞争力等。聚焦欧美、亚洲等具有竞争力的全球资产管理中心，在不同的金融体系下[③]，"大而全"和"小而美"并存，各具特色，优势各异，但都在金融配置功能和效率上充分体现实力。这些均为上海全球资产管理中心建设与特色探索提供思考与借鉴。

本报告主要聚焦上海建设全球资产管理中心的动态发展和特色探索，以数据和案例为主验证其建设的路径依赖，以及从市场要素流动型开放逐步转向制度型开放的节奏与成效。数据采用官方公开数据，考虑到我国对资产管理行业合规经营具有重大意义的《关于规范金融机构资产管理业务的指导意见》出台在 2018 年，上海全球资产管理中心建设首次正式在《上海国际金融中心建设行动计划（2018—2020 年）》提出，数据应反映重大制度安排带来的动态发展趋势以及现状的时效性，故报告采用可获取的 2018 年至今官方公开数据。

报告分为两部分：第一部分为上海全球资产管理中心建设发展动态，第二部分为全球领先资产管理中心发展启示与上海特色探索。

上海全球资产管理中心建设发展动态聚焦 2018 年以来上海全球资产管理中心生态系

---

① 本课题组由高金智库组织相关专家组成，课题组长：马颖，高金智库研究员、上海交通大学上海高级金融学院兼聘教授；课题组成员：向坚、汪强、张一懔。

② 上海交通大学上海高级金融学院智库、BCG 咨询公司、毕马威国际、中欧陆家嘴国际金融研究院、麦肯锡、德勤等。

③ 根据世界银行的分类，中国、日本等亚洲国家以及德国、法国等西欧国家拥有以间接融资为主导的金融体系，美国、英国等以直接融资为主导。

统建设、探索发展的成效以及金融功能深化概况。成熟完善的生态系统是全球领先资产管理中心的显著特征,报告多维度展示上海全球资产管理中心生态系统内涵建设情况,如多元化机构体系中的资管机构集聚与合规经营、专业机构服务动态;资管规模与产品、业务模式创新动态;金融要素市场与金融基础设施丰富升级;人才引进培育储备集聚;法治诚信环境与监管、自律等。报告从推动高水平开放、金融科技应用以及绿色领域等探讨上海全球资产管理中心的创新探索发展。在金融功能中例证上海全球资产管理中心支付清算功能、资金融通功能、资产配置功能、风险管理功能等的深化与能级提升。报告展示的制度安排和数据动态等,充分说明在金融法治的完善加强、行业的自律交流、政府的强力推动引导与服务下,资产管理中心生态系统构建趋势良好,激发资管领域的活力和集聚、高水平制度型开放等为中心建设注入全球吸引力。

全球领先资产管理中心发展启示与上海特色探索部分则梳理领先资产管理中心发展共性,比较公认的全球领先资产管理中心的发展特色,对其发展路径以及趋势进行论述,由此带来启示。并结合上海全球资产管理中心建设发展面临的挑战,对其特色探索提出新思考。

一、上海全球资产管理中心建设发展动态

(一)上海全球资产管理中心生态系统建设概况

1. 多元化机构体系构建

1)资产管理机构呈现集聚态势

近年来,上海资本市场机构的集聚态势持续增强,资管业务稳步发展。截至 2021 年底,上海地区共有各类资管机构约 4 722 家,占全国的比例为 18.7%。其中,私募基金机构高达 4 531 家,占全国比例为 18.4%;其余各类资管机构共计 190 家,占比为 4.0%(见表 1)。2021年,上海市集聚银行、证券公司、期货公司数量居全国首位,其中中资银行法人 5 家,外资银行 20 家,证券公司 31 家,期货公司 35 家,合计 91 家,较 2019 年增长 8.3%。

截至 2022 年 6 月,上海拥有各类持牌金融机构 1 719 家[1],外资金融机构约占三分之一。外资法人银行、保险机构、基金管理公司均占全国总数五成,全球资管规模前十的资管机构均已在沪开展业务。目前外资资管机构高度集聚,全国三家外商独资公募基金、四家合资银行理财公司、首家合资基金投顾均落户上海[2]。仅陆家嘴就诞生了 50 多个“中国第一”和“中国唯一”,来自 13 个国家的知名金融机构设立了如贝莱德等 110 多家外资资管公司,占全国 90%,彰显上海开放包容接轨国际的特色[3]。金砖国家新开发银行、全球清算对手方

---

[1] https://en.shio.gov.cn/TrueCMS/shxwbgs/2022n_10y/content/1f7b25e3-2cbb-495a-a08a-e668b3737947.htm.

[2] https://www.163.com/dy/article/HHR50UKS0530QRMB.html.

[3] 信息来源:浦东发布。

协会(CCP12)等一批重要国际金融机构或组织也相继落户上海。

《2022全球资管500强》①榜单显示中国共30家金融机构上榜,包括14家基金公司、7家保险资管公司、8家银行理财公司和1家证券公司。这30家中资资管机构在该榜单中均位于前200强之列,其中又有8家处于全球100强之列,包括3家保险资管公司、4家银行理财公司和1家基金公司。

表1 上海资产管理机构情况 （单位:家）

机构类型	2019 年		2020 年		2021 年		2022 年 9 月
	全国机构数量	其中:上海机构数量	全国机构数量	其中:上海机构数量	全国机构数量	其中:上海机构数量	上海机构数量
银行②	377	39	331	39	301	39	39
银行理财子公司	11	1	20	3	22	5	8
信托公司	68	7	68	7	68	7	7
保险资管	28	9	29	9	32	10	10
券商资管	66	27	68	30	84	31	31
公募基金	141	65	144	67	149	67	68
私募/创投基金	24 471	4 709	24 561	4 648	24 610	4 531	4 456
外资资管	23	—	32	—	38	32	34
合计	25 185	4 857	25 253	4 803	25 304	4 722	4 653

数据来源:中国证券投资基金业协会、中国证券监督管理委员会、中国银行保险监督管理委员会、中国证券业协会

2）专业机构服务增长

上海资管专业服务体系逐步完善,法律、财务等第三方服务机构,以及基金托管方、代销方数量不断增加,为资产管理行业发展提供了专业服务支持。截至2022年8月,据不完全统计,从事证券服务业务的专业机构已达244家,其中会计师事务所、资产评估机构29家,律师事务所84家,信息系统技术机构131家,同比增长26.42%(见表2)。同时为资产管理机构(证券、基金)提供基金销售、托管、估值、评价、证券投资咨询、资信评级、货币经纪服务的公司数量位居全国前列,且机构数量持续增加(见表3)。其中,上述7类专业服务机构中,证券投资咨询机构、估值基准机构、货币经纪机构数量位居全国首位。

---

① 信息来源:欧洲养老金与投资(ipe)《全球资管500强年度报告》。
② 银行仅统计有理财产品发售的银行数量。

表 2 上海资管服务机构分布趋势情况 （单位：家）

机构类型	2021 年 7 月	2021 年 12 月	2022 年 3 月	2022 年 6 月	2022 年 8 月
从事证券服务业务的会计师事务所、资产评估机构	23	25	29	29	29
从事证券法律业务的律师事务所	58	65	72	78	84
从事证券基金服务业务的信息系统技术机构	112	123	125	131	131
合计	193	213	226	238	244

数据来源：中国证券投资基金业协会、中国证券监督管理委员会、原中国银行保险监督管理委员会、中国证券业协会

表 3 全国重点城市资管专业服务机构对比 （单位：家）

机构类型	上海	北京	深圳	全国	上海占比
基金托管机构	10	16	8	58	17.24%
公募基金销售机构	61	76	49	418	14.59%
估值基准服务机构	1	1	0	2	50.00%
基金评价机构	3	4	3	10	30.00%
货币经纪公司	2	2	1	6	33.33%
证券投资咨询机构	16	14	10	81	19.75%
证券资信评级机构	3	7	1	12	25.00%

数据来源：中国证券投资基金业协会、中国证券监督管理委员会、原中国银行保险监督管理委员会、中国证券业协会

注：数据截至 2022 年 11 月 5 日

3）资产管理机构合规经营

2018 年 4 月人民银行、原银保监会、证监会、外汇局等部门联合发布《关于规范金融机构资产管理业务的指导意见》对资管行业全面规范，机构之间的战略选择在逐步多元化和差异化，甚至同类型的资产管理机构之间的差异化也日益显著。截至 2021 年底，银行业、保险业基本完成资管业务过渡期整改任务：保本理财产品规模已由资管新规发布时的 4 万亿元压降至零；净值型产品存续余额 26.96 万亿元，占比 92.97%，较资管新规发布前增加 23.89 万亿元；同业理财降至 541 亿元，较资管新规发布前下降 97.52%。保险资管产品基本实现净值化转型，产品投资运作进一步规范。券商集合资管业务积极开展公募化改造。同时，2021 年以来，上海证监局按照若干举措，推动了 11 家上市公司试点设立了内控合规机构，近 9 成的公司治理问题得到了整改，法人治理更加规范[①]。

---

① 来源：中国证券网、上海证券报。

2. 资产管理业务和创新服务

1）资产管理规模

截至2021年底，全国资产管理规模达127.2万亿元，同比增长11.9%（见表4、图1）。上海资产管理规模超过30万亿元，占全国四分之一左右，其中，保险资管占全国比重达三分之一，特别是权益类基金规模占全国近二分之一（见表5、图2）[1]。证券基金期货经营机构管理各类资产规模超15万亿元，持续保持全国首位，机构产品业务创新也居于全国的前列。银行理财产品数量和规模增长明显。截至2022年6月末，工银理财、农银理财等7家理财机构存续的非保本理财产品余额合计为61 159.38亿元，较2021年末增长10.7%；新发产品数量为1 008只。

表4 中国资产管理规模发展情况 （单位：万亿元）

类别	2018年	2019年	2020年	2021年
银行理财	22.0	23.4	25.9	29.0
公募基金	13.0	14.8	19.9	25.6
私募基金	12.7	14.1	17.0	20.3
券商资管	13.4	10.8	8.6	8.2
保险资管	16.4	18.5	21.7	23.2
信托资管	22.7	21.6	20.5	20.5
期货资管	0.1	0.1	0.2	0.4
合计	100.4	103.4	113.6	127.2

数据来源：中国证券投资基金业协会、中国证券监督管理委员会、中国银行保险监督管理委员会、中国证券业协会

表5 上海部分资产管理规模发展及全国规模占比情况 （单位：万亿元）

类别	2019年		2020年		2021年	
	规模	全国占比	规模	全国占比	规模	全国占比
公募基金	5.75	38.96%	8.16	41.04%	10.38	40.60%
私募/创投基金	2.95	20.96%	3.7	21.84%	5.07	25.01%
券商资管	4.33	39.99%	4.08	47.73%	4.38	53.18%
信托资管	2.03	9.40%	1.78	8.71%	1.66	8.09%

数据来源：中国证券投资基金业协会、中国证券监督管理委员会、中国银行保险监督管理委员会、中国证券业协会

---

[1] https://www.163.com/dy/article/HHR50UKS0530QRMB.html.

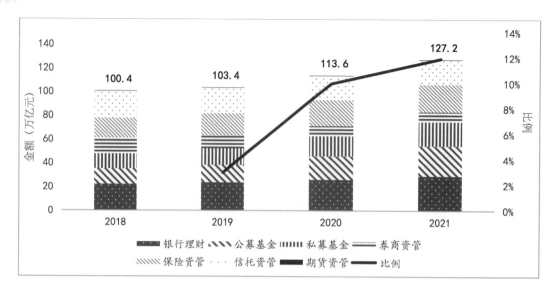

图1 中国资产管理规模发展情况

数据来源：中国证券投资基金业协会、中国证券监督管理委员会、中国银行保险监督管理委员会、中国证券业协会

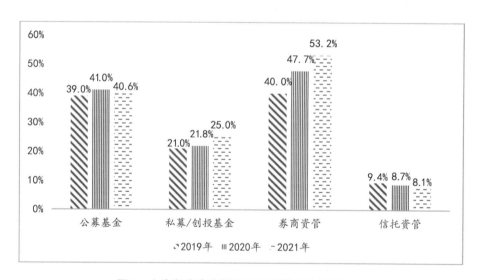

图2 上海部分资产管理全国规模占比发展情况

数据来源：中国证券投资基金业协会、中国证券监督管理委员会、中国银行保险监督管理委员会、中国证券业协会

2）产品创新与类型覆盖

产品涵盖国债期货、股指期货、外汇期权等一系列重要金融产品，为金融资产定价、发行、交易和风险管理等提供了坚实保障。银行间市场方面，上海银行间同业拆放利率（Shibor）、贷款市场报价利率（LPR）等基准利率市场化形成机制深入推进。中国外汇交易

中心（China Foreign Exchange Trade System，简称 CFETS）人民币汇率指数成为人民币汇率水平的主要参照指标。国债上海关键收益率（SKY）成为债券市场重要的定价基准。"上海金""上海油""上海铜"等价格影响力日益扩大。基金类创新方面，ETF 和公募 REITs 试点推进顺利。2021 年在中证张江自主创新 50 指数基础上推出了张江 ETF 产品，同年 6 月上海证券交易所首批 5 只基础设施公募 REITs 正式上市交易，试点项目的顺利上市和平稳运行标志着我国公募 REITs 市场建设迈出关键一步。在首批 9 只双创 50ETF 中上海机构占据三分之一。FOF 产品持续创新，中欧、兴证全球、交银施罗德 FOF-LOF 成为首批获批同类产品。2022 年以来 FOF 发行加速，截至 10 月底上海基金管理人共发行 66 只 FOF 基金，比 2021 年同期增长 73.68%（38 只）。信托服务方面，2021 年上海律协信托业务研究委员会发布《（试行）律师代理家族信托法律业务操作指引（2021）》，助力完善家族信托产品服务标准。

养老金融方面，2021 年交通银行推出"交银养老"金融战略行动计划 20 条，为"未老"和"已老"人群研发丰富多样的理财、基金、保险、信托产品[①]。上海市养老服务行业协会发布金融助力养老行动计划，支持完善、创新、优化养老金融产品。2022 年 11 月人力资源社会保障部、财政部等五部门联合印发《个人养老金实施办法》，财政部、税务总局发布《关于个人养老金有关个人所得税政策的公告》，上海市已成为实施个人税收递延型商业养老保险试点的地区[②]。同年上海的银行理财子公司贝莱德建信理财、交银理财先后获批成为养老理财试点机构并成立产品。中证 1000 股指期货和期权、中证 500ETF 期权等挂牌上市，基础设施 REITs 持续扩容，张江 ETF 等系列产品上市，资管品类创新，更加丰富。

3）资管模式探索

2021 年创新试点业务模式落地，资本市场金融科技创新试点、私募股权和创业投资份额转让试点先后在上海落地，首批 9 家公募 REITs、首批 9 支双创 ETF 当中，上海的机构均占比三分之一，上海两家证券公司被纳入账户管理公募优化试点，新增 15 家证券基金经营机构取得基金投顾业务试点资格[③]。诺亚控股是中国内地首家上市（纽交所）的独立财富管理机构，2022 年 7 月，诺亚控股在香港交易所上市，成为首家实现港股美股两地上市的中国独立财富管理机构。

2021 年 11 月临港新片区管委会发布《加快建设跨境资产管理示范区的若干措施》，支持符合条件的金融机构开展跨境证券投资、跨境保险资产管理等业务。探索设立支持中小资产管理机构的种子基金，鼓励成立股权转让受让基金。试点开展跨境理财通业务，探索建立居民跨境理财通道。同年 12 月，临港新片区管委会与交银租赁战略合作签约，完成国内金融租赁行业首单自贸区 SPV 跨境设备租赁创新项目落地。2022 年 3 月，原银保监会、上海市人民政府联合印发《中国（上海）自由贸易试验区临港新片区科技保险创新引领区工作方

---

① https://tv.cctv.com/2021/06/21/VIDEZ4icIKRzMtzpoMSMloNC210621.shtml.

② https://www.chinanews.com/cj/2022/11-04/9887243.shtml.

③ https://www.shanghai.gov.cn/nw18454/20211227/b31fe2ed65bc4b5f86b5880692d17fe4.html.

案》,支持在临港新片区在扩展保险资金产业投向、搭建科技金融综合支持体系、探索保险资金跨境投资方式、探索提高保险资金投资项目管理水平等方面创新科技保险资金运用方式。

在完善公益慈善机制上,2021年9月,上海市十五届人大常委会第三十五次会议表决通过了《上海市慈善条例》,进一步规范了慈善事业的运作与监管,细化了慈善组织的登记、认定和退出机制,并从实践需要出发对慈善财产、慈善信托管理作出严格规定①。

4)资产管理行业数字化应用

上海积极推动资产管理行业的数字化转型,深化资产管理行业数字化应用。2021年5月,陆家嘴启动"首届国际资管科技创业者与投资者大会",用科技手段为资管行业赋能。为促进资管业务场景与技术结合,智能投研技术联盟与陆家嘴金融城发展局共建的"资管科技开发者之家"正式揭牌。2022年9月,上海资产管理协会主办"上海资产管理协会成立大会系列——金融科技论坛",加强资管机构与金融科技企业的交流合作。公募基金、保险资管、私募基金等中外资资管机构积极探索适合自身的数字化转型道路。上海上市券商资管数字化信息技术TOP10投入合计变动趋势(见图3、表6)显示行业数字化转型的探索越来越深入。

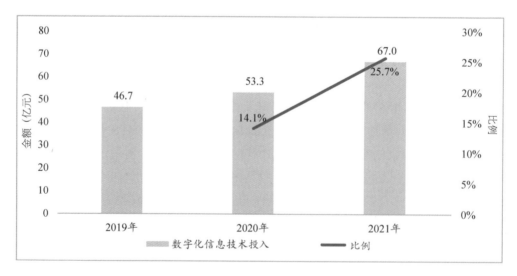

图3 上海上市券商资管数字化信息技术投入TOP10合计趋势图

数据来源:各上市证券公司官网,课题组整理

---

① https://sghexport.shobserver.com/html/baijiahao/2021/09/30/551183.html.

表 6　上海上市券商资管数字化信息技术投入 TOP10 总和　（单位:亿元）①

上海上市券商资管数字化信息技术投入	2019	2020	2021
TOP10 总和	46.7	53.3	67.0

数据来源:各上市证券公司官网,课题组整理

3. 金融要素市场与金融基础设施体系

1) 金融要素市场与影响力

上海集聚了包括股票、债券、货币、外汇、黄金、商品期货、金融期货、保险、票据、信托在内的各类金融要素市场,金融基础设施机构达 15 家,是国际上金融市场种类最齐全的金融中心之一,多项指标跃居世界前列。2021 年上海金融市场交易总额突破 2 500 万亿元,同比增长 10.4%,金融业增加值为 7 973.25 亿元,同比增长 7.5%。其中上海证券交易所有价证券总成交额约同比上升 25.7%;上海期货交易所累计成交量 24 亿手,同比增长 14.1%,累计成交金额同比增长 40.4%;中国金融期货交易所成交额同比增长 2.37%。上海金融市场成交金额与发展情况见表 7、图 4。

表 7　上海金融市场成交金额情况　（单位:亿元）

市场类型	2018	2019	2020	2021
股票市场	401 965	543 844	839 861	1 140 006
交易所债券市场	2 167 249	2 209 804	2 705 518	3 305 837
上清所债券清算	4 139 393	4 396 348	3 047 193	2 848 895
交易所基金市场	71 652	68 590	107 527	153 406
商品期货期权市场	1 885 621	2 250 466	1 655 868	2 360 481
金融期货期权市场	261 223	696 210	1 154 351	1 179 165
上海黄金市场(金交所)	106 588	143 775	216 609	205 300
货币市场	n.a.	n.a.	4 885 644	5 671 699
外汇及衍生品市场(上清所)	828 000	880 200	922 767	1 249 577
大宗商品清算额(上清所)	517	80	84	262
场外利率衍生品(上清所)	211 699	183 107	195 030	208 834

注:货币市场=银行间质押式回购+银行间买断式回购+同业拆借+交易所质押式回购(均以融入口径加总计算)

数据来源:中国金融期货交易所官网、上海清算所官网、上海黄金交易所官网、上海期货交易所官网、中国货币网、上海国际能源交易中心官网等

---

① 课题组整理,数据来源:各上市证券公司官网。

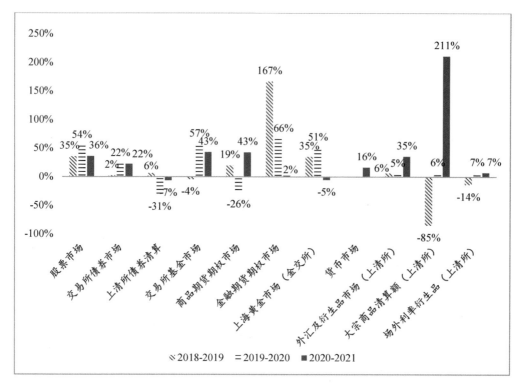

图4 上海各金融市场成交额同比变动趋势图

注:货币市场＝银行间质押式回购＋银行间买断式回购＋同业拆借＋交易所质押式回购(均以融
入口径加总计算)

数据来源:中国金融期货交易所官网、上海清算所官网、上海黄金交易所官网、上海期货交易所官
网、中国货币网、上海国际能源交易中心官网等

2) 金融基础设施体系

金融基础设施是金融市场的组织者,有助于提高资源配置效率。现代金融市场的组织
和运行,需要依托金融市场基础设施。金融市场基础设施为金融市场的运行提供了硬件设
施和制度安排,且完善的金融市场基础设施是金融市场正常运转的保证。我国金融基础设
施包括金融资产登记托管系统、清算结算系统(包括开展集中清算业务的中央对手方)、交易
设施、交易报告库、重要支付系统、基础征信系统等六类设施及其运营机构[①]。近年来,在国
家金融管理部门大力支持下,上海新设上海票据交易所、上海保险交易所、跨境清算公司、中
国信托登记公司、中央结算公司上海总部、城银清算公司等多家金融市场和金融基础设施,
金融基础设施体系更加完备,金融功能不断升级。

上海主要金融基础设施概况见表8,其清结算体系、交易所体系、交易报告库、支付体系、
基础征信体系均较为完备,金融基础设施助力人民币金融资产配置能力不断增强,上海跨境

---

① 根据2020年发布的《统筹监管金融基础设施工作方案》。

人民币业务结算量占全国比重约 50%。CIPS 系统的服务渐渐覆盖了全球各个角落。截至 2022 年 10 月末,CIPS 系统共有参与者 1 353 家,其中直接参与者 77 家,间接参与者 1 276 家。间接参与者中,亚洲 975 家(境内 552 家),欧洲 185 家,非洲 47 家,北美洲 29 家,大洋洲 23 家,南美洲 17 家,覆盖全球 107 个国家和地区,满足人民币跨境支付结算需求①。

表 8　上海主要金融基础设施概况及实现功能②

实现的功能	上海主要金融基础设施概况
证券结算与清算	中央债券登记结算公司("中债登")和中央证券登记结算公司("中证登")分公司
	银行间市场清算所股份有限公司("上清所")
中央对手方清算	自 2009 年成立以来,上海清算所严格按照《金融市场基础设施原则》和国际标准,建立了覆盖债券、利率、外汇和汇率、大宗商品、信用衍生品等场外中央对手清算服务体系,通过多边净额清算机制,不断推动我国场外交易风险管理制度的完善
交易所体系	上海证券交易所,外汇交易中心,上海保险交易所,上海期货交易所,上海国际能源交易中心,上海票据交易所,上海黄金交易所,上海石油天然气交易中心,上海数据交易所,中国金融期货交易所,上海联合产权交易所等
交易报告库	2020 年,人民银行等多部门研究推动在上海设立中国金融市场交易报告库③
支付体系	在支付系统建设方面,我国已形成以中国人民银行现代化支付系统为核心的支付体系,并与银行间支付系统、银行卡支付系统、票据支付系统、网络支付清算系统、跨境人民币支付系统共同构成现代化支付清算网络
	城银清算服务有限责任公司,跨境银行间支付清算(上海)有限责任公司,人民币跨境支付系统(CIPS),中国银联,PayPal(首家进入中国支付市场的外资支付机构落户上海)
基础征信体系	金融信用信息基础数据库(中国人民银行征信中心注册地在上海浦东新区),上海联合征信公司

资料来源:课题组整理总结

目前金融产品交易平台创新和国际合作亦稳步推进。2022 年 9 月启动私募股权和创业投资份额转让试点④,建设上海私募股权和创业投资份额转让平台;加快筹建国际金融资产交易平台;上海黄金交易所和境外交易所积极开展合作,开通"国际板"业务,加快与迪拜、芝

---

①　http://www.cips.com.cn/cips/ywfw/cyzgg/58571/index.html.
②　课题组整理总结。
③　《关于进一步加快上海国际金融中心建设和金融支持长三角一体化发展的意见》(银发〔2020〕46 号)。
④　上海市地方金融监管局、上海证监局、市国资委、市市场监督管理局、市财政局、市税务局等六委局联合出台《关于支持上海股权托管交易中心开展私募股权和创业投资份额转让试点工作的若干意见》,明确支持各类国有基金份额通过上海股交中心开展转让试点,支持上海股交中心依法依规开展有限合伙企业财产份额托管、质押登记等业务。

加哥等商业交易所合作;"一带一路"金融合作不断深化,上海交易所国际交流合作中心成立以通过推动国际范围内交易所及相关机构开展沟通交流,促进交易所之间的务实合作,提升上海配置全球的能力;2021年4月,由上海联合产权交易所发起设立上海市国有控股地方征信平台,成立上海市联合征信有限公司,努力发展成为上海社会信用体系建设和长三角征信一体化的重要组成部分、城市数字化转型的重要载体、上海国际金融中心的重要基础设施①。

全球数字经济发展浪潮下,数据作为新型生产要素凸显其重要性,培育技术和数据市场,以激活各类要素潜能,在推进要素市场化配置改革中具有重大意义,同时借助金融领域数字化转型打造国际领先的金融基础设施建设。如开展金融数据交易,培育金融领域数据要素市场,引领经济数字化转型。2021年11月上海数据交易所正式揭牌成立,2022年8月以"五大首发"在全国率先设立数字资产板块,重构数字资产体系等②。上海自贸区临港新片区探索建设国家数据跨境流动试验示范区,建设以产业集聚、展示交易为一体的跨境便捷交互的"国际数据港",2022年8月公布的"国际数据港"建设新进展中,成立跨境数字信任、数据流通安全合规治理、国际数据与算力服务、国际金融数据服务和国际数字贸易服务等十大联合实验室助力数据流通,依托"国际数据港"的先试先行,临港新片区已实现首家企业通过数据跨境流动安全评估试点,建成国际互联网数据专用通道,推动国家(上海)新型互联网交换中心投入试点运营③。

4. 高端人才引进培育

国际金融人才建设取得积极进展。深入实施"金才工程",吸引和培育海外金才、领军金才、青年金才三类重点人才,促进金融人才培养开发工作体系进一步健全,服务政策不断完善。2021年末在沪金融从业人员超47万人。金融中心品牌知名度日益扩大。上海金融界年度盛典"沪上金融家"评选已经连续举办11年。

加大高端人才引进奖补力度。2021年,临港新片区管委会发布《中国(上海)自由贸易试验区临港新片区支持人才发展若干措施》,实施人才专项奖励、加大人才培养培育力度。2022年,浦东新区发布《浦东新区"十四五"期间促进金融业发展财政扶持办法》,对新引进的金融业部分机构高管人员给予安家奖励;对金融业部分机构高管人员和核心骨干人员,给予人才奖励。

5. 法治诚信环境、法规制度与监管自律体系

1)资管规则的发展历程

从促进发展到加强规范,资管新规出台以来,针对六大类资管机构的配套细则相继出台。以银行理财子公司为核心的监管架构日益完善,准入、净资本管理、产品销售等环节更加规范。信托行业的产品定位更加清晰,监管得到加强,基金公司防风险和促发展并重。私

---

① https://export.shobserver.com/baijiahao/html/503206.html.

② https://sghexport.shobserver.com/html/baijiahao/2022/08/24/834914.html.

③ https://export.shobserver.com/baijiahao/html/516500.html.

募基金加强了全方位监管,有效促进私募基金行业健康发展。保险资管也有系统性的监管文件出台,并且在投资范围、投资者、注册流程、业务管理模式四方面实现重要突破。证券公司资管业务则在转型道路上的前进方向愈发清晰。

伴随 2021 年末"资管新规"过渡期正式结束,我国资产管理行业生态新格局进一步重塑。2022 年《关于加快推进公募基金行业高质量发展的意见》《公开募集证券投资基金管理人监督管理办法》《基金管理公司绩效考核与薪酬管理指引》等一系列政策出台落地,为行业高质量发展提供政策支持,各类资管机构开始步入高质量发展新阶段。

2) 资产管理行业法治信用建设

近年上海在全国率先设立上海金融法院、金融仲裁院等机构,建立金融侦查、检察、审判专业化机制,构建与国际金融规则相衔接的制度体系,颁布《上海市推进国际金融中心建设条例》《上海市地方金融监督管理条例》,首次发布基金行业外商投资指南——《海外资管机构赴上海投资指南(中英文版)》,上海高院发布《上海法院服务保障进一步扩大金融业对外开放若干意见(中英文版)》,上海金融法院在全国率先印发关于证券纠纷代表人诉讼机制实施的具体规定等①。金融监管不断完善,建立国务院金融委办公室地方协调机制(上海市)和上海市金融稳定协调联席会议制度。金融风险监测预警协作机制进一步完善,信用与消费者保护体系建设不断健全。首家全国性证券金融类公益机构——中证中小投资者服务中心落户上海,上海市金融消费纠纷调解中心成立,形成金融纠纷多元化解决机制。

2022 年上海市高级人民法院首次发布《2019—2021 年上海法院涉资产管理纠纷案件审判情况通报》,公布全国首例证券纠纷示范判决案件等经典案例 59 例,推动资产管理规范健康发展,推进裁判理念和标准统一,稳定市场预期。上海市浦东新区人民法院发布《2021—2022 年金融资产管理类案件审判情况白皮书》,白皮书显示 2021 年 8 月至 2022 年 7 月上海浦东法院共计受理金融资产管理类案件 213 件,另有进入先行调解程序的案件 500 余件。从涉诉资管产品情况来看,金融资管案件中涉及银行资管的案件为 31 件,涉及券商资管的案件为 34 件,涉及信托资管的案件为 32 件,涉及私募基金的案件为 116 件②。

作为全国首家金融专门法院,上海金融法院积极发挥裁判规则引领作用,努力树立解决金融纠纷的"中国标准"和"上海规则"。从其成立至 2022 年,四年来共受理各类金融案件 3 万余件,受理案件总标的额超 8 000 亿元人民币。为提升中国对国际金融交易规则的解释权和话语权,上海金融法院积极行使涉外金融案件管辖权,拟定并推广中英文"涉外金融交易争议解决及法律适用示范条款",发布《涉外、涉港澳台金融案件审判指南》及典型案例,设立国际金融法律专家名册,研发庭审智慧传译系统,在国内外知名法律信息平台发布英文版典型案例,阅读量达 149 万次,被下载引用 1.7 万次③。

---

① https://sghexport.shobserver.com/html/baijiahao/2021/02/03/351819.html.
② https://www.china-cba.net/Index/show/catid/152/id/41449.html.
③ https://www.rmfz.org.cn/index.php/contents/875/531886.html.

3）资产管理行业政策支持

2019 年以来，国家层面和省市层面支持上海建设全球资产管理中心的政策陆续出台。2021 年 1 月《上海市"十四五"规划纲要》对上海建设具有全球影响力的资产管理中心予以明确部署；同年 5 月发布《关于加快推进上海全球资产管理中心建设的若干意见》提出力争到 2025 年基本建成上海资产管理中心，成为我国首个由省级政府层面出台的，系统性支持银行理财、信托、证券、基金、保险、私募、期货等"大资管"行业发展的文件；同年 8 月《上海国际金融中心建设"十四五"规划》提出把上海打造成为亚洲资产管理的重要枢纽，跻身全球资产管理中心城市前列。

4）资产管理行业自律组织建设

上海资产管理行业自律组织也初步形成体系，已建立上海市证券业协会、证券同业公会、期货同业公会、基金同业公会、保险同业公会等行业自律组织。为进一步助力上海全球资管中心建设，打造国际交流的重要平台，2022 年 9 月，上海资产管理协会成立，协会会员主要由上海行政区域内银行理财、信托公司、保险资管、券商资管、公募基金、私募创投基金以及外资资管、相关专业服务机构和金融要素市场机构等组成，首批会员共计 123 家。

（二）上海全球资产管理中心的探索发展与金融功能深化

1. 上海全球资产管理中心的探索发展

1）探索市场要素流动型开放转向制度型开放

制度政策开放探索。近年来，围绕落实金融支持自贸区建设、国际金融中心建设、长三角高质量一体化发展等政策措施，配套制定了一系列实施细则。《上海国际金融中心建设行动计划（2018—2020 年）》提出上海基本确立以人民币产品为主导、具有较强金融资源配置能力和辐射能力的全球性金融市场地位，以及路线图。2020 年 2 月发布的《关于进一步加快推进上海国际金融中心建设和金融支持长三角一体化发展的意见》在上海前期改革开放实践的基础上，通过进一步深化跨境人民币业务创新、开展人民币贸易融资资产跨境转让、发展人民币利率期权等试点，鼓励和吸引更多的境外投资者在上海国际金融中心配置人民币资产。从金融先行先试、更高水平加快上海金融业对外开放等为上海量身定制 30 条具体措施，探索更加灵活的金融政策体系、监管模式和管理体制，推动高水平开放发展。

上海先行先试自由贸易账户体系、基于宏观审慎管理的本外币境外融资制度、外币存款利率完全市场化，以及新片区跨境贸易投资高水平开放试点等一大批全国首创性金融制度，落地并陆续推广到全国其他地区[①]。面对跨境数据流动与安全的新挑战，2022 年 2 月，上海市第十五届人民代表大会常务委员会第三十九次会议表决通过《中国（上海）自由贸易试验区临港新片区条例》，其中数据流动以专章形式写入法条，并明确以临港新片区为先导，推进

---

① https://en.shio.gov.cn/TrueCMS/shxwbgs/2022n_10y/content/1f7b25e3-2cbb-495a-a08a-e668b3737947.htm.

国际数据港建设,打造全球数据汇聚流转枢纽平台。OECD《服务贸易限制指数》报告显示[1],2021年我国金融业STRI[2]得分明显高于各国平均水平,但下降幅度最大,即开放水平提升最快。从变化来看,近年来我国金融开放措施出台如放宽外资股比限制、降低开业条件、允许设立分支机构、放宽营业范围和业务类型等,实质性降低了金融业外资准入门槛和经营限制等。这些措施使得我国金融业开放取得了明显成效。这些都展现出扩大制度型开放的探索。

开放创新率先试点。金融开放枢纽门户地位更加凸显,国际交流合作持续扩大。先后启动了沪港通、黄金国际板、债券通、原油期货等业务,人民币海外投贷基金、跨境交易所交易基金(ETF)等试点顺利推出。截至2021年末,上海拥有各类持牌金融机构1 732家,其中外资金融机构占比超过30%。金砖国家新开发银行、全球清算对手方协会(CCP12)和跨境银行间支付清算公司等一大批总部型、功能性金融机构或组织相继落沪。随着我国新一轮金融对外开放进程加快,全球著名金融机构陆续在沪设立独资或合资金融机构,上海外国证券期货类机构已达35家。

深化QFLP和QDLP试点。上海在金融开放上先试先行,率先开展合格境外有限合伙人(QFLP)、合格境内有限合伙人(QDLP)试点。2016年后开始在中国备案成为外商独资私募证券投资基金管理人(WFOE PFM)的外资机构,几乎都起步于上海QDLP试点。在"双向开放"背景下,外资通过QFII(合格境外机构投资者)布局中国境内的二级市场,上海创新试点QFLP开启了外资加码中国股权投资的一级市场的开放。上海自2011年起开展QFLP试点工作以来,截至2021年8月先后共79家企业获得QFLP试点资格,实际投资金额423亿元,其中股权投资类项目229个。近两年来,多家试点基金开始进入退出期,成功退出项目不断涌现。境外投资人和试点管理人通过QFLP试点,在支持境内实体经济发展的同时,实现了金融和实业互相促进、共同发展的积极局面。

2022年6月上海QDLP试点机构50多家,其中柏基、橡树、霸菱、品浩、瑞信等大批机构试点额度都已超过2亿美元。除首次申请新额度的机构,多家国际资管机构看好上海未来发展,计划加大在华业务,提交了追加试点额度的申请。2022年7月,汉领资本、建银国际、鼎晖投资、集富亚洲(二期)四家机构获批参与QFLP试点,贝莱德基金、安中投资两家机构获批参与QDLP试点[3]。随着中国资管市场的持续开放,例如QDLP、QFLP、PFM、FMC(公募基金管理公司)、WMC(财富管理公司)可以满足不同外资的个性化展业需求。

构建离岸金融体系,协同在岸离岸人民币资产配置。2021年7月《中共中央国务院关于

① https://www.oecd.org/.

② STRI,即服务贸易限制性指数(Service Trade Restrictiveness Index),是经济合作与发展组织(OECD)对全球42个国家服务贸易政策评估后得到的贸易壁垒测度指标体系。STRI的值介于0到1,1代表限制性最高。

③ https://www.shio.gov.cn/TrueCMS/shxwbgs/wxdtt/content/a133b384-9fbb-4a53-9eda-4972aee9db5b.html 其中汉领资本是本市首家通过QFLP试点形式设立S基金的机构,贝莱德基金是首家参与QDLP试点的外商独资公募基金管理公司,安中投资是首家以外商投资私募证券投资基金管理人(WFOE PFM)为主体,同时允许开展QDLP业务的机构。

支持浦东新区高水平改革开放打造社会主义现代化建设引领区的意见》正式发布,提出要构建与上海国际金融中心相匹配的离岸金融体系,支持浦东在风险可控前提下,发展人民币离岸交易。近年来,人民币国际化水平和金融资产配置能力逐步提升,上海跨境人民币业务结算量占全国比重约50%。上海金融市场成交总额从2012年的528万亿元提高至2021年的2 511万亿元[1]。截至2022年8月末,上海开立自由贸易账户14.2万个,办理跨境结算129万亿元,年均增长39%;境外机构参与境内人民币融资活动日趋活跃,截至2022年8月末境外主体持有银行间债券量达3.5万亿元,是2016年底的4.3倍;境外主体累计发行"熊猫债"则由2012年末的40亿元增加到6 121亿元[2]。

离岸和在岸市场的协同发展稳步推进。以上海自贸区临港新片区为平台和载体,打造全球顶级金融资源要素配置中心,探索建立兼具离岸和在岸功能的金融资产交易平台,建设国际金融资产交易平台。并以打造人民币结算中心为切入点,不断优化跨境支付、清算、结算等服务,其中优质企业跨境人民币结算便利化、境内贸易融资资产跨境转让两项试点都已落地并推广。截至2021年1月,300余家新片区企业纳入优质企业白名单,举措还拓展至全市"产业链""供应链"相关企业。支持跨境人民币贸易融资资产转让服务平台(一期)已上线,首批64家参与机构(其中境外机构40家)覆盖全球4大洲15个国家和地区。符合条件的新片区企业试点一次性外债登记,已办理18家企业147亿元额度登记[3]。自贸区高新技术企业外债便利化额度试点,融资租赁母子公司共享外债额度,本外币合一的跨境资金池试点,搭建全功能型跨境双向人民币资金池等工作均已开展。

服务全球资源配置的多层次资本市场体系,金融基础设施互联互通。2022年6月,上海证券交易所、中国结算联合发布专项规则,支持境外机构投资者直接开立证券账户参与交易所债券投资。期货期权市场方面,上海期货交易所先后推出原油、20号胶、低硫燃料油、国际铜期货和原油期权等5个国际化期货和期权品种,吸引了来自20多个国家和地区的境外交易者。"上海价格"的影响力不断扩大,包括"上海油""上海铜""上海胶"在内的期货价格被广泛用于现货及跨境贸易计价,成为国际大宗商品市场不可或缺的价格参考。

银行间债券、外汇、货币等金融市场双向开放步伐加快,2017年7月债券通"北向通"开通,2021年9月债券通"南向通"落地,全球投资者参与中国债券市场、内地机构投资者投资香港及全球债券市场实现了"双向通车"。"债券通"(见图5和图6)"沪港通"(见图7和图8)平稳运行,交易金额稳步扩大[4]。"沪伦通"、上海黄金交易所"国际板"于2019年成功推出,"沪伦通"进一步扩展为互联互通存托凭证制度,目前已涵盖英国、瑞士、德国三个境外市场,8家沪市上市公司发行GDR,融资70多亿美元。基金互认、中日和沪港ETF互通先

---

① 上海市金融局网站新闻稿:https://jrj.sh.gov.cn/ZXYW178/20221012/1f8f5d66c2c6490ab4ed18d30a268256.html.

② 央视网站上海频道、中国证券报网站新闻稿:http://sh.cctv.com/2022/10/12/ARTIXwoyscaI1ATS0udebJMm221012.shtml;https://finance.eastmoney.com/a/202210112526291345.html.

③ https://sghexport.shobserver.com/html/baijiahao/2021/02/03/351819.html.

④ 课题组整理,数据来源:Wind数据库、上海证券交易所、香港证券交易所。

后启动。制定"一带一路"债券管理规范,境外发行人在上海证券交易所发行熊猫债券和"一带一路"债券累计超过 1 000 亿元,"一带一路"沿线国家或地区金融机构来沪展业不断增多。在沪金融机构对国内企业"走出去"的服务日益加强,推出"玉兰债"业务,服务境内发行人面向国际市场发债。A 股、国债等资产被纳入多个重要国际指数,境外机构配置人民币资产规模持续增长。

目前我国主要跨境投资渠道见表 9。

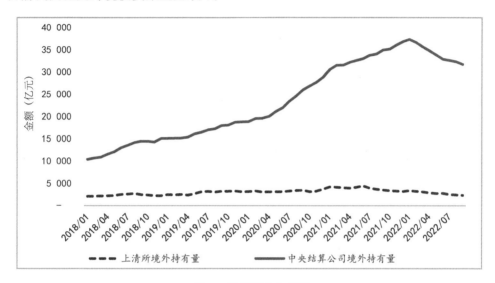

图 5 债券通业务规模

数据来源:债券通官网

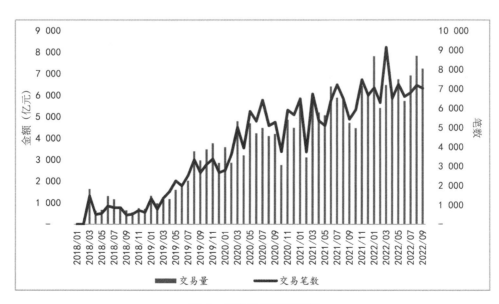

图 6 债券通月交易趋势

数据来源:债券通官网

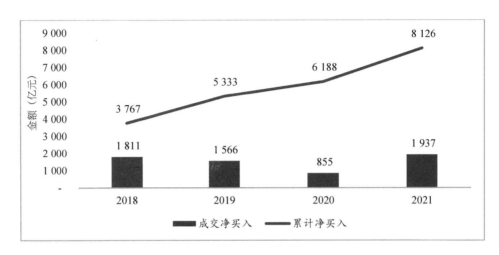

图7 沪港通北向资金情况

数据来源：上海证券交易所官网

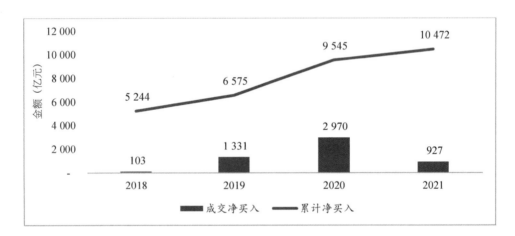

图8 沪港通南向资金情况

数据来源：上海证券交易所官网

表9 我国主要跨境投资渠道

境内投资境外	境外投资境内
沪港通/深港通	沪港通/深港通
外汇通	债券通/全球通
QDII、RQDIJ、QDLP	QFIJ RQFDIJ、QFLP
内地、香港基金互认	内地、香港基金互认
战略性投资持股	战略性投资持股
银行自营资金投资	银行自营资金投资

境内投资境外	境外投资境内
沪伦通	沪伦通
自贸区试点业务	自贸区试点业务
QDII2	通过 MSC 指数/国际债券指数被动投资

资料来源：课题组整理

2022 年 1 月，经人民银行、证监会批准，外汇交易中心、上交所、上海清算所、中证登联合发布《银行间债券市场与交易所债券市场互联互通业务暂行办法》，在债券市场连接上迈出坚实一步。2022 年 7 月交易型开放式基金(ETF)纳入内地与香港股票市场交易互联互通机制正式启航。2022 年 11 月中国结算就港股通交易日历优化配套业务规则《新增港股通交易日交易结算风险管理实施办法(征求意见稿)》和《内地与香港股票市场交易互联互通机制登记、存管、结算业务实施细则(征求意见稿)》公开征求市场意见，启动了沪深港通交易日历优化工作。这些意味着我国资本市场制度型双向开放迈上新台阶。

2）探索推进金融科技创新应用

近年来，上海金融科技创新应用水平不断提升，数字人民币试点稳步推进。金融科技发展环境日益优化，上海金融科技产业联盟和智能投研技术联盟等的成立，促进行业协同创新发展。外滩大会、上海金融科技国际论坛等活动促进金融科技创新发展交流。

上海已成为国内外主要的金融科技企业集聚地之一，金融科技发展水平位居全球前列，在 2021 年全球金融中心指数(GFCI29)分项排名中，上海金融科技位列全球第二位[①]。金融科技头部企业加速集聚，建信金科、中银金科、交银金科、兴业数金、金融壹账通、汇丰金科等金融科技公司纷纷落沪。金融科技创新研发深入推进，数字人民币试点落地。截至 2022 年 8 月底，15 个省(市)的试点地区累计交易笔数 3.6 亿笔、金额 1 000.4 亿元，支持数字人民币的商户门店数量超过 560 万个。上海拥有多个全国首单、首次创新特色场景，在用户数、场景数等指标上处于领先地位，已经开展的 23 项试点项目全部完成测试并上线运行。目前聚焦数字人民币、5G 等前沿技术的资本市场金融科技创新试点(上海)首批项目，已完成地方遴选工作。运用科技金融方式的"多边合作中央银行数据货币桥"项目的进展为充足重复使用目前基础设施建设，完成各中央银行数据货币系统间以及和传统金融体系基础设施建设之间的数据共享，以及为跨境支付提供新思路与路径，同时也将成为上海全球资管中心建设的数字化支付清算的基础设施。

证券与资管是 2022 年上半年金融科技发生超大投融资事件最为集中的领域，其中过亿投融资事件金额占比 98.24%，而次数占比仅为 11.76%，其中中国的证券与资管金融科技投

---

① 国家高端智库中国(深圳)综合开发研究院与英国智库 Z/Yen 集团共同编制的第 29 期全球金融中心指数报告(GFCI 29)。

融资事件 65 次,融资金额 2 763.35 百万美元①。目前资管机构积极布局数字化、智能化转型,大数据、人工智能、区块链等新兴技术应用场景不断拓展,持续深化在客服营销、投顾投研、量化投资、估值定价、智能风控、净值管理等领域的探索与应用。截至 2022 年 4 月,中国人民银行已进行到第四批金融科技创新监管试点,全国共计有 156 项试点项目,上海占比 16.8%,有 19 项;中国证监会资本市场金融科技创新试点,将监管领域拓展到券商、基金公司,参与的机构主要为券商、基金公司和科技公司,资本市场金融科技创新试点(上海)于 2021 年 12 月正式启动,上海地区首批通过地方遴选的试点项目特色鲜明,申报阶段共有 60 家牵头单位申报项目 114 个,申报项目涵盖市场核心机构、证券基金期货经营机构、区域性股权市场运营机构、证券基金期货服务机构、科技企业等②。

3)探索绿色领域投资

上海积极出台政策支持绿色投融资创新。2021 年以来,先后出台《上海加快打造国际绿色金融枢纽服务碳达峰碳中和目标的实施意见》《上海市瞄准新赛道促进绿色低碳产业发展行动方案(2022—2025 年)》《上海市浦东新区绿色金融发展若干规定》,绿色金融发展取得重要成果。绿色信贷规模不断扩大。截至 2021 年末,上海绿色贷款余额 6 041 亿元,同比增长 42.1%,高于同期各项贷款增速。绿色债券产品创新不断取得突破,2020 年在银行间市场和上交所共发行约 1 965 亿元绿色债券,多只"首单"产品成功落地。绿色保险加快发展。国际绿色金融枢纽建设取得积极进展,全国碳排放权交易市场、国家绿色发展基金等在沪设立,绿色金融国际合作日益深化。多个"首单"绿色金融产品和业务成功落地。

上海证券行业 2021 年全年参与各项绿色债券发行规模逾 606 亿元、交易规模逾 700 亿元、股权融资和融资租赁等投融资金额逾 132 亿元、承销海外绿色债券金额逾 113 亿美元、支持绿色企业上市合计规模约 47 亿元,承销保荐 11 家绿色企业上市,在引导社会资金流向环境治理和节能、减排、低碳环保等绿色产业,助力"双碳"战略落地等方面发挥了积极作用③。

ESG 业务已成为全球经济可持续发展的重要领域。截至 2022 年 6 月 30 日,全球已有 5 022 家机构签署了 UN PRI(联合国负责任投资原则)。其中,中国已有 188 家机构签署了 UN PRI,且 2021 年下半年签约机构数量最多,有 35 家,环比增长 34.62%;2022 年上半年有 26 家机构签署 UN PRI。机构种类包括投资管理人(78.7%)、服务供应商(17.6%)、资产所有者(3.7%)。机构总部所在地位于中国内地(54%)和香港(46%)。中国 ESG 主题投资产品的数量稳步增长,截至 2022 年 6 月 30 日,已有 11 只 ESG 主题私募基金、24 只 ESG 主题公募基金、8 个集合资管产品、2 个基金公司及子公司集合资管产品④。目前上海还没有相应的 ESG 衍生品。按中国绿色金融市场的 ESG 投资定义,2021 年投资策略提及 ESG 概念和泛 ESG 基金投资规模超过 6 600 亿,加上绿色产业基金、ESG 私募股权基金和 ESG 理

---

① 清华大学金融科技研究院互联网金融实验室《全球金融科技投融资趋势报告(2022 上半年)》。
② https://export.shobserver.com/baijiahao/html/518904.html。
③ 数据来源:中国证券业协会官网《上海证券行业 2021 年度支持绿色经济发展综述》。
④ 数据来源:零壹智库。

财产品,中国 ESG 投资市场规模已超一万亿[①]。

2. 上海全球资产管理中心金融功能深化

1) 清算支付功能

支付清算基础设施不断完善,构建现代支付清算结算体系,服务能级提升。中国外汇交易中心、上海证券交易所、上海清算所、跨境银行间支付清算公司、中国证券登记结算公司上海分公司、中央国债登记结算公司上海总部等金融基础设施机构充分发挥在发行、登记、托管、交易、清算、结算等方面的服务功能,加上上海诸多的商业银行、非银行支付机构以及特许清算组织等,已经形成较为完善的现代支付体系。随着科技的发展,现代支付体系不断升级,无论在批发还是零售支付上都在快捷、方便与安全方面全面提升。

跨境银行间支付清算有限责任公司(CIPS)成为跨境人民币清算主渠道,业务覆盖全球160多个国家和地区。中国银联芯片卡标准成为亚洲支付联盟的跨境芯片卡标准,上海已成为全球交易规模最大的银行卡交易清算中心。截至 2021 年末,中国银联受理网络已拓展至全球180 个国家和地区,累计覆盖超过 6 700 万商户,云闪付 App 注册用户规模已突破4.5 亿[②]。

上海金融市场的清算规模不断扩大。2021 年上海清算所集中清算业务规模累计432.97 万亿元,同比增长 3.8%(见图 9),市场参与者数量快速增加。2022 年 6 月,其共服务清算会员 92 家,其中综合清算会员 12 家、普通清算会员 80 家。2021 年上海清算所的中央对手清算量达到 149.89 万亿元,非中央对手清算量为 283.08 万亿元,前者约占全部清算规模的 34.6%。从中央对手方业务的分布看,外汇市场业务规模最大(124.95 万亿元),其次是利率衍生品市场(20.88 万亿元)和债券市场(3.76 万亿元),大宗商品衍生品和信用衍生品的业务规模很小,未来可进一步加强。各市场中央对手方清算量见表 10。2021 年代理清算规模累计 19.91 万亿元,代理清算占比 6.6%,其中,债券 83 亿元,人民币利率互换 46 070 亿元,标准债券远期 87 亿元,外汇 152 706 亿元,大宗商品衍生品 167 亿元[③]。

表 10　各市场中央对手方清算量　　　　　　　　　　　　　　　　　　　　　　　　　　　(单位:亿元)

项目	2021 年	2020 年	2019 年
利率衍生品市场	211 449	195 030	183 311
外汇市场	1 249 577	922 767	880 195
信用衍生品市场	4	0	0
大宗商品衍生品市场	262	84	79
债券市场	37 639	150 707	174 359

数据来源:上海清算所官网

---

① BCG《中国 ESG 投资报告 2.0:笃行不怠,崭露锋芒》。
② 根据中国银行业协会发布的《中国银行卡产业发展蓝皮书(2022)》。
③ 课题组整理,数据来源:上海清算所官网。

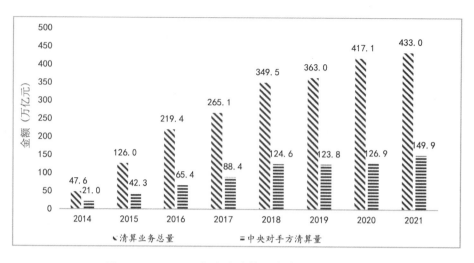

图9 2014—2021年上海清算所清算业务发展概况

数据来源:上海清算所官网

2)资金融通功能

近年来上海市融资规模增长迅速,2021年上海社会融资规模增量为12 126.4亿元,同比增长11.1%,实体经济融资渠道进一步拓宽,上海社会融资规模统计表见表11。银行贷款总体规模扩大,结构不断优化,上海本外币贷款比年初增加11 390.7亿元,同比多增4 649.1亿元,其中人民币贷款比年初增加10 270.7亿元,同比多增4 162.1亿元。在各项贷款中,境内中长期贷款比年初增加7 809.2亿元,同比多增长2 012.1亿元。2021年末普惠小微贷款余额7 017.5亿元,同比增长34.8%,比年初新增1 810.5亿元;制造业贷款余额9 106.2亿元,同比增长24.4%,比年初新增1 779.4亿元,其中中长期制造业贷款余额3 405.6亿元,同比增长42.2%。企业债券融资增加989.0亿元,非金融企业境内股票融资1 241.1亿元。科创板上市公司377家,上市企业融资额、总市值分别达到1 517.7亿元和1.5万亿元①。

表11 上海社会融资规模统计表
(单位:亿元)

指标	2016年	2017年	2018年	2019年	2020年	2021年
社会融资规模增量	11 466	11 748	5 765	8 642	10 916	12 126
其中:非金融企业境内股票融资	861	1 144	186	403	1 508	1 241
企业债券	1 920	351	1 716	2 746	1 603	989
人民币贷款	5 104	7 606	6 181	5 204	6 896	10 322
外币贷款折合人民币	−815	−52	−782	169	373	447

---

① 课题组整理,数据来源:中国人民银行。

指标	2016 年	2017 年	2018 年	2019 年	2020 年	2021 年
委托贷款	2 233	221	−1 296	−658	−272	19
未贴现银行承兑汇票	17	298	−225	564	679	−471
信托贷款	1 882	1 869	−1 074	−885	−1 746	−1 803

数据来源：中国人民银行

3）资产配置功能

目前上海已基本形成包括全国性货币市场、资本市场、外汇市场、商品期货市场、黄金市场、票据市场、保险市场、信托市场和金融衍生品市场等在内较为完备的金融市场体系，该体系在金融资源配置中发挥重要核心作用。《关于加快推进上海全球资产管理中心建设的若干意见》中明确打造跨境金融资源配置的中心节点，成为市场和资金"交汇地"。

跨境人民币规模增长。2019—2021 年上海市跨境人民币收付规模从 8.5 万亿元增长到 16.0 万亿元，始终在国内城市中保持领先。离岸人民币业务积极推进中。2021 年 7 月发布的《中共中央、国务院关于支持浦东新区高水平改革开放打造社会主义现代化建设引领区的意见》，提出"构建与上海国际金融中心相匹配的离岸金融体系，支持浦东在风险可控前提下，发展人民币离岸交易"。目前上海跨境人民币结算量占全国的比重已超过 50%，人民币成为在沪外资企业首选结算币种。据中国人民银行上海总部统计，截至今年 8 月末，自由贸易账户为开户企业总计办理跨境本外币结算折合人民币 131.5 万亿元，年均增长 95.1%；境内人民币结算 89.6 万亿元，年均增长 92.8%。

积极打造跨境资产交易平台。2020 年 11 月上海票据交易所建设的跨境人民币贸易融资转让服务平台上线，该平台是为境内外金融机构提供跨境人民币贸易融资相关服务的综合性数字化平台，首批参与机构共 64 家，其中境内机构 24 家、境外机构 40 家，覆盖 15 个国家和地区[1]。国际金融资产交易平台、全国性大宗商品仓单注册登记中心、国际油气交易平台等一系列跨境金融平台建设已经在临港新片区启动中[2]。

支持上海扩大人民币跨境使用。以人民币金融市场和资产管理为基础是上海国际金融中心最大特色和优势。上海积极开展人民币境外借款、跨境双向人民币资金池、经常项目下跨境人民币集中收付、取消外商直接投资人民币资本金专用存款账户等先行先试探索，承担了代理境外央行类机构投资银行间债券市场、境外机构投资者投资银行间债券市场备案、境外机构集中办理人民币购售业务备案等全国性职能，推动人民币跨境使用的规模和范围不断扩大。目前，在沪世界 500 强企业跨境人民币结算量已超过外汇结算量，人民币成为在沪跨国企业的首选跨境结算币种。2021 年上海跨境人民币业务达到 17.98 万亿元，同比增长

---

① https://cj.sina.com.cn/articles/view/213815211/0cbe8fab0200128pm.

② http://www.spcsc.sh.cn/n8347/n8407/n9426/u1ai249841.html.

23%,占全国总量之比近五成,继续保持全国第一,人民币跨境收支占全部本外币收支的比重接近 60%。

同时,资产管理发展演进过程就是金融创新、金融变革和金融深化的历程。科技与金融的高度融合改变了资产管理的经营模式、制胜要素和竞争格局。资产配置借助大数据、人工智能等取得了突破性发展。依靠精密的数据分析,智能投顾能识别和量化风险,通过预测投资收益、风险系数等信息,能够更快捷、更便利、更匹配性联接投融资双方需求,使得资产配置更加有效。

4)风险管理功能

上海风险管理工具不断丰富,风险管理功能进一步增强。商品和金融衍生品交易品种增加,交易规模明显上升。2021 年已上市期货、期权品种达 27 个,涵盖有色金融、贵金属、黑色金属、能源化工。2021 年 6 月,原油期权在上海国际能源交易中心挂牌交易,成为我国首批引入境外交易者的期权品种之一,进一步提升了上海能源资产定价权和风险管理能力。金融期货期权方面,2021 年已上市期货、期权品种达 12 个,其中中金所有 9 个,上交所有 3 个,标的资产覆盖上证 50 指数、沪深 300 指数、沪深 500 指数、中证 1000 指数、2 年期国债、5 年期国债、10 年期国债等。2021 年,上海期货交易所累计成交量 24 亿手,同比增长 14.1%;累计成交金额 216 万亿元,同比增长 40.4%。中国金融期货交易所成交额 118.2 万亿元,同比增长 2.4%,其中期货市场累计成交 91.8 百万手,同比下降 6.9%;累计成交金额 117.9 万亿元,同比增长 2.3%。2021 年,上交所股票期权市场运行平稳,定价合理,规模稳步增长,经济功能日益显现:ETF 期权合约累计成交 10.97 亿张(2020 年 9.8 亿张),累计成交面值 46.1 万亿(2020 年 36.8 万亿)。股票期权投资者人数稳步增长,年末期权投资者账户总数达到 54.2 万[①]。上证 50ETF 期权和沪深 300ETF 期权已成为全球主要的 ETF 期权品种,2021 年,上证 50ETF 期权合约全年累计成交 6.29 亿张,累计成交面值 21.9 万亿元;300ETF 期权合约累计成交 4.68 亿张,累计成交面值 24.16 万元[②]。2021 年中国金融期货交易所交易统计表和上海期货交易所交易统计表分别见表 12 和表 13。

表 12　2021 年中国金融期货交易所交易统计表

交易品种	累计成交金额	同比增长	累计成交量	同比增长
	(亿元)	(%)	(万手)	(%)
股指期货	904 035.21	1.66	6 673.93	−10.42
国债期货	275 130.27	4.34	2 505.23	4.23
合计	1 179 165.48	2.27	9 179.16	−6.85

数据来源:中国金融期货交易所官网

---

① http://www.sse.com.cn/aboutus/research/report/c/5694651.pdf.
② 数据来源:上交所《上海证券交易所股票期权市场发展报告(2021)》。

表 13　2021 年上海期货交易所交易统计表

交易品种	累计成交金额	同比增长	累计成交量	同比增长
	（亿元）	（%）	（万手）	（%）
铜	219 721.7	55.5	6 410.7	12.1
铝	127 851.3	243.6	13 145.8	148.7
锌	78 249.4	40.9	6 934.1	14.9
黄金	170 839.8	−17.5	4 541.2	−13.3
天然橡胶	174 205.5	33.0	12 160.1	20.5
燃料油	70 455.6	−16.9	27 699.4	−42.0
螺纹钢	322 461.8	141.5	65 598.7	79.2
线材	10.5	548.7	2.0	384.7
铅	19 397.7	134.6	2 527.0	125.4
白银	184 827.7	−33.5	23 145.8	−35.2
石油沥青	43 351.8	−12.9	14 046.3	−31.4
合计	1 411 372.8	25.3	176 211.0	1.3

数据来源：上海期货交易所官网

二、全球领先资产管理中心发展启示与思考

纵观全球领先资产管理中心的形成与发展历程，既可以看到公认全球资产管理中心发展的共性，又可以看到其个性特色的轨迹。多家智库①采用不同的视角和方法论对目前全球领先资产管理中心进行评价与研究，多维度地展现全球领先资产管理中心的生态特征、经验发展和核心竞争力等，聚焦欧美、亚洲等具有竞争力的全球资产管理中心，在不同的金融体系下②，"大而全""小而美"各具特色，优势各异，但都在金融配置功能和效率上充分体现实力。这些为上海全球资产管理中心建设与特色探索提供思考与借鉴。

（一）全球领先资产管理中心的发展特征与趋势

目前公认的全球领先资产管理中心具有共性特征，被认为在成熟完善的生态系统下，都有着鲜明的发展路径。特征体现在兼容国际化的规则和环境、强大的金融资源与人才吸引力、健全完善的法律制度体系、成熟的经济条件、发达的基础设施与市场、高质量的支持服务

---

① 上海交通大学上海高级金融学院智库、BCG 咨询公司、毕马威国际、中欧陆家嘴国际金融研究院、麦肯锡、德勤等。
② 根据世界银行的分类，中国、日本等亚洲国家以及德国、法国等西欧国家拥有以间接融资为主导的金融体系，美国、英国等以直接融资为主导。

等,从而形成其国际可持续发展、集聚金融资源与人才发挥功能的生态。

1. 全球资产管理发展概况

1) 全球资产管理规模(AuM)

全球资产管理规模发展趋势(见图10)。2018年以来全球资产管理规模持续增长,2021年末已达112.3万亿美元,2020年受疫情等因素影响,全球资产管理规模年环比增长幅度放缓,而后环比增长幅度再次增加。从全球分地区资产管理规模发展趋势(见图11)来看,2021年北美和欧洲分别为54万亿美元和26.5万亿美元,占全球比重分别为48.1%、23.6%,两者规模合计占全球资管规模的比重超过7成。亚太(不包含日本和澳大利亚)地区资产管理规模达17.2万亿美元,近年发展快速,势头迅猛[①]。

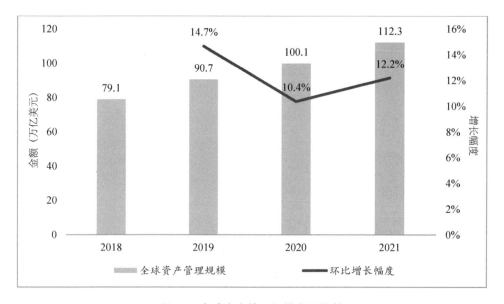

图10 全球资产管理规模发展趋势

数据来源:BCG《全球资产管理报告》,欧洲养老金与投资(IPE)《全球资管500强年度报告》,课题组整理

目前,全球范围内开放式基金规模和数量占所有资管产品非常高的比例。开放式基金的净资产规模和数量是资管业务的重要反映,其净资金流入数据反映了当期资本的主要流动方向。同时,开放式基金规模地区分布情况从另一视角反映出全球各资管中心的竞争力。各年全球监管的开放式基金分地区规模情况见表14,2021年底全球受监管的开放式基金数量131 808只,全球净资产总计71.1万亿美元[②],全球监管的开放式基金数量分地区、分类型基金占比情况见表15。美国的开放式基金规模占全球的近半数。

---

① 据BCG的分析,中国资管行业的快速增长主要受益于居民储蓄率高以及保险公司、养老基金的壮大。

② https://www.icifactbook.org.

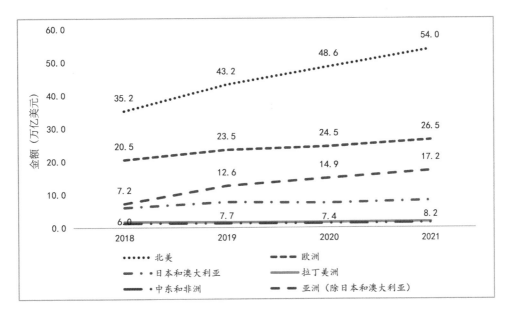

图 11 全球分地区资产管理规模发展趋势

数据来源:BCG《全球资产管理报告》,欧洲养老金与投资(IPE)《全球资管 500 强年度报告》,课题组整理

表 14 各年全球监管的开放式基金分地区规模情况 (单位:万亿美元)

年度	美国	欧洲	亚太	其他地区	全球净资产总计	全球受监管开放式基金总数个
2018	21.1	16.5	6.4	2.7	46.7	118 271
2019	25.7	18.8	7.2	3.1	54.9	122 551
2020	29.3	21.8	8.8	3.2	63.0	125 703
2021	34.2	23.3	10.0	3.6	71.1	131 808

数据来源:美国投资公司协会(ICI)《The 2022 Investment Company Fact Book》,课题组整理

表 15 2021 年底全球监管的开放式基金数量分地区、分类型基金占比情况

地区分类	数量占比	类型	数量占比
美国	8%	股票基金	35%
欧洲	45%	混合基金 *	47%
亚太	29%	债券基金	17%
其他地区	19%	货币基金	2%

数据来源:美国投资公司协会(ICI)《The 2022 Investment Company Fact Book》,课题组整理

2）资产管理产品

主要资产管理中心产品市场由公募基金、私募基金以及其他私募投资产品组成,产品线丰富,另类资产产品和被动型投资增速较快,抢占市场份额态势强劲(见表16),全球监管的开放式基金分类规模情况见表17。以美国为例,公募基金、私募基金、单设账户(SMA)和近年出现的RPM账户管理这四大类基础产品为财富管理机构提供了投资范围广泛、风险收益特征丰富的配置工具。欧洲的基础产品包括UCITS基金、私募性质的特定投资基金(SIF)及风险资本投资工具(SICAR)等多种类型,同样为财富管理机构提供了灵活多样的配置选择。2021年,新加坡另类资产规模取得30%的强劲增长,其中,私募股权和风险创投分别增长42%和30%[①]。

表16　按主要产品类型划分的全球资产管理规模情况

年份	被动型		主动管理型核心产品		解决方案/LDI/平衡型		主动管理型特殊产品		另类产品	
	金额（万亿美元）	全球AUM占比	金额（万亿美元）	全球AUM占比	金额（万亿美元）	全球AUM占比	金额（万亿美元）	全球AUM占比	金额（万亿美元）	全球AUM占比
2018	14	19%	24	32%	11	15%	13	18%	12	16%
2019	19	20%	29	31%	14	15%	17	18%	14	15%
2020	21	21%	31	31%	14	14%	18	18%	16	16%
2021	25	22%	34	30%	15	13%	20	18%	19	17%

数据来源:BCG《全球资产管理报告》,课题组整理

表17　全球监管的开放式基金分类规模情况　　　　　　（单位:万亿美元）

年度	股票基金	混合基金	债券基金	货币基金	全球净资产总计
2018	19.9	10.6	10.1	6.1	46.7
2019	24.5	11.6	11.8	6.9	54.9
2020	28.3	13.4	13.1	8.3	63.0
2021	33.6	14.9	13.7	8.8	71.1

数据来源:美国投资公司协会(ICI)《The 2022 Investment Company Fact Book》,课题组整理

3）资产管理机构

具有全球竞争力的资产管理机构集聚是资产管理中心的另一标志,多层次市场更利于推动机构之间战略选择的多元化和差异化。全球资产管理规模TOP50资管公司分布区域

[①]　数据来源:新加坡金融管理局《2021年新加坡资产管理调查》。

如表18所示,TOP50资管公司在北美和欧洲的集聚度非常高,占比90%以上,资产管理机构类型亦多样化。全球TOP20资管公司规模和分布情况见表19,全部所属美国和欧洲占有绝对优势,资管规模和占全球的44%以上。窥一斑而知全豹,可见具有全球竞争力的资产管理公司集聚对活跃和建设全球资产管理中心的影响和贡献。

表18　全球 TOP50 资管公司分布区域　　　　　　　　　　　（单位:家）

名称	2018 年	2019 年	2020 年	2021 年
美国	27	29	28	27
德国	2	2	2	2
法国	4	4	4	4
瑞士	2	1	1	1
荷兰	1	1	1	1
英国	5	4	5	5
日本	4	3	3	3
加拿大	4	5	5	5
意大利	1	1	1	1
中国	0	0	0	1

数据来源:Willis Tower Watson

表19　全球 TOP20 资管公司规模　　　　　　　　　　（单位:十亿美元）

排名	公司名称	所在国家	资管规模
1	贝莱德	美国	9 570.00
2	先锋集团	美国	8 100.00
3	瑞银集团	瑞士	4 380.00
4	富达投资集团	美国	4 283.00
5	道富环球投资	美国	4 020.00
6	摩根士丹利	美国	3 320.00
7	摩根大通	美国	2 960.00
8	法国农业信贷银行	法国	2 875.00
9	安联保险集团	德国	2 760.00
10	资本集团	美国	2 700.00
11	高盛	美国	2 394.00
12	纽约梅隆银行	美国	2 266.00

（续表）

排名	公司名称	所在国家	资管规模
13	东方汇理	法国	2 251.00
14	太平洋投资	美国	2 000.00
15	法通保险	英国	1 866.00
16	爱德华·琼斯	美国	1 700.00
17	保德信金融集团	美国	1 620.00
18	德意志银行	德国	1 615.00
19	美国银行	美国	1 571.00
20	景顺基金	美国	1 556.00

注：法国农业信贷银行、资本集团、法通保险的数据截止日期为 2021 年 12 月末，其余为 2022 年 3 月末。

数据来源：https://www.advratings.com/top-asset-management-firms.

4）资管科技应用

金融科技赋能资管行业，助力优化产品开发模式、完善风控机制及运营管理能力，助力资产管理方式呈现数字化趋势。证券与资管是 2022 上半年全球金融科技发生超大投融资事件最为集中的领域，其过亿投融资事件金额占比 98.24%，而次数占比仅为 11.76%。其中，作为证券与资管领域的公司- Upside，以 150 亿美元的单笔融资贡献了 2022 年上半年一季度金融科技行业最大投融资事件[①]。

根据麦肯锡调研[②]，全球领先资管公司积极推动数字化在资管全价值链的应用，超过 50% 的全球领先资管公司已启动数字化转型实施，其数字化举措不仅聚焦在销售及营销领域，在投资管理、风控合规、运营提升等领域也进入了规模化实施阶段。基于大数据高级分析的数据应用是全球领先资管公司关注的重点，其在数据领域的科技投入比例占到整体科技支出的 30%，远超全球资管公司市场平均水平（21%）。规模化数据和高级分析应用被认为是已经超越系统开发，成为全球领先资管机构赋能业务，产生价值的关键。提升科技数据人才储备和组织数字化是全球领先资管公司数据能力建设的重点。全球领先资管公司的科技数据人才占比普遍超过 20%，领先者甚至接近 30%，同时还在积极推动提升组织整体的数字化水平。

全球资管金融科技公司迅速发展（见表 20）。主要资产管理公司在继续发展自身运营模式的同时，越来越专注于先进科技在投资组合建设、交易生命周期管理、基金核算与管理等核心流程上的应用。同时，在评估一个全面的数字化项目的潜在成本时，资产管理公司会将运营模型中的更多元素外包，特别是中后台职能上。

---

① 数据来源：清华大学金融科技研究院互联网金融实验室《Global FinTech Funding Trends Report 全球金融科技投融资趋势报告（2022 上半年）》。

② 麦肯锡《全球资管行业数字化转型战略蓝图与实践》。

表 20　全球资管金融科技公司情况　　　　　　　　　　　（单位:家,十亿美元）

年份	资管金融科技公司数量	资管金融科技公司融资金额
2010	970	1.8
2015	2 700	6.4
2020	4 700	25.7

数据来源:BCG《全球资产管理报告》

5)监管与投资者保护

欧美对于公募基金的运作施以严格监管,强调建立在托管制度、投资限制和信息披露基础上的投资者保护。2022 年度《全球资管行业监管报告》[①]显示,目前不确定性无处不在,监管机构与行业正努力向新形势调整,越来越多的地区正在出台针对资产管理机构与资产管理产品的更多规则。在可持续金融受到更多关注的同时,监管亦重视资管行业对金融稳定的影响,以及对虚拟资产交易平台的监管,共识与合作上也日益受到重视。监管机构越来越强调资管行业主体稳健治理、运营与网络安全韧性的必要性。

国际证监会组织(IOSCO)重申"保护大众投资者免受不当行为和欺诈是维持市场信任和信心的先决条件"。对此,世界各地的监管机构继续强化投资者保护,在世界范围内监督机构日益重视企业打击金融犯罪以及遵守制裁规定的能力,对反洗钱和打击恐怖融资的监管审查也显著增加。2021 年度国际反洗钱、制裁及相关综合执法行动共计 200 笔,涉及金融机构累计 200 家,涉及金额约计 22.94 亿美元;2022 年上半年,国际反洗钱、制裁及相关综合执法行动共计 96 笔,涉及金融机构累计 96 家,涉及金额约计 2.72 亿美元[②]。

面对既要借力另类资产与投资策略促进经济复苏,扩大面向零售投资者的投资产品范围、种类,又要在日益数字化应用中完善投资者保护,监管不断加强或引入相关指引和规则,例如在可持续金融上,增加企业披露和推广更绿色的资本市场等措施,制定分类方案,审查ESG 评级和数据产品提供商,要求将可持续发展考虑因素纳入投资决策与披露中,使用产品标签以便投资者了解相关情况。

同时,监管一直都重点关注防范系统性风险,如开放式基金(尤其是货币市场基金)的流动性管理。目前金融稳定理事会(FSB)和国际证监会组织(IOSCO)正在讨论关于开放式基金的改革,中央银行和证券管理机构亦需要就流动性不匹配问题造成的规模影响达成政策上的一致意见,政策制定者更需考虑包括资本市场的稳定性与透明度、清算安排、市场行为和投资者保护等议题。

随着监管发展趋势,政府与监管机构正在不断检视最适合的监管方法,因此在当前充满挑战的时期,监管体系和方法论处于不断优化之中。

---

① 毕马威《穿越不确定性:2022 年度全球资管行业监管报告》。
② 数据来源:微悠咨询统计数据。

2. 全球领先资产管理中心发展特色与路径

1）全球资产管理中心主要类型

金融市场的全球性本质意味着资产管理的供应链和价值链也是全球性的,资金的来源、市场和链接也是全球化的,资产管理行业特点亦体现为全球化配置特质。活跃的资产管理需求端、供给端和中介端各有优势,都在深化配置功能,提升配置效率,如需求端的资金充裕,资本自由流动;供给端具备高质量的市场、资产、人才、制度开放、科技应用;中介端提供丰富的产品和较低的投资壁垒。研究发现,发生在本地的业务规模与以本地为总部的资管公司业务规模之间存在巨大差异,结合资管业务规模的这两个维度,根据供给、需求和中介各端的优势特点,认为全球资管中心大致分为三类:中介型、海外型和均衡型①。

国际资产管理行业最早起源于欧洲,在北美繁荣发展,延伸至亚太等地区,特别是在新兴市场迅猛崛起。各国的金融体系、法治环境不尽相同,全球领先资产管理中心在不同的背景中孕育与发展,各具特色。通常充分的人才储备、发达的资本市场、成熟的监管体系、稳定的长期资金、国际化的法治环境加上融资体系、监管环境、客户结构、分销格局及激励机制等因素的不同,共同决定各国资管市场的竞争格局。《全球资产管理中心评价指数报告》从三个层次指标展示全球各资产管理中心的差距②,透过报告中各中心在资金来源、制度型开放、专业人才储备、底层资产、资管机构、开放式基金、ESG业务、另类资产以及增长率等细分领域的评价和排名,亦可捕捉到全球领先资产管理中心的特色和优势,以及变化。

2）全球领先资产管理中心发展定位与特色

全球领先资产管理中心发展路径特色鲜明,所在国家、地区金融发展的轨迹和特点,在其特色定位和发展的路径依赖上有着高度的印证,路径依赖既有共性又各有特性。美国和欧洲分别拥有全球前两大的资产管理市场,与国际兼容的监管和司法制度,成熟的金融体系,其具有代表性的纽约、伦敦等资管中心的形成是早期的市场自发驱动,同时是老牌的国际金融中心,本国经济和财富实力雄厚,吸引大量全球资管机构和投资者,整个发展方向兼具市场化和全球化;亚太地区具有富含机遇的市场,特别是新兴市场的兴起与吸引力缘于制度安排带来的自由开放的金融环境。以新加坡等资管中心为例就是由后来的政府政策积极推进建设,有引导性地与国际化市场化结合推动发展的。

全球领先资产管理中心各具特色:纽约、香港、新加坡在资产管理领域最关键核心要素是在专业人士储备、集聚上占有绝对优势,以专业人士见长,增加资管中心活力和吸引力成为此类资管中心的特色;以制度开放见长的新加坡、香港等资管中心充分体现"小而美"的特色,是中介型资管中心的代表③;ESG和另类资产业务在法兰克福、卢森堡、都柏林等欧洲资

---

① 中欧陆家嘴国际金融研究院《全球资产管理中心评价指数报告》。

② 一级指标分为资产管理的需求端、供给端和业务端。二级指标进一步细分,从本地资金池和海外资金流入衡量资管需求;从制度型开放、人才储备和底层资产等方面衡量资管供给;从资管机构、开放式基金、ESG(环境、社会和治理)业务和另类资产等方面衡量资管业务。三级指标则是反映各个层面的具体信息。

③ 资管业务的资金来源主要是海外,且其本地能提供丰富的资管产品和服务。

管中心有集中优势,也充分体现出欧盟积极落实"欧洲绿色协议"的态度和推动全球可持续发展的趋势;虽然巴黎、多伦多和苏黎世等资管中心受限于本地资本市场活跃度,在市场收益、资金来源等落后于其他资管中心,但其另辟蹊径,发挥资产管理机构投资服务能力较强的优势,资管公司以海外资管产品布局为主,成为海外型全球资产管理中心的代表;对于纽约、波士顿、伦敦这样无论是资金供给还是产品供给,资管机构在当地市场与海外市场的规模相当,且在各细分领域基本均衡发展,综合排名前列的全球资管中心典型,充分体现了"大而全"的综合实力,不论在核心竞争力还是吸引力上都体现出平稳领先的发展状态,是名副其实的均衡型全球资产管理中心;新加坡、中国香港、卢森堡、爱尔兰等是以强有力政策为保障的特色资产管理中心,新加坡打造全球对亚洲资产管理机遇的门户,中国香港打造内地与国际资本对接的通道,卢森堡定位为全球基金的注册基地。上海被认为在底层资产和开放式基金领域的增长方面表现突出,并保持资金来源和人才储备方面的优势[①]。

纽约、伦敦、波士顿等综合型资产管理中心均以坚实的经济基础为支撑,具备健全的金融市场和丰富的金融产品,完善的生态体系,各类机构、专业人才、全球资金高度集聚。离岸型资产管理中心则以优惠的政策和制度开放作保障,以新加坡、香港、苏黎世等为代表都是结合自身特点,找准特色定位,如瑞士金融体系健全,同时无限责任制度与保密制度创造了良好的制度环境,使得苏黎世成为全球知名离岸金融中心;香港和新加坡则以丰富的人才储备和高端金融人才库、国际接轨的监管和司法制度、多元化、开放的金融环境、中介服务、完备的金融基础设施加上具有竞争力的税收政策等吸引大量全球资产管理公司,特别是外资占据重要地位,市场寻求差异化突破。以新加坡为例,根据新加坡金融管理局发布,2021 年凭借先进的金融基础设施和专业金融服务水平,新加坡目前已经成为全球资本进出东南亚地区的金融门户,资产管理规模强劲增长 12%,利用自身稳定的政治制度和良好的经济发展态势不断吸引国际和地区资金流入,其 78% 的资产管理规模来自海外,90% 的总资产管理规模投资于新加坡以外的资产,而在亚太地区,17% 的资产管理投资在东南亚市场,已经成为名副其实的全球资本配置中心[②]。

(二)上海建设全球资产管理中心特色探索与思考

1. 全球领先资产管理中心发展的启示

启示一:特色定位,多元化与差异化的发展。全球领先资产管理中心生态系统化,成熟具有吸引力,但各自具有优势,结合特色定位,发展方向多元化,以细分领域的差异化发展来提升资产管理中心竞争力[③]。机构体系呈现出"大而全"的综合性资管机构与"小而美"的精品资管机构互补,创新互联网型资管机构共存,共同构成差异化定位、特色化发展、专业化运

---

① 中欧陆家嘴国际金融研究院《2022 全球资产管理中心评价指数报告》。
② 根据新加坡金融管理局发布的《2021 年新加坡资产管理调查》。
③ 研究认为英美法系较大陆法系更适合发展资本市场,以资本市场为主导的金融体系和以银行为主导的金融体系亦带来资管中心发展的差异化定位。各类资管机构在不同细分市场寻求自身的发展空间,实施特色化经营。

作的多元资管行业新生态①。产品与服务体系的多样化和差异化意味着突破传统增长模式,探索多元化的业务增长手段,创新资产管理产品和服务,覆盖各类领域、各类策略,产品丰富多样。资管机构以客户为中心,寻求差异化定位,加快建设核心能力,根据自身能力安排产品体系多元化以满足投资者多样化需求。

启示二:人才储备、集聚与激励是最关键的核心要素。优秀专业人士的集聚与储备是全球领先资产管理中心可持续发展的最关键核心要素。优秀专业人士不仅包括资产管理行业,而且还涵盖会计、法律、评估、税务、咨询等中介服务机构领域的专业人士,特别是精通国内与国际规则、熟悉国内与国际市场的高端金融人才和其他高端专业(法律、会计等)人才。全球领先资产管理中心以其城市人文、地理、历史、环境、金融、税收、教育等特色和具有竞争力的人才政策吸引和储备专业人士集聚,带来行业发展的活力和中心发展的竞争力。同时全球领先资产管理中心多经过多年发展,资管机构已构建完善、长期、有效的人才激励机制。除合理薪酬外,采用股权、期权、限制性股权、分红权等长效激励机制,实现员工与机构长期发展、持有人长期利益的一致性,如公募基金强调以产品期限考核相关业绩,突出长期化考核;私募机构建立合伙人机制,以股权有效将员工个人和公司整体利益结合。

启示三:兼容国际化的司法监管体系和健全的投资者保护。全球领先资产管理中心形成与其稳定的法律和制度环境有着密切的关系:完善的法律制度,并对金融创新给予了较大的支持和容错机制;成熟完善的市场诚信约束机制和良好的金融诚信环境和生态;健全的投资者权益保护制度和专业公平高效的保护机制,如集体诉讼制度、美国的公平基金制度、英国的金融服务业仲裁和调解机构"城市争议小组"等。国际经验来看,金融的全球化本质决定着资产管理价值链与供应链的全球化,全球领先资产管理中心包含着交易规模巨大且交易结构复杂的金融市场活动。功能监管体系完善,差异化监管和机构监管相结合,宏观审慎监管与微观审视监管相结合,构建与之相适应的兼容国际化的司法监管体系在扩展司法解释权、判决、金融监管等更易解决争议和控制系统性风险,符合国际规则、惯例的期望;同时全球范围内的跨国税收信息统一报告制度、网络安全、反洗钱、投资者隐私保护等合规监管要求提高,兼容的制度体系更显示其国际性,利于国际各方合作协调,共建国际资管规则。

启示四:开放、友好、安全、稳定的金融环境利于加深信任,提高资源的全球配置能力。OECD的《服务贸易限制指数》报告②,根据监管透明度、竞争障碍、其他歧视措施,对自然人流动的限制,对外资投资准入的限制等构建的STRI指数对各国金融业开放的评分,2021年度全球领先资产管理中心的金融开放程度都非常高。在维护金融安全与稳定下,监管机构开始重视资管行业对金融稳定的影响,特别是对虚拟资产交易平台的监管共识与合作上日益重视,并积极应对金融数据跨境流动带来的新挑战,应用沙盒监管金融创新。集聚完备的

---

① 如美国:综合型资管机构发行产品类别齐全,资管规模较大,基本能满足所有投资者资产配置需求的大型机构,一般为指银行、保险以及部分大型独立投资公司。专精型资管机构根植特定资管细分市场,产品类别较少,但突出专业化和精品化。互联网型资管机构则充分利用金融科技和智能投顾,提供线上产品与服务,最大化覆盖广大投资者。

② https://www.oecd.org/.

超大型、功能型、国际化的金融基础设施和开放的监管生态,以及与国际金融市场互联互通,友好的投资者保护金融环境易取得资产管理行业的信任,深化信息提供功能,利于解决金融交易双方拥有不对称信息及委托代理行为中的激励问题,大大提高资源全球配置能力和效率。

启示五:资管科技、数字化与可持续发展的趋势鲜明。全球领先资产管理中心的资管科技融投资项目活跃集中,金额占比大,金融基础设施的数字化升级提升安全与效能,资管科技积极布局数字化、智能化转型。大数据、人工智能、区块链等新兴技术应用场景不断拓展,持续深化在客服营销、投顾投研、量化投资、估值定价、智能风控、净值管理等领域的探索与应用。以成为新常态的 ESG 投资为例,资产管理企业在可持续投资的"环境、社会与治理"(ESG)准则制定中扮演关键角色,投资流程中嵌入 ESG 视角。遵循此全球趋势,全球领先ESG 投资市场发展相对成熟,资金方驱动为主,资管机构积极响应,企业通过强化 ESG 实践回应市场预期,监管不断完善基础设施为各市场主体创造良好发展环境,呈现出披露强制化,评价标准化,投资规范化的特点。ESG 资产逐渐成为市场主流产品,资管行业的主要创新方向。

2. 上海全球资产管理中心建设的挑战与思考

挑战与思考一:不断完善和全球资产管理中心建设目标相适合的兼容国际化的金融司法监管体系与法治诚信环境的挑战。

大陆法系的成文法制度中立法程序复杂,司法机关在扩展解释权方面受到限制,加上严格的司法程序,应对金融市场的创新变化,灵活回应金融交易的法治需要挑战大。目前全球资产管理中心建设只有相关部委和上海市政府出台的规章制度,尚无相关法规,缺乏上位法支撑,改革创新措施及时落地的挑战大①,对金融改革的制度化法治化保障有提升空间。

构建与国际金融规则相衔接的制度体系的探索,创设国际化、专门化的金融纠纷解决机制,参与全球高水平金融治理,提升国内监管部门、司法机构、仲裁机构对国际金融规则解释的影响力和国际认可度,提高"上海标准"对国际金融规则制定的贡献度等任重道远。

资产管理领域的金融创新与生俱来,价值链全球化,充分发挥市场竞争力的同时也在积聚潜在的系统性风险。在既有的分业监管框架下完善功能监管体系,差异化监管标准与机构监管相结合,宏观审慎监管与微观审视监管相结合,符合国际规则、惯例以及合作的金融监管期望的挑战大,健全完善金融消费者保护制度和专业公平高效的保护机制需求与日俱增。

面对各种制度安排与变迁的需求挑战,新兴市场经济体由于缺少自发演进的时间成本和社会成本优势,路径依赖上以政府主导的强制性制度创新模式为主,被认为既能顺应国际趋势,又能较容易地迅速建立适应当时经济发展需要的金融体系,能够更好地体现国家发展

---

① 如研究促进境内外资产管理相关领域政策制度对接,资产管理机构可结合实际通过合同约定选择适用境外法律。

战略和政策的要求。但通常也会适当采取与诱致性制度变迁紧密联系,以适度减少对市场效率和硬约束的影响。

挑战与思考二:深化开放,维护金融安全,提升全球资源配置能力,推进金融基础设施互联互通的挑战。

上海全球资产管理中心的建设定位,提升全球资源配置能力,具有吸引力地方便各类资管机构和资金开展"全球募资"和"全球投资",意味着深化双向开放。目前根据 OECD《服务贸易限制指数》,2021 年我国金融业 STRI 得分明显高于各国平均水平,较之之前评分下降幅度最大,显示我国金融业开放水平提升最快,但金融业开放程度还有很大差距[①]。上海由于资本账户尚未开放、离岸体系尚未建立,金融业国际化以及离岸交易发展相较于全球领先资产管理中心的要求还有提升空间,统筹离岸、在岸市场协同并重发展具有挑战。

上海离岸银行业务、自贸区离岸债券以及新型离岸国际贸易金融服务等已开展试点业务,探索制度型开放的落地。但目前离岸金融体系尚未建立,亦缺乏系统完善的离岸金融法律监管体系,离岸市场和离岸产品无法充分满足非居民对于人民币的投融资需求,缺乏具有国际竞争力的税收优惠政策等,这些都需要制度安排不断完善,否则试点的日后落地推广上还是存在难度。在推动人民币资金双向跨境流动、进一步扩大我国资本账户对外开放、实现上海和香港离岸市场的有效互联互通等仍挑战重重。

富有韧性、活力的金融市场体系,显示出要素市场的深度广度、定价能力和资源配置效率。完善多层次资本市场,支持科技创新和产业结构升级,推进金融市场高水平开放与国际市场的互联互通,不仅是市场要素流动型开放,更是转向对制度型开放的需求。寻求金融安全与创新下恰当的制度型开放节奏亦是上海全球资产管理中心建设新的探索。资产管理的市场体系、机构体系和产品体系等近年虽都有较大发展,但深度融合上仍有待提高,相互之间还有一定的门槛,资管机构和资金进入各类金融市场的壁垒和环节虽有所降低但仍然存在,进一步探索规则、标准等的稳定一致,以及非管道式的高水平互联互通安排非常关键。

金融市场基础设施是现代金融市场正常运行的基础和重要保障,其通过制定和执行金融产品和业务层面的规则标准,直接反映以及间接拓展金融监管机构的相关政策,具有发挥金融规则标准影响力的内生基础,是防范系统性金融风险的战略举措。在普遍共识中高效规范的金融基础设施能够提高资本流动的效率,更好服务于经济增长、技术创新、金融制度变革;同时金融基础设施越发达、越规范,往往意味着更有利于识别潜在的风险隐患,金融体系应对外部冲击的能力也就越强。技术先进、安全高效、互联互通的金融基础设施体系已经成为国际金融中心竞争的基本要素,为适应双循环新发展格局,一方面需要新型的前沿技术优化传统的金融市场硬件设施,另一方面需要革新现有的制度、原则和法规以适应新型金融服务的需求,构建适应金融双向开放的金融基础设施管理体系。聚焦提升上海金融基础设施体系的国际化程度和危机应对能力,以满足经济高质量发展和高水平对外开放,对金融基

---

① https://www.oecd.org.

础设施服务的便捷性、联通性、安全性提出的新要求。目前在沪债券、股票、期货等金融基础设施呈现并立分割状态,上海全球资产管理中心的探索发展对打造内外协同的全球资产管理服务网络和信息网络,形成境内外多币种、直接融资和间接融资相结合、覆盖全市场的资产配置体系充满预期。

挑战与思考三:资管科技赋能,在数字金融、绿色金融(可持续金融)等新赛道中探索上海全球资产管理中心建设机遇和特色的挑战。

金融科技迅猛发展,应用与创新不断,目前资产管理和财富管理科技正在成为金融科技领域的新风口,需积极布局数字化,智能化转型。大数据、人工智能、区块链等新兴技术应用场景不断拓展,持续深化在客服营销、投顾投研、量化投资、估值定价、智能风控、净值管理等领域的探索与应用,监管科技亦不断提升。新技术应用和金融科技开放生态赋能资管行业,创新创造价值,资管科技发展为全球资产管理中心提升竞争力开设了新赛道,数字金融带来新机遇。全球领先资管公司将数字化与业务战略高度一体化,引领资管行业数据应用赋能资管价值链,打造现代化资管科技治理体系和资管系统平台,释放创新潜能,形成围绕资管科技的金融服务生态圈,不断提升资管科技人才储备和组织数字商。数字金融重塑价值主张,创新模式带来新赛道机遇的同时也带来跨境数据流动与安全的考验。

目前尚无资管行业跨境数据流动与安全共识的国际规则与标准,国际金融数据跨境流动管理制度体系有待建立。国际金融机构对于数据跨境流动的需求较高,各国关于数据的法律法规不同,我国以保护本国范围内个人信息权利为重点的数据立法对金融数据出境监管较为严格,目前尚在寻求动态平衡中的模式。上海全球资产管理中心建设中探索完善跨境金融数据法律体系和有效安全的流动模式管理监测,利于共建金融数据跨境流动国际规则和管理制度体系贡献上海经验。

在绿色金融(可持续金融)的新赛道上,以发展并推动国际公认的首要任务——金融服务绿色低碳转型并可持续发展为核心。绿色标准涉及实体标准和金融标准,依据标准开发绿色金融产品与服务后,通过交易来流通的全流程中,目前存在国内绿色金融(可持续金融)发展与国际趋势接轨的挑战。在国际共识下,参与和推动衔接投资和绿色低碳转型并可持续发展的奠基工作,参与和推动与国际接轨的绿色金融标准,以完善绿色金融的分类方法、界定原则、覆盖范围、产品披露标准等是上海构建全球资管中心在该赛道中增添竞争力和活力的路径依赖,同时熟悉绿色金融(可持续金融)面向全球资管市场的国际化专业人士的集聚更是新赛道中构建全球资管中心特色吸引力的关键核心要素。

参考文献

[1] 全球资管行业数字化转型战略蓝图与实践[R].中国银行业 CEO 季刊:麦肯锡,2020.

[2] 毕马威.穿越不确定性:2022 年度全球资管行业监管报告[R].2022.

[3] 中欧陆家嘴国际金融研究院.全球资产管理中心评价指数报告(2021)[R].2022.

[4] 新加坡金融管理局.2021 年新加坡资产管理调查[R].2022.

［5］欧洲养老金与投资（IPE）.全球资管500强年度报告［R］.2022.

［6］中国（深圳）综合开发研究院,英国智库 Z/Yen.第29期全球金融中心指数报告（GFCI 29）［R］.2021.

［7］清华大学金融科技研究院互联网金融实验室.全球金融科技投融资趋势报告（2022上半年）［R］.2022.

［8］波士顿咨询.中国ESG投资报告2.0:笃行不怠,崭露锋芒［R］.2022.

［9］中国银行业协会.中国银行卡产业发展蓝皮书（2022）［R］.2022.

［10］上海证券交易所.上海证券交易所股票期权市场发展报告（2021）［R］.2022.

［11］波士顿咨询.2022年全球资产管理报告［R］.2022.

人民币跨境使用枢纽建设与发展研究[①]

子课题[②]负责人：刘晓春

内容摘要：为进一步推动上海跨境金融的发展，上海国际金融中心十四五规划提出，到2025年，上海将进一步巩固人民币跨境使用枢纽地位。

一是，发挥临港新片区"先行先试"的制度优势，推动人民币可自由使用和资本项目可兑换。二是，构建与上海国际金融中心相匹配的离岸金融体系，在岸和离岸业务统筹发展格局初步形成。三是，打造跨境投融资服务中心，提高境外投资者在上海金融市场的参与度。四是，人民币金融资产、重要大宗商品等"上海价格"在国际市场接受度更高、影响力更大。

报告围绕上述四个目标，探讨上海作为人民币跨境使用枢纽取得的成绩、面临的不足以及下一步工作展望。

一、背景

伴随人民币国际化程度的提高和我国金融市场对外开放的不断推进，人民币跨境使用日趋频繁。本报告将人民币跨境使用定义为金融机构提供的基于人民币的各种跨境金融服务，包括跨境清结算、跨境投融资、跨境资产管理、跨境保险等，客户既包括境内客户也包括非居民客户。

度量人民币跨境使用活跃度的一个重要指标是人民币跨境收付金额，包括经常项目账户和资本账户收付总额。第一，从收付额规模上看，上海是我国人民币跨境收付的重要渠道。2021年，全国人民币跨境收付金额合计为36.61万亿元，其中，上海市人民币跨境收付总额达17.98万亿元，同比增长23%，占全国总量之比近五成，继续保持全国第一[③]（见表1）。第二，从收付额结构上看，上海资本项目跨境收付金额远超过经常项目，前者是后者的8.15倍，这一比例超过北京的6.36倍，以及深圳的2.36倍，显示出上海在跨境投融资领

---

① 本报告在上海市地方金融监督管理局委托的两个课题《五个中心升级版调研报告》和《临港新片区三周年总结评估资金自由专题报告》的基础上拓展形成，课题组成员全程参与以上两个课题的调研与写作。

② 本课题组由高金智库组织相关专家组成，课题组长：刘晓春，高金智库资深研究员、上海交通大学中国金融研究院副院长；课题组成员：吴婷。

③ 数据来源：中国人民银行，《2022年人民币国际化报告》。

域的优势。

表 1　2021 年人民币跨境收付情况　　　　　　　　　　（单位：亿元）

	经常项目	资本	合计	占比
上海	19 638.32	160 121.58	179 759.90	49.1%
北京	10 482.16	66 646.63	77 128.79	21.1%
深圳	9 207.71	21 727.13	30 934.84	8.5%
全国	79 476.78	286 591.34	366 068.12	100%

数据来源：中国人民银行

为进一步推动上海跨境金融的发展，上海国际金融中心建设"十四五"规划提出，到2025年，上海人民币跨境使用枢纽地位更加巩固。具体表现为[1]：

一是发挥临港新片区"先行先试"的制度优势，推动人民币可自由使用和资本项目可兑换。

二是构建与上海国际金融中心相匹配的离岸金融体系，在岸和离岸业务统筹发展格局初步形成。

三是打造跨境投融资服务中心，提高境外投资者在上海金融市场的参与度。

四是人民币金融资产、重要大宗商品等"上海价格"在国际市场接受度更高、影响力更大。

报告围绕上述四个目标，探讨上海作为人民币跨境使用枢纽取得的成绩、面临的不足以及下一步工作展望。

二、跨境人民币枢纽建设取得的成绩

围绕上海自贸试验区和临港新片区在跨境金融领域的"先行先试"，以及全市范围内的政策推进，上海跨境金融实现了快速发展。相关进展如下。

（一）顶层设计不断加强，跨境金融监管协调机制逐步完善

1. 构建跨境金融政策体系

2013 年 9 月，上海自贸试验区挂牌后，国家金融管理部门先后出台支持自贸试验区金融开放创新的 51 条意见（"金改 51 条"），其中与跨境金融相关的内容包括自由贸易账户体系、

---

[1]　参考《上海国际金融中心建设"十四五"规划》。原文是，"人民币跨境使用枢纽地位更加巩固，'上海价格'国际影响力显著扩大。人民币可自由使用和资本项目可兑换先行先试取得重要进展，在岸和离岸业务统筹发展格局初步形成，境外投资者在上海金融市场参与程度进一步提高，跨境投融资服务中心建设取得新进展。人民币金融资产、重要大宗商品等'上海价格'在国际市场接受度更高、影响力更大"。

资本项目可兑换、人民币跨境使用、外汇管理体制改革、提升我国资本市场对外开放度等,构成了自贸试验区跨境金融发展的总体政策框架。

上海自贸试验区扩区后,2015 年 10 月,人民银行等联合发布《进一步推进中国(上海)自由贸易试验区金融开放创新试点加快上海国际金融中心建设方案》("金改 40 条")这一纲领性文件,深化上海自贸试验区金融改革创新。

2019 年 8 月,临港新片区正式挂牌,国务院印发《中国(上海)自由贸易试验区临港新片区总体方案》("总体方案"),支持新片区投资自由、贸易自由、资金自由,构成了新片区跨境金融的总体政策框架。2020 年 2 月,人民银行等联合发布《关于进一步加快推进上海国际金融中心建设和金融支持长三角一体化发展的意见》("金融 30 条"),进一步明确 7 条举措,积极推进临港新片区金融先行先试,在更高水平加快上海金融业对外开放。

此后,围绕"金改 51 条""金改 40 条""总体方案"和"金融 30 条",各金融监管机构和相关部门陆续出台了扩大人民币跨境使用、外汇管理改革、跨境业务指引等实施细则,不断完善自贸试验区、临港新片区乃至全市的跨境金融的政策框架。

2. 建立跨境金融监管协调机制

2016 年 4 月,人民银行上海总部依托上海市金融学会牵头组建了跨境金融服务专业委员会,规范上海地区银行业跨境金融发展。2016 年 6 月中国外汇交易中心在沪成立全国外汇市场自律机制,有力推动了外汇市场自律体系建立。2020 年 9 月,原上海银保监局修订《中国(上海)自贸试验区银行业务创新监管互动机制》,以"一事一议"方式支持银行业金融机构参照国际惯例开展业务创新试点。2021 年 5 月,上海证监局成立支持服务临港新片区领导小组办公室。2021 年 8 月,原上海银保监局与新片区管委会签署《战略合作备忘录》,合作建设金融风险监测平台、加大金融创新先行先试、加强区内企业融资服务。2021 年 11 月,人民银行上海总部成立支持临港新片区领导小组办公室,进一步推动提升跨境金融服务便利化水平。同月,外汇局上海市分局与新片区管委会签署《跨境资金流动数据信息交流合作协议》,推进临港新片区的金融开放与创新发展。2021 年 12 月,原上海银保监局成立服务临港新片区领导小组办公室。

(二)跨境资金管理制度更加便利,资本项目开放稳步推进

1. 贸易指标稳步增长,经常项目外汇收支便利化持续推进

我国已经实现经常项目的全部开放。上海的各项贸易指标均排在全国前列。2021 年,上海口岸贸易额达 10.1 万亿元,全球占比提升至 3.6%,自 2014 年以来,连续 8 年蝉联全国最大贸易口岸。2021 年,上海货物进出口总额突破 4 万亿元;服务进出口额达 2 294.1 亿美元,占全国比重提升至 30%,规模居全国各省市第一。

在此基础上,上海积极推动经常项目的便利化,使得真实合规的经常项目交易得到充分保障。近年来的创新举措如下。

1)优质企业凭借收付款指令直接办理跨境人民币结算业务

该便利化措施始于临港新片区,后推广至全市。《关于进一步加快推进上海国际金融中心建设和金融支持长三角一体化发展的意见》指出,对于符合条件的临港新片区优质企业,区内银行可在"展业三原则"基础上,凭企业收付款指令直接办理跨境贸易人民币结算业务,直接办理外商直接投资、跨境融资和境外上市等业务下的跨境人民币收入在境内支付使用。在优质企业的认定上,针对临港新片区新成立企业多、中小企业多的特点,合理设置资格条件,并向集成电路、人工智能等临港新片区重点发展产业领域的企业倾斜。《关于全面做好企业复工复产和稳外贸稳外资稳投资金融服务的若干意见》提出,扩大优质企业跨境人民币结算便利化的实施范围,从上海自贸区、临港新片区扩大到上海全市外贸、外资产业,惠及全市约 5 000 家企业。

2) 创新开展自由贸易账户项下离岸经贸业务试点

在央行上海总部《关于明确自由贸易账户支持上海发展离岸经贸业务有关事项的通知》的基础上,临港新片区管委会等联合印发《中国(上海)自由贸易试验区临港新片区促进离岸贸易高质量发展的若干措施》,提出支持金融机构通过自由贸易账户为离岸经贸业务提供国际通行规则下的全链式跨境金融服务便利。虹桥商务区管委会等联合印发《关于支持虹桥商务区企业开立自由贸易账户有关事项的通知》,鼓励虹桥商务区内企业开立自由贸易账户,支持开展离岸经贸业务。2021 年上海企业离岸贸易收支规模超 700 亿美元,成为国内离岸贸易最为集聚的地区。

3) 服务跨境电商等贸易新业态

人民银行印发《关于支持外贸新业态跨境人民币结算的通知》,完善跨境电商等外贸新业态跨境人民币业务相关政策。明确境内银行在展业三原则的基础上,可与取得许可的非银行支付、清算机构合作,为市场交易主体①及个人提供经常项下跨境人民币结算服务。2021 年,上海市跨境电商进出口 1 328.8 亿元,同比增长 1.2 倍。

4) 临港新片区启动新一轮经常账户便利化试点

2021 年 12 月,外汇总局决定在临港新片区等全国四个区域开展跨境贸易投资高水平开放试点,试点政策涵盖 4 项经常项目便利化措施,包括便利优质企业经常项目资金收付、支持银行优化新型国际贸易结算、有序扩大贸易收支轧差净额结算企业范围以及货物贸易特殊退汇免于登记。截至 2022 年 5 月底,已有 7 家银行获批开展新政下经常项目试点业务,备案优质企业 58 家,办理 786 笔试点业务。

2. 资本账户可兑换已达较高水平,依托临港新片区"先行先试"继续推进非金融企业资本项目可兑换

1) 直接投资已经实现了基本可兑换,外商直接投资(FDI)落实准入前国民待遇加负面清单管理,境外直接投资(ODI)外汇管理持续优化

---

① 包括跨境电子商务、市场采购贸易、海外仓和外贸综合服务企业等外贸新业态经营者、购买商品或服务的消费者。

2015 年以来,国际资本跨境流动明显下降,上海在直接投资领域也受到一定负面影响,2017 年之后直接投资重启上升趋势。其中,上海 FDI 实际到位资金持续增长,全国占比保持在 13%左右;ODI 投资额无论是绝对数还是全国占比均在 2021 年有较大幅度的提升。

表 2　上海外商直接投资和境外直接投资　　　　　　　　　（单位:亿美元）

	2015	2016	2017	2018	2019	2020	2021
FDI 实际到位资金	185	185	170	173	190	202	226
FDI 实际到位资金全国占比(%)	14.6	14.7	13.0	12.8	13.8	14.0	13.0
ODI 投资额	399	367	111	169	140	151	196
ODI 投资额全国占比(%)	27.4	18.7	7.0	11.8	10.2	11.4	13.5

数据来源:Wind

2) 跨境融资稳步发展,银行境外贷款纳入宏观审慎管理政策框架,外债便利化试点工作不断推进

境外贷款规模全国领先。为进一步支持和规范境内银行开展境外贷款业务,央行会同外汇局联合发布《关于银行业金融机构境外贷款业务有关事宜的通知》,银行境外贷款相关的跨境资金流动纳入宏观审慎管理政策框架。境外贷款由市场主体在宏观审慎管理框架下自主开展。截至 2022 年 8 月,上海境外贷款余额为 5 070.6 亿元,占全部贷款的比例为 5%,无论是绝对值还是占比均在全国占据领先位置。

表 3　境外贷款　　　　　　　　　（单位:亿元）

	本外币境外贷款余额	本外币贷款余额	境外贷款占比
上海	5 070.60	100 789.53	5.0%
北京	1 685.37	94 970.05	1.8%
广东	4 272.94	239 866.91	1.8%

数据来源:Wind

临港新片区在全国率先试点一次性外债登记。根据《国家外汇管理局上海市分局关于在中国(上海)自由贸易试验区临港新片区开展外债登记管理改革试点的通知》,试点企业只需在其自身额度内办理一次性外债登记,在登记额度内向不同的境外主体多次借用外债。2020 年 6 月,浦发银行上海自贸新片区分行成功落地新片区首笔一次性外债登记试点业务,大大降低了往返外汇局和银行之间的时间成本,有效节约了企业人力成本和财务费用。

3) 跨境证券投资实现多渠道、多层次的双向开放

证券投资方面,形成了以互联互通机制(沪港通、债券通)、境外投资者直接入市(中国银行间债券市场直投模式,CIBM)、机构投资者制度(QDII、QFII、QDLP、QFLP)为主的跨境投资制度安排。

沪港通交易活跃,标的资产不断拓展。2014年11月沪港通启动,截至2022年9月,累计实现交易额55.38万亿元,其中沪股通41.20万亿元,港股通14.18万亿元。沪港通标的不断扩容,2021年2月起属于上证180、上证380指数成分股及A+H股公司的A股的科创板股票正式纳入沪股通股票范围。截至2021年12月31日,共有42只科创板股票纳入沪股通标的。目前沪港通已经成为境外投资者投资沪市的主要渠道,沪股通投资者持有沪市主板流通市值占外资持有市值的70%以上,大幅超过QFII/RQFII。

"债券通"成为债券跨境交易的重要渠道。2017年7月债券通"北向通"上线,截至2022年5月,境外投资机构从最初的247家扩展到3 513家,覆盖全球36个国家和地区,包括了全球前100家资产管理公司中的78家。报价行从20多家发展到56家。每日交易量从20亿元左右到超300亿元。截至2022年8月,债券通累计成交超20万亿元。境外机构通过债券通持有的规模超过8 000亿元(境外机构总持债规模为3.5万亿元)[1]。2021年9月债券通"南向通"启动,拓展了内地投资者在国际金融市场配置资产的空间。

合格境外有限合伙人(QFLP)和合格境内有限合伙人(QDLP)试点不断深化。上海率先于2011年开展QFLP试点、2013年启动QDLP试点,随后不断对试点工作予以深化。例如,2021年5月,上海市人民政府办公厅印发《关于加快推进上海全球资产管理中心建设的若干意见》,2021年12月底,外汇总局在临港新片区开展跨境贸易投资高水平开放试点,进一步深化QFLP和QDLP改革。包括,鼓励符合条件的内资机构参与QFLP试点,允许QFLP规模实行余额管理;支持QDLP试点机构投资境外私募基金和非上市企业股权及债权、证券市场、大宗商品、金融衍生品等领域,探索推动外资资产管理机构用一个主体开展QDLP、私募证券投资基金管理(WFOE PFM)等业务。截至2021年9月,上海已落地82家QFLP试点企业和51家QDLP试点机构,数量均居全国首位。QFLP实际投资规模已达400多亿元人民币,QDLP总获批额度已达48亿美元[2]。

4) 依托临港新片区先行先试,进一步推动资本项目开放

2021年12月底,外汇总局决定在临港新片区等全国四个区域开展跨境贸易投资高水平开放试点,试点政策涵盖9项资本项目改革措施。2022年1月底,外汇局上海市分局制定的配套实施细则正式落地。重点内容包括:

一是提高非金融企业跨境融资规模自主性和境外放款规模上限。跨境融资方面,由原

---

① 资料来源:《债券通这五年:从千亿外资向北流,到南北双向开放》,第一财经,2022。

② 数据来源:上海市人民政府网站。https://www.shanghai.gov.cn/nw4411/20210926/5c0063f121834efe849e0b284f2f9f6b.html。

先的宏观审慎管理①放宽为,允许符合一定条件的中小微高新技术企业,在一定额度内根据企业实际经营需要自主借用外债。该项举措后续得到进一步拓展,一方面,增加"专精特新"企业为试点对象;另一方面,扩大政策惠及区域至上海市全辖,并将自主借用外债等值额度从500万美元提升为1 000万美元。境外放款方面,新片区非金融企业(房地产企业和政府融资平台除外)境外放款的规模上限,由其所有者权益的0.5倍提高到其所有者权益的0.8倍。

二是在上海自贸区临港新片区取消外商直接投资人民币资本金专用账户,简化外商投资企业人民币资本金管理。试点政策实施后,企业无须到柜台办理资本金专户开户手续,可通过基本户或一般户直接从境外收取人民币资本金,并可通过网银直接办理境内支付,整个流程从原先的一周时间缩短至两个工作日。试点政策发布至2022年5月底,共有7家银行办理了外商直接投资人民币资本金汇入境内非专用账户的业务,惠及外商投资企业20家。此项政策为临港新片区独有专享,并未复制推广异地。

三是取消资本项目—结汇待支付账户管理要求。非金融企业符合条件的资本项目外汇收入意愿结汇所得人民币资金可直接划转至同名企业人民币账户,无须填写《资本项目账户资金支付命令函》。截至2022年5月,已有9家企业办理取消结汇待支付账户意愿结汇业务。

四是允许符合条件企业自主选择部分资本项目跨境流出入币种。适度放宽非金融企业(房地产企业和地方政府融资平台除外)外债、跨境担保、境外放款、直接投资等业务跨境流出入币种一致的限制,允许有合理需求的非金融企业自主选择签约、流入和流出各环节币种。2022年6月,农业银行上海市分行办理了首笔外债项下自主选择跨境流入与流出币种试点。

五是外商投资企业境内再投资免于登记。符合一定条件的外商投资企业在新片区开展境内股权再投资的,被投资企业或股权出让方无须办理接收境内再投资登记,资金划出银行可将相关投资款项直接划入被投资企业或股权出让方。2022年2月交通银行上海市分行、浦发银行上海自贸新片区分行分别成功落地外商投资企业境内再投资免于登记业务。

(三)金融业集聚成效显著,跨境投融资中心功能日益完善

1. 吸引中外资产管理公司落户,积极发展跨境资产管理

1)外资资产管理机构聚集效应明显

上海各类资管机构高度聚集,拥有超过4 700家各类资管机构;国际化水平高,全球资管规模排名前十的资管机构均已在沪开展业务。全国三家外商独资公募基金、四家合资银行理财公司、首家合资基金投顾均落户上海。全国36家外资私募证券投资基金管理人(WFOE PFM)中有30家落户上海,全国9家外资控股券商②中有4家落户上海。此外,上海还有合资基金管理公司23家,外资代表处34家(占全国的39.08%)③。

---

① 《中国人民银行关于全口径跨境融资宏观审慎管理有关事宜的通知》规定,境内非金融企业在全口径跨境融资宏观审慎管理下,由跨境融资杠杆率、宏观审慎调节参数等确定上限。

② 包括外资独资证券公司1家。

③ 包括境外证券期货交易所驻沪代表处1家。

2) 境外投资者在上海金融市场的参与度稳步提升

债券市场：截至 2022 年 4 月末，中国债券市场余额为 138.2 万亿元人民币，居世界第二，共有 1 035 家境外机构投资者进入中国债券市场，总持债规模为 3.9 万亿元人民币。中国债券先后被纳入三大主流国际指数，富时罗素、彭博巴克莱和摩根大通指数，便于境外投资者进一步配置。

银行间债券市场对外开放效果明显。2005 年，中国人民银行批准泛亚债券指数基金和亚债中国基金通过结算代理模式进入银行间债券市场，银行间债券市场首次引入境外投资者。2010 年中国人民银行发布《关于境外人民币清算行等三类机构运用人民币投资银行间债券市场试点有关事宜的通知》，标志着我国银行间债券市场正式对外开放。2011—2013 年，QFII/RQFII 可以参与银行间债券市场交易。2016 年，中国人民银行发布 3 号公告，境外投资者直接投资"全球通"模式全面启动。2017 年 7 月，"债券通"落地[①]。自"债券通"开通以来，境外投资者投资中国债券市场的速度明显加快。境外机构持有银行间市场债券规模由 2018 年初的 1.15 万亿元上升至 2022 年 9 月末的 3.40 万亿元，约占银行间债券市场总托管量的 2.7%。截至 2022 年 9 月共有 1 060 家境外机构主体入市，其中 524 家通过直接投资渠道入市，771 家通过"债券通"渠道入市，235 家同时通过两个渠道入市。

上交所债券市场对外开放稳步推进。与银行间市场规模相比，上交所债券市场规模较小[②]，且开放渠道单一，QFII/RQFII 是主要交易渠道。为进一步扩大交易所债券市场对外开放，2022 年 5 月，人民银行、证监会、外汇局联合发布《关于进一步便利境外机构投资者投资中国债券市场有关事宜》，统筹同步推进银行间和交易所债券市场对外开放。在此基础上，上交所联合中国证券登记结算有限责任公司发布了《境外机构投资者债券交易及登记结算业务实施细则》，拓宽了境外机构投资者参与交易所债券市场的渠道，获准进入银行间债券市场的境外机构投资者可以作为专业投资者中的机构投资者投资上交所债券市场。

股票市场：当前外资参与我国股票的主要途径为陆股通和 QFII/RQFII，我国股票市场的外资占比从 2013 年末的 1.7% 提高到 2022 年 3 月的 4.8%，但投资占比仍有提升空间。目前，A 股已作为新兴市场先后被纳入三大国际指数，MSCI 指数、富时罗素指数、标普道琼斯指数，便于境外投资者进一步配置。

主板[③]：2022 年上半年，沪市主板以沪港通、QFII、RQFII 为代表的外资净买入合计约 634 亿元，同比增长约 48%。截至 2022 年 6 月 30 日，外资股东在沪市主板公司流通股中的持股市值约 1.83 万亿元，持股占比约 3.7%，其中持仓市值超 10 亿元的公司 212 家，持仓比例超 5% 的公司 106 家。

科创板：境外投资参与科创板的主要渠道包括，QFII/RQFII 机制、沪股通以及境外发

---

① 类承曜，《债券市场对外开放：从历史到未来》，中国外汇，2021。
② 2021 年底，我国债券市场总规模超 130 万亿，其中银行间市场规模为 114.7 万亿，上交所规模为 15.26 万亿。
③ 数据来源：沪市半年报。

行上市的科创板 ETF 产品。2022 年以来,科创板外资机构[①]交易占比 9%,较 2020 年(2%)和 2021 年(7%)大幅提升。外资流通市值持仓金额超过 1 000 亿元,占比近 5%,较 2020 年底上升 1.6 个百分点,与 2021 年底持平。为便利国际投资者配置,科创板股票先后被纳入三大主流国际指数。2021 年 3 月,首批 11 只科创板证券纳入富时全球指数;5 月,首批 5 只科创板证券纳入 MSCI 全球指数;9 月,首批 23 只科创板证券纳入标普道琼斯全球指数。此外,上交所还成功推动境外首只上证科创板 50ETF 在纽交所上市,2021 年全年实现上证科创板 50ETF 在全球 7 个市场挂牌交易。

大宗商品市场:境外投资者参与我国大宗商品期货市场的主要路径包括,一是参与特定的 9 个国际化品种的交易(7 个期货品种,2 个期权品种)。2018 年以来,我国期货市场先后推出了原油、20 号胶、低硫燃料油、国际铜期货和棕榈油、原油期权 6 个国际化品种,并在铁矿石、PTA、棕榈油期货上成功引入境外交易者。通联数据 Datayes 显示,截至 2022 年 8 月底,境外投资者在原油、铁矿石、PTA、20 号胶、棕榈油、国际铜、低硫燃料油期货市场的客户权益合计达到 212.97 亿元。二是通过 QFII/RQFII 参与郑州商品交易所、上海期货交易所、大连商品交易所的部分期货和期权合约。三是通过 FT 账户参与黄金国际版。

上海国际能源交易中心:2018 年 3 月,我国首个国际化期货品种——上海原油期货正式在上海国际能源交易中心挂牌交易。目前,上海国际能源交易中心国际化的期货期权品种达 5 个,包括原油、20 号胶、低硫燃料油、国际铜期货、原油期权,占全国国际化品种(9 个)的一半以上。境外参与者比例不断提升,公开数据显示,2018 年上海原油期货境外客户成交量占比 10%～15%。而 2021 年 1—8 月,该占比已提升至 25%,增长近 1 倍。2022 年 9 月,上海国际能源交易中心发布公告,允许 QFII/RQFII 参与原油、20 号胶、低硫燃料油、国际铜期货合约,以及原油期权合约,进一步提升国际化水平。

上海期货交易所:2022 年 9 月上海期货交易所发布公告,允许 QFII/RQFII 参与黄金、白银、铜、铝、锌、螺纹钢、热轧卷板期货合约,以及黄金、铜、铝、锌期权合约。

黄金交易所:2014 年,上海黄金交易所在上海自贸区成立上海国际黄金交易中心有限公司,推出黄金国际板,标志黄金市场国际化的推进。作为境内在岸交易市场,上金所依托自贸试验区的自由贸易账户体系,为国际投资者参与黄金交易提供便利。成立以来,国际板黄金交易量快速提升,成交金额从 2014 年的 454.52 亿元上升至 2021 年的 3.07 万亿元;国际参与者不断增加,截至 2021 年 12 月底,共发展国际会员 95 家,国际客户 82 家。目前黄金交易所正在推进研究人民币 NRA 账户纳入国际板结算体系可行性并形成业务方案。

3)新一轮资产管理行业对外开放正在推进

2021 年 5 月,《关于加快推进上海全球资产管理中心建设的若干意见》发布,支持资产管理机构开展离岸证券投资、离岸基金管理等业务创新,在自贸试验区临港新片区探索资产管理机构跨境资金管理有效途径。新片区《加快建设跨境资产管理示范区的若干措施》提出,创

---

① 包括沪股通账户和合格境外投资者。

新面向国际的人民币金融产品,扩大境外人民币境内投资金融产品范围。鼓励资管机构依托自由贸易账户开展业务创新,开发境外投境内、境内投境外、境外投境外等相关跨境资管产品。

2. 稳步推进跨境股票和债券发行,利用两个市场两种资源

1) 跨境股票发行方面,公司境外融资渠道进一步拓宽

2019 年推出"沪伦通"业务,符合条件的两地上市公司,可以发行存托凭证并在对方市场上市交易。2021 年 12 月,证监会就修订《关于上海证券交易所与伦敦证券交易所互联互通存托凭证业务的监管规定(试行)》公开征求意见,东西向业务拟分别扩展至包括深交所在内的境内交易所和德国、瑞士等英国以外的其他境外成熟市场。同时,拟引入融资型中国存托凭证,允许境外上市公司在我国发行中国存托凭证(Chinese Depository Receipt,CDR)募集资金。2022 年 7 月,包括科达制造和杉杉股份在内的首批沪市公司全球存托凭证(Global Depository Receipt,GDR)登陆瑞士市场。截至当前,沪市主板累计已有 14 家公司披露境外发行 GDR 相关公告,其中 7 家公司已完成发行并挂牌上市,合计募集资金约 70 亿美元。

此外,上海企业积极寻求海外上市机会。2021 年,上海新增境内外上市企业 77 家,其中港交所 19 家、纳斯达克 5 家、纽交所 3 家。境外上市企业占比达 35%。

2) 跨境债券发行方面

中资企业境外发债、外资企业境内发债、人民币离岸债发行逐渐成为中外资企业重要的融资方式。

一是中资企业境外发债趋势明显,人民币债券发行量稳步上升。从 2015 年到 2021 年全国的发债情况看,多数企业选择发行美元债券,但是从发行金额看,港元债占据优势,人民币债券发行量稳步上升。2021 年,全国共发行 1 166 只境外债券,其中美元债券 823 只,发行金额 2 431.28 亿美元;港元债券 223 只,发行金额 33 706.9 亿港元;人民币债券 73 只,发行金额 647.23 亿元人民币。上海企业的境外债券发行仍以美元债为主,2021 年共发行 45 只美元债券,发行金额为 115.4 亿美元。

表 4 中资海外债

	2015	2016	2017	2018	2019	2020	2021
全国							
美元债(只)	214	309	580	619	832	806	823
发行金额(亿美元)	1 390.88	1 419.79	2 869.71	2 062.27	2 526.18	2 597.79	2 431.28
港元债(只)	183	194	246	213	233	236	223
发行金额(亿港元)	22 631.1	27 538.8	29 478.5	32 986.4	33 939.4	34 801.1	33 706.9

人民币债（只）	29	17	7	46	31	42	73
发行金额（亿元）	295.29	161.00	54.82	325.01	333.46	741.44	647.23
上海							
美元债（只）	18	19	21	22	54	66	45
发行金额（亿美元）	179.45	80.85	69.05	65.29	153.61	232.17	115.4
港元债（只）	1	—	—	3	2	1	—
发行金额（亿港元）	4.65	—	—	27.91	21.09	7.75	—
人民币债（只）	—	—	—	4	2	3	3
发行金额（亿元）	—	—	—	41.95	23	22.25	23.5

数据来源：Wind

二是"熊猫债"市场迅速发展，上海占据全国主要发行规模。"熊猫债"发行主体不断扩大，已扩展至国际性金融组织、外国中央政府、外国地方政府、境外非金融企业。2015 年～2022 年 9 月，全国熊猫债累计发行量达 6 128 亿元，其中上海占比（包括银行间市场和上交所）高达 93%。

表 5　熊猫债发行规模　　　　　　　　　　　　　　　　　（单位：亿元人民币）

	2015	2016	2017	2018	2019	2020	2021	2022.9
银行间市场	115	462	603	746.6	528.4	545.5	857.2	754
上交所	15	788.4	96	50.3	17	32	168	15.7
深交所		50	20	152	53	9	40	10

数据来源：Wind

三是人民币离岸债券发行规模稳步增长。人民币离岸债的规模从 2015 年的 923.44 亿增长至 2021 年的 2 225.96 亿，增长率达 141%。主要上市地为香港，2015 年至 2021 年的发行金额占比高达 80%[①]。上海自 2016 年上海市财政局发行首单自贸区债券以来，截至 2022 年 2 月末已累计发行 15 单、140 亿元人民币自贸区离岸债券，实现了首单离岸外币债券、首

---

① 数据来源：Wind。

单离岸 ABS、首次采用中外资联合承销等多项"首单"创新①。

3. 吸引跨国企业在上海设立全球或区域财资中心,发展高能级总部经济

截至 2022 年 8 月末,落户上海的跨国公司地区总部累计达到 870 家,再加上数量众多的国内企业集团总部,总部经济已成为上海高质量发展的重要驱动力。目前,在沪世界 500 强企业跨境人民币结算量已超过外汇结算量,人民币成为在沪跨国企业的首选跨境结算币种②。

2014 年以来,中国人民银行、国家外汇管理局发布多项跨境资金池政策,助力跨国集团在境内外成员之间集中开展本外币资金余缺调剂和归集业务。2022 年 7 月,人民银行和外汇局联合宣布在包括上海在内的 8 个城市扩大跨国公司本外币一体化资金池试点。上海现有资金池的版本包括全国版、自贸区版、依托于 FT 账户的全功能型跨境人民币双向资金池以及本外币一体化资金池。

为进一步推动跨国公司总部落户,《关于促进中国(上海)自由贸易试验区临港新片区高质量发展实施特殊支持政策的若干意见》提出,"适当降低开展跨境资金集中运营业务的准入门槛",准入门槛从上年度本外币国际收支规模超过 1 亿美元③调整为超过 5 000 万美元。为满足跨国公司外汇交易需求,《关于进一步加快推进上海国际金融中心建设和金融支持长三角一体化发展的意见》提出,跨国公司在上海设立的资金管理中心,经批准可进入银行间外汇市场交易。目前,松下电器在上海设立的资金管理中心——松下电器(中国)财务有限公司已进入银行间外汇市场开展交易。外汇交易中心将在上海市有关部门的指导下,推动更多跨国公司在沪资金管理中心进入银行间外汇市场。

4. 各类跨境金融服务平台稳步推进

1)跨境人民币贸易融资转让服务平台

2020 年 3 月《中国(上海)自由贸易试验区临港新片区境内贸易融资资产跨境转让业务操作指引(试行)》发布,鼓励自贸区新片区企业先行先试,上海市各商业银行可按照"服务实体、真实贸易、真实出表、真实转让、风险可控"的原则,在临港新片区内开展境内贸易融资资产跨境转让业务;试点初期,可转让资产包括基于国内信用证贸易结算基础上的福费廷和风险参与资产。其他类型贸易融资资产的跨境转让业务将根据"成熟一项、推出一项"的原则予以推出。截至 2022 年 5 月底,上海市银行共办理境内贸易融资资产跨境转让结算 167.24 亿元。持续扩大可转让资产种类,《中国(上海)自由贸易试验区临港新片区开展跨境贸易投资高水平开放外汇管理改革试点实施细则》指出,在遵循风险可控、审慎管理原则下,适度扩大试点区域对外资产转让的参与主体范围和业务种类。可转让资产范围拓展至银行不良贷款。

为便利贸易融资资产跨境转让,上海票据交易所开发建设的跨境人民币贸易融资转让

---

① 数据来源:全国政协委员解冬:上海自贸区离岸债券市场需加速完善,《中国经营报》,2022。
② 金鹏辉,《围绕国家战略定位建设上海国际金融中心》,《中国金融》,2022。
③ 参见《跨国公司跨境资金集中运营管理规定》。

服务平台于 2020 年 11 月上线。自上线以来,跨境平台是首个人民币跨境贸易融资资产二级市场交易平台。平台一期业务种类为同业代付和福费廷转让,引入对话报价的线上交易方式、标准化电子成交单和交易主协议。截至 2022 年 9 月末,累计成交突破 134 笔,金额突破 138 亿元,接入机构 218 家(境内 175 家,境外 43 家)。平台二期拟引入国内证跨境转让业务品种、意向询价功能、扩展多币种计价单位、增加 LOA 债权转让通知等功能。

2) 国际金融资产交易平台

2020 年 11 月,习近平总书记做出在浦东建设国际金融资产交易平台的重要指示。围绕"特殊经济功能区"建设,平台将引入国际优秀发行人,进一步吸引国际资本流入,更好连接境内外两个市场。人民银行、证监会正牵头研究设立方案。

3) 临港新片区离岸贸易与国际金融服务平台

2021 年 6 月,临港离岸贸易与国际金融服务平台正式上线,初步构建了包含离岸贸易创新发展实践区、离岸贸易监测中心、离岸贸易服务中心、离岸贸易创新发展研究基地、临港离岸贸易与国际金融服务平台的"1+3+1"离岸贸易平台体系,平台汇聚企业的贸易、物流、资金流等信息,给银行更多信息支撑。2021 年,新片区离岸转手买卖收汇规模约 26.5 亿美元,约占全市整体规模 12.5%。

4) 自由贸易试验区"离岸通"平台

2021 年 10 月 14 日,中国(上海)自由贸易试验区"离岸通"平台上线。"离岸通"平台已获取境外 17 个国家的海关报关数据、并对接覆盖约 60% 国际海运业务的船公司和港口装卸信息。通过对全球数据的整合,平台将进一步支持浦东新区内企业离岸贸易的真实性判断。

5. 跨境基础设施建设不断完善

1) 建立自由贸易账户体系

2014 年 5 月,人民银行上海总部印发《中国(上海)自由贸易试验区分账核算业务实施细则(试行)》和《中国(上海)自由贸易试验区分账核算与风险审慎管理细则》,启动自由贸易账户业务;2016 年 11 月,人民银行上海总部发布《关于进一步拓展自贸试验区跨境金融服务功能支持科技创新和实体经济的通知》,将账户的适用范围首次从自贸试验区扩展到上海服务科创中心建设的科创企业和海外引进人才;2018 年上半年,人民银行上海总部将账户的适用范围进一步拓展至全市有实际需求的企业,包括服务"一带一路"建设和"走出去"的有国际贸易结算和融资需求的实体企业等。目前,全市拓展企业已累计突破 8 000 家。此外,自由贸易账户体系已经推广至海南、广东和天津等自贸试验区。

FT 账户的资金划转遵循"一线放开,二线管住,有限渗透"的规则,可以提供包括跨境结算、跨境融资、跨境并购、跨境担保、跨境债券等在内的经常项目和资本项目下的本外币一体化的金融服务,支持"黄金国际板"、国际再保险平台、自贸区市政债及自贸区航运指数及大宗商品衍生品中央对手清算业务等。2022 年 4 月人行上海总部发布《关于进一步做好金融支持疫情防控和经济社会发展工作的指导意见》,积极指导各银行进一步扩大自由贸易账户网银覆盖面,将网银服务贯穿于跨区跨境结算、货币兑换等业务全流程。

2) 建立并推广人民币跨境支付系统(CIPS)

为便利人民币跨境支付,2015 年 10 月,人民币跨境支付系统(CIPS)一期成功上线,为境内外参与者的跨境人民币业务提供资金清算结算服务。2018 年 5 月,人民币跨境支付系统(CIPS)二期全面投产。截至 2021 年底,CIPS 系统已连接境内境外 1 259 家银行和金融基础设施,包括 75 家直接参与者[①]和 1 184 家间接参与者[②],覆盖全球 103 个国家和地区,系统实际业务可触达全球 178 个国家和地区的 3 600 多家法人银行机构[③],服务的境内外终端用户(企业)超过 110 万家。

表 6 CIPS 系统历年业务情况

年份	工作日(天)	笔数(万笔)	同比	金额(万亿元)	同比
2015	62	8.7	—	0.5	—
2016	250	63.6	—	4.4	—
2017	249	125.9	97.9%	14.6	233.7%
2018	252	144.2	14.6%	26.5	81.8%
2019	250	188.4	30.6%	33.9	28.3%
2020	249	220.5	17.0%	45.3	33.4%
2021	250	334.2	51.6%	79.6	75.8%
累计	1 562	1 085.5	—	204.6	—

数据来源:CIPS 系统

3) 基础设施机构互联互通稳步推进

中央国债登记结算有限责任公司(中央结算公司):中央结算公司的主要职责包括中央托管、证券结算,以及与重要支付系统、中央对手方互联对接。一方面,根据 2020 年 3 月印发的《关于构建更加完善的要素市场化配置体制机制的意见》中"推进债券市场互联互通"的要求,中央结算公司加强与境内基础设施的互联互通,包括与外汇交易中心、上交所实现债券市场前后台直通处理;与大额支付系统实现券款对付,即债券 DVP(Delivery Versus Payment)结算;与中证登实现政府债券和企业债券跨市场转托管;与上清所实现中期借贷便利等跨品种的担保品管理等。另一方面,加强与境外基础设施的互联互通。截至 2022 年 8 月末,境外机构在中债登的债券托管量为 32 331.57 亿元,占境外机构在银行间债券市场总规模的 90% 以上,包括全球通模式下的 25 834.37 亿元(占比 80%)和债券通之下的 6 477.2 亿元(占比 20%)。此外,中央结算公司推动人民币债券成为英国市场普遍接纳的担保品,本

---

① 其中:境内中资银行 20 家、外资银行 13 家,境外银行 35 家,金融基础设施 7 家。
② 其中:亚洲 979 家,欧洲 166 家,非洲 45 家,北美洲 29 家,大洋洲 23 家,南美洲 17 家。
③ 包括"一带一路"沿线 61 个国家和地区的 1 200 多家银行机构。

次合作被纳入第十次中英财经对话成果。

银行间市场清算所股份有限公司(上海清算所)①是我国银行间市场唯一一家专业化集中清算机构,也是我国三大债券发行登记托管结算机构之一。在境外基础设施互联互通方面,一是,上海清算所与欧清银行合作推出"玉兰债",首次实现跨境基础设施联通服务境内机构参与国际市场。"玉兰债"已在我国银行和证券行业陆续落地,并可向市场提供全币种服务②。二是,与香港金管局债务工具中央结算系统(CMU)合作服务"债券通"托管结算。在"北向通"渠道下优化券款对付结算模式,支持循环结算、灵活结算周期安排,在"南向通"渠道下推出一级市场认购、跨境担保品管理等增值服务。三是,与卢森堡交易所建立高效联通,为绿色债券发行人提供境内外同步信息披露服务。四是,与相关基础设施推进"互换通"业务合作,为境外投资者参与银行间利率衍生品市场提供新的渠道。中国人民银行、香港证券及期货事务监察委员会、香港金融管理局已于 2022 年 7 月 4 日发布联合公告,正式开展香港与内地利率互换市场互联互通合作。

中国证券登记结算有限责任公司:为证券交易提供集中登记、存管与结算服务。公司积极推动跨市场、跨产品账户整合管理,一码通账户体系覆盖了中国境内 A 股、B 股账户、封闭式基金账户、信用交易账户以及衍生品合约账户、金融期货账户、沪深港通北向投资者识别码。在跨境基础设施互联互通方面,一是,联合拓宽境外机构投资者参与交易所债券的渠道。2022 年 6 月,联合上交所发布《境外机构投资者债券交易及登记结算业务实施细则》,获准进入银行间债券市场的境外机构投资者可以作为专业投资者中的机构投资者投资上交所债券市场。二是,配合推动与香港债券市场的跨境互联互通。2022 年 6 月,发布《内地与香港股票市场交易互联互通机制登记、存管、结算业务实施细则》。

(四)大宗商品人民币计价不断推进,国际影响力持续扩大

一是黄金:"上海金"基准价为全球投资者提供了一个公允的、可交易的人民币黄金基准价格,与"伦敦金""纽约金"共同形成了全球黄金市场的定价体系③。上金所于 2016 年 4 月发布全球首个以人民币计价的黄金基准价格"上海金",增强了上金所在国际黄金交易中的话语权。截至 2021 年底,共有五只挂钩"上海金"的黄金 ETF 分别在上海证券交易所和深圳证券交易所上市。美国、迪拜、印度等多家交易所与上海黄金交易所就使用上海金基准价开发相关衍生产品事宜进行正式接洽,寻求合作。2017 年,迪拜黄金与多种商品交易所(DGCX)上市"上海金"人民币黄金期货,使用"上海金"午盘基准价作为其黄金期货合约的

---

① 资料来源:《国际金融中心发展报告 2022》。

② 中国银行、国泰君安证券、东方证券等发行人顺利完成"玉兰债"发行,计价币种涵盖美元、欧元。已发行的"玉兰债"投资者类型丰富,涵盖央行、商业银行、基金产品等;投资者地域分布广泛,覆盖亚洲、北美、欧洲、南美、中东、非洲等全球市场;托管渠道呈现多元化,包括直接通过欧清银行投资,通过纽约梅隆银行、道富银行等全球托管行以及通过香港金管局 CMU、韩国中央证券存管机构(KSD)等中央证券存管机构(CSD)间接投资等多种托管渠道(参考《国际金融中心发展报告 2022》)。

③ 资料来源:上海黄金交易所关于上海国际金融中心打造升级版的相关材料。

结算价格。2019 年 10 月 14 日,全球最大的期货交易所芝加哥商品交易所(CME)推出以"上海金"为标的的人民币和美元双币计价期货合约。

二是原油:上海原油期货是我国期货市场首个国际化品种,市场规模仅次于纽约 WTI 和伦敦 Brent。2018 年 10 月起,沙特阿拉伯国家石油公司销售到亚洲的原油价格将参照阿曼原油期货价格,而后者与上海原油期货存在高度联动性。2020 年以来,以上海原油期货结算价计价的原油在交割出库后,转运至印度、缅甸、韩国、马来西亚等国家,"上海油"价格逐步辐射至亚太地区。为进一步提高上海油的价格影响力,临港新片区打造上海国际油气交易和定价中心,支持推出更多交易品种,构建反映亚洲地区市场供求状况的石油天然气价格体系。2022 年 5 月《上海市能源发展"十四五"规划》,提出发挥上海石油天然气交易中心、上海国际能源交易中心两大国家级平台龙头作用,实现现货市场与期货市场联动。2022 年 7 月《关于推动向新城导入功能的实施方案》将亚洲最大天然气现货交易平台——上海石油天然气交易中心导入新片区,助力上海国际油气交易和定价中心建设,提升油气价格国际影响力。

三是 20 号胶:上期价格首度成为跨境贸易定价基准,期现贸易定价合作头部企业从 6 家扩充至 15 家;首笔保税交割通过中欧班列复运出境,实现价格与交割货物向欧洲市场辐射[①]。据不完全统计,2022 年上半年,中国采用 20 号胶期货作为定价基准的实货贸易量近 140 万吨,货值逾 150 亿元人民币,约占我国天然橡胶进口量的 26%[②]。

四是燃料油[③]:发布"中国舟山低硫燃料油保税船供报价",为船燃行业提供了人民币计价的权威参考;发布低硫燃料油期货的月均结算价,旨在将人民币定价模式延伸至保税船燃行业的长约贸易。

五是国际铜[④]:国际铜期货价格成为江西铜业、新加坡泺亨、紫金矿业、埃珂森中铜国贸、托克等境内外企业跨境贸易合同定价基准;市场自发形成保税区内现货人民币报价,打破我国铜资源进口只用美元报价的长期禁锢,进一步巩固上海自贸区临港新片区在东亚铜国际贸易中心的市场地位。

三、跨境人民币枢纽建设面临的不足

(一)与国际其他金融中心比较

1. 资本账户不开放导致金融市场境外参与者比例较低

大部分国际金融中心城市都拥有宽松的外汇管制,资金双向流动自由。由于资本账户

---

① 资料来源:《国际金融中心发展报告 2022》。
② 数据来源:《上海油、上海铜、上海金等话语权不断增加 "上海价格"与全球金融中心并跑》,《解放日报》,2022。
③ 资料来源:《国际金融中心发展报告 2022》。
④ 资料来源:《国际金融中心发展报告 2022》。

未完全可兑换,我国居民资产配置的全球化程度较低,海外投资者在中国的投资占比也很低(表7)。就上海而言,境内投境外方面,居民配置国外资产渠道有限,QDII2政策虽于2015年提出,但至今尚未落地。境外投境内方面,银行间债券境外机构持有量约为3%;上交所债券境外持有量约0.5%,股票市场外资持有占比接近5%,低于大多数国家和地区的水平[①]。此外,除红筹企业发行CDR之外,目前尚未有境外公司在国内上市。

表7 2021年各国金融市场国际化程度比较

	中国(大陆)	美国	英国	日本	新加坡
国际直接投资资产/GDP	14.6%	47.1%	81.8%	42.3%	339.2%
国际直接投资负债/GDP	20.4%	63.5%	96.7%	7.5%	505.6%
国际证券投资资产/GDP	5.5%	70.0%	133.4%	106.8%	421.6%
国际证券投资负债/GDP	12.2%	122.2%	170.0%	87.0%	92.1%

数据来源:各国国际收支平衡表

考虑到本土金融机构和市场的实力还不够强大、市场机制还不够完善的现状以及人民币国际化的目标,上海试点资本账户开放需要考虑不同的路径——本币跨境支付模式(张春,2020)[②]。该模式不事先承诺无限额的本币自由兑换,降低由突发事件造成的资本外流风险。它不仅能推动资本账户的开放,还会推进人民币在人民币跨境支付系统中的使用以及该系统的完善,进而降低中国对现存国际支付体系的依赖程度。新片区试点资本账户的开放也更适合这种模式。但这种模式前期投入大、推动时间长,需优化健全支付清算等基础设施和离岸中心建设。从整体规划上看,新片区离岸金融体系的打造将支撑该模式的发展。

2. 人民币离岸体系尚未形成

纽约、伦敦、新加坡等跨境枢纽都是离岸、在岸市场共同发展的典型,人民币离岸体系的建设是打造跨境人民币枢纽不可或缺的一部分。"构建与上海国际金融中心相匹配的离岸金融体系,支持浦东在风险可控的前提下,发展人民币离岸交易"被写入浦东引领区文件,但构建离岸金融体系的过程中仍存在以下问题。

一是离岸账户体系有待进一步完善[③]。在岸业务、离岸业务统筹发展的需求要求离岸账户体系"对外开放、对内有限隔离",其中有限隔离则体现为对资金流动的风险管理。对比

---

① 目前美国、巴西、韩国、日本、中国台湾股市中的外资占比分别在15%、20%、30%、30%、40%左右水平浮动。

② 资本账户记录和管理资本的跨境交易。资本跨境交易的两个环节是跨境支付和汇兑。两个环节的不同顺序对应资本账户开放的两种模式——自由可兑换模式和本币跨境支付模式。自由可兑换模式:先汇兑后支付。为实现资本的跨境交易,允许在境内将本币先兑换成外币,再去境外交易。这是大多数国家/地区(特别是小国,如新加坡)的模式。中国实现该模式的最大问题是,在本土金融机构和市场的实力还不够强大、市场机制还不够完善时,承诺本币的可兑换可能会带来较大的资本外流风险。本币跨境支付模式:允许先用本币进行跨境资本交易支付,再让流出去的本币在境外(离岸中心)自由兑换。

③ 参考张春、蒋一乐,《新片区账户体系创新研究》,高金智库研究课题,2020。

三套离岸性质账户,离岸银行账户(OSA)①、非居民境内账户(NRA)②、自由贸易账户(FT)③,FT账户的设计最贴近这一需求,但FT账户的现有功能和制度安排需要进一步完善。①准备金和利率方面。高准备金和存款利率隐形上限的存在,大幅限制FT账户吸引境外资金的能力。②税收方面。目前FT账户需要缴纳利息预扣税,增加投资者通过FT进行跨境债券投资的成本。③贷款方面。目前FT贷款发放仍视同普通账户,需遵循贷款通则和"三个办法一个指引",强化贷款全流程管理、用途管理和风险管理。在对接服务国家"一带一路"建设战略、满足企业"走出去"等方面,境内贷款规定会影响FT在其中发挥的作用。④同业业务方面。FT需遵循金融机构同业业务管理规定(同业负债不能超总负债的1/3)④。同业负债的规模限制影响了FT账户资金来源。⑤衍生品方面。当前FT账户需遵循金融机构衍生产品交易业务规定,分支机构的衍生品交易需总行授权,并且由总行(部)统一进行平盘、敞口管理和风险控制。目前境内银行提供衍生品产品以及参与衍生品交易的限制仍较多,短期改革难度较大。无独立法规支持其可独立开展衍生品交易⑤。⑥业务方面。FT账户在跨境投融资、黄金国际板等领域取得一定突破,但在资本项下,尤其是券商业务领域的应用场景还不多、跨境功能还不够完善。

二是离岸金融市场与业务发展仍处于起步阶段⑥。①缺乏离岸资金可以参与的金融要素市场。目前离岸资金仅可参与黄金国际板等少数要素市场。股票、债券等都缺乏成熟的离岸交易市场,且在岸市场存在资本账户管制。②现有的离岸账户业务范围过于狭窄,限于离岸银行业务,证券、保险等其他离岸服务仍在起步阶段。离岸银行业务主要服务于优质的"走出去"的中资企业,纯外资离岸客户占比小。③离岸业务仍以外币为主,人民币的离岸业务发展不足。

三是自贸区离岸债券市场规模较小⑦。①自贸离岸债配套制度体系不健全。离岸债券方面虽有顶层设计,但配套制度体系尚未建立。由于没有明确的制度文件支持,在当前强监

---

① OSA账户只针对非居民开立,仅能办理外币业务,并且与境内普通账户隔离(视为跨境),无法满足企业内外一体化经营的需要。

② NRA账户分为人民币NRA和外汇NRA,由人民银行和外汇管理局分别监管,两个账户相互隔离,账户的业务规则和监管要求并不一致,这无法满足企业投融资、汇兑便利化的需要。再者,NRA账户未设立分账核算,账户内资金与全国资金是相通相连的,对于如何防止溢出风险也是一个巨大挑战。

③ FT账户具有风险隔离的设计框架,而且为本外币一体化账户,可满足对外开放,对内有限隔离的需求。

④ 为进一步规范金融机构同业业务经营行为,人民银行、银监会、证监会、保监会、外汇局目前联合印发了《关于规范金融机构同业业务的通知》(银发[2014]127号)。其中规定:十四、单家商业银行对单一金融机构法人的不含结算性同业存款的同业融出资金,扣除风险权重为零的资产后的净额,不得超过该银行一级资本的50%。单家商业银行同业融入资金余额不得超过该银行负债总额的三分之一,农村信用社省联社、省内二级法人社及村镇银行暂不执行。

⑤ 2011年,原银监会对《金融机构衍生产品交易业务管理暂行办法》进行进一步修改(2011年第1号),其中规定:第八条 政策性银行、中资商业银行(…)开办衍生品交易业务,应由其法人统一向中国银行业监督管理委员会申请(…);第十四条 境内的金融机构法人授权其分支机构办理衍生产品交易业务,须对其风险管理能力进行严格审核,并出具有关交易品种和限额等方面的正式书面授权文件;分支机构办理衍生品交易业务须通过其总行(部)系统进行实时交易,并由总行(部)统一进行平盘、敞口管理和风险控制。

⑥ 根据《临港新片区三周年总结评估资金自由专题报告》调研资料整理所得。

⑦ 根据《临港新片区三周年总结评估资金自由专题报告》调研资料整理所得。

管背景下,相关主体对在上海开展离岸债券业务仍有较多顾虑,监管沟通成本较高。②自贸离岸债政策支持力度仍不足。一方面,人民币跨境业务外汇管制较严,离岸资金流动便利性不足,在离岸外汇资金兑换、资金清算等方面,缺少专门的政策安排。另一方面,与香港和新加坡等其他先进离岸市场所提供的财政激励和税收优惠相比,自贸区离岸债券政策支持力度仍有不足。③自贸离岸债需要在制度层面防范相关风险。债券市场开放过程中面临着资金大量进出等国际资本冲击风险,还需防范欧美金融机构主导带来的金融制裁、市场空心化等风险,需从制度层面进行防范。

四是离岸(再)保险业发展的前提条件有待成熟[①]。①再保险的税收不具吸引力[②]。以企业所得税为例,香港和新加坡对离岸再保险业务实行税率减半(减半后分别为 8.25% 和 10%),而我国仍适用 25% 的税率。②推动离岸再保险交易的政策偏原则性、缺少针对性。目前出台的政策原则性较强,未明确具体的实施路径以及适用的配套政策,将大量分散的政策如资金流动、境外投资、税收优惠等组合使用才有可能推动试点落地,政策沟通和落地成本高、难度大。③离岸人身保险相关业务的市场条件尚未成熟。一方面,离岸人身险是零售金融业务,需在人民币国际化达到境外居民愿意持有人民币资产的水平才具备发展条件。另一方面,人身保险业务的闭环需要稳健的保险资金运用,而保险资金的运用多是大类资产配置,这需要离岸资本市场能覆盖大部分投资品种,而目前离岸资金可以参与的金融要素市场有限。

五是离岸转手买卖业务有待进一步提升[③]。①银行给予的离岸转口贸易额度相对于市场需求存在较大缺口。限制转口额度的主要原因在于监管部门无法真实有效地区别从事转口贸易的企业动机是有真实的贸易需求还是主要致力于套取利差[④]。虽然政府部门通过建立"白名单"机制对部分企业做了一定程度背书,但这本身不能替代银行真实性审核主体责任。真实性审核的关键是要对离岸转手买卖业务的货物流、资金流和信息流进行汇总整合。②离岸贸易涉及大量的资金流,有投资和避险的需求。但目前离岸金融市场主要是离岸银行的存贷款业务,缺乏投资和避险渠道。③上海离岸贸易的税收优惠力度远低于香港、新加坡,对国际企业缺乏吸引力[⑤]。

---

① 根据《临港新片区三周年总结评估资金自由专题报告》调研资料整理所得。

② 再保险业务没有严格的地域属性,国际再保险中心普遍通过财税支持政策吸引离岸再保险业务。

③ 根据《临港新片区三周年总结评估资金自由专题报告》调研资料整理所得。

④ 原因包括:一是离岸转手买卖过程中,由于货物流在境外,监管审核只能根据货物提单(易作假)辩证贸易需求的真伪;二是跨行跨地域之间还未实现外贸信息的真正互联互通,导致监察成本和复杂度更高;三是银行和集团内部的管理、分配和内部博弈问题,也导致跨区域授信难度提升。

⑤ 目前我国企业所得税税率是 25%,小型微利企业税率为 20%。2019 年 10 月 31 日,上海自贸区推出措施,支持符合条件的离岸转手买卖贸易企业申请认定技术先进型服务企业,经认定的技术先进型服务企业企业所得税率为 15%。对比新加坡,其基本税率是 17%,但离岸贸易企业可以申请全球贸易商项目,其税率则优惠为 10%。香港则对离岸贸易企业免征企业所得税。

3. 区域资金管理中心建设仍需进一步推进

截至 2022 年 8 月末,落户上海的跨国公司地区总部累计达到 870 家,低于香港和新加坡①。跨国公司跨境资金集中运营面临资金流动和税收方面的两个制约。

一是资本账户不开放是制约资金流动的主要因素。跨国公司跨境资金集中运营管理具有高频性和时效性的要求,倾向于选择资金可以自由流动的地区。虽然我国对经常项下跨境资金流动的管控已经放开,但资本项下尚未全部放开,监管机构对跨国公司跨境资金集中运营的监管重点依旧是跨境资本流动。相比之下,香港、新加坡不存在跨境资本管制,金融监管主体对跨境资金流动的监测重点不是对资本流动本身的控制,而是在反恐、反洗钱等合规方面。

二是新片区财资中心的税收安排较香港和新加坡不具优势。跨境财资业务涉及主要税种有企业所得税、增值税和印花税,新片区现行税率分别为 25%、6% 和 0.005%,综合税负远高于新加坡、香港。为吸引财资中心落户,新加坡、香港推出特定税收优惠政策,所得税率分别降至 8% 和 8.25%。

4. 上海价格影响力仍需进一步提高

虽然上海价格的影响力不断扩大,但是国际大宗商品贸易中起主导地位的依旧是国际交易所的价格。例如,贵金属的定价主要由纽约商品交易所(COMEX)主导;工业金属则由伦敦金属交易所(LME)和纽约商业交易所(NYMEX)主导;能源类大宗商品以纽约商业交易所(NYMEX)和伦敦国际石油交易所(IPE)为基准;农产品则以芝加哥期货交易所(CBOT)和伦敦洲际交易所(ICE Europe)的相关品种为基准。导致上海价格影响力不强的主要原因如下。

一是就全球范围来看,美元依旧是大宗商品贸易的首选计价货币。人民币海外用途的缺乏降低了以人民币结算的动机,对于拥有全球产业链的大型国企或跨国集团,受制于上下游企业的结算偏好,其使用人民币的意愿较低;加上人民币产品对冲市场的局限,进一步降低了他们使用人民币作为结算币的需求。这也导致在推动国内企业使用人民币进行跨境贸易结算时,国内的大型国企、央企的动机反而弱。

二是由于交易限制的存在,国内市场和国外市场较为割裂。一方面,境外会员受限、外汇政策便利化程度不够、国际化品种数量有限、国内外规则存在差异等原因,境外投资者参与境内市场的比例依旧不高,无法将国际供需信息直接反映到国内市场。另一方面,国内企业参与国际期货市场亦有限制,目前,仅有 31 家国企有资格参与国际期货市场的套期保值,从而缺乏影响国际价格的渠道。

5. 跨境基础设施建设需要进一步加强

一是人民币跨境支付结算的基础设施有待完善。目前我国主要通过人民币清算行、人

---

① 公开数据显示,在亚太地区,约有 4 200 家企业将地区性总部设在新加坡,1 389 家设在香港。选择香港的企业通常在中国有大量往来业务,总部设在新加坡的企业则更关注整个亚太市场。

民币跨境支付系统(CIPS)等金融基础设施并行推进人民币跨境支付业务,而 CIPS 也逐渐发展成为跨境人民币支付的主渠道。然而,由于部分"一带一路"国家和地区金融市场发展滞后,商业银行缺乏人民币头寸的获得和平盘渠道,需要在中国香港等离岸中心完成人民币头寸的获得和平盘,而且交易对手有限。此外,CIPS 在周边国家的覆盖面和影响力依旧有限,例如云南省周边国家仅有少数银行以间接参与者的身份加入人民币跨境支付系统(CIPS),人民币跨境清算仍主要依托非居民账户和 SWIFT 系统实现[①]。

二是缺乏具有区域影响力的金融基础设施[②]。国际中央证券托管机构(International Central Securities Depository,ICSD)是定息产品及债券市场中一种重要的金融基础设施,其基本功能为联通不同地区的中央存管机构,为全球各个主要市场提供债券及其衍生品的托管、结算、流动性管理等服务。在亚洲时区建立符合国际规范与惯例的证券托管机构(ICSD),为人民币计价的金融资产以及中国金融机构的跨境交易提供跨时区、跨资产类别的交易后环节(Post-trade)的专业支持意义重大[③]。香港财政司司长在 2022 年 2 月发表的《财政预算案》中宣布,要把债务工具中央结算系统(Central Money markets Unit,CMU)发展成为亚洲主要的 ICSD[④]。目前上海的证券托管机构尚不具备成为亚洲主要 ICSD 的能力。从便于央行向离岸市场提供流动性安排[⑤]以及关键基础设施自主化的角度考虑,应该借助浦东打造离岸金融体系这一时机,推动建立亚洲 ICSD。

6. 营商环境有待进一步完善

一是尚未建立与国际接轨的法律、税收和监管体系。法律体系方面,跨境金融目前仍适用于国内法律体系,尚未实施国际金融法律。税收体系方面,离岸税收政策不具有竞争力。世界主要离岸中心大多给予离岸业务一定的税收优惠以吸引业务聚集,但目前我国尚未有专门针对离岸金融业务的税收优惠政策,在增值税、企业所得税、印花税、预提所得税均与境内业务执行一样标准。金融监管方面,跨境人民币业务仍需遵循境内监管规则办理。

二是金融数据跨境传输有待进一步推进。数据跨境传输对跨境金融有着重要影响。为构建全球数据中心,新加坡建立完善的个人信息保护制度和相应的监管框架,监管体系重点包括设置主管部门、划分责任边界、构建完善系统的数据跨境流动管理规则、开展国际协调、

---

① 资料来源:杨小平,《CIPS 在云南周边国家的覆盖面、影响力仍然有限》,《中国金融杂志》,2021。

② 参考资料:巴曙松,《在香港建设亚洲 ICSD 有利于加快人民币国际化进程》,第一财经,2019。

③ 目前全球有三大主要的 ICSD(DTCC、Euroclear 及 Clearstream),为全球(包括亚洲市场)提供跨境结算、托管及离岸债券发行的服务。从技术层面来看,如果亚洲区内的投资者依赖 Euroclear / Clearstream 等欧洲的金融基础设施处理债券及固定收益产品的跨境交收等,就可能因时差因素导致亚洲金融机构暴露于更高的跨境结算和流动性风险之中(亚洲投资者必须较欧美投资者早一天预付款项方可配合结算周期)。成立亚洲 ICSD 可以较好地解决这一问题。

④ 根据香港金融管理局数据,截至 2021 年底,存放于 CMU 在香港发行的债券总额超过 2 万亿港元。债券通方面,截至 2022 年 4 月,其日均成交额超过 310 亿元人民币,境外投资者通过 CMU 持有内地在岸债券总值超过 8 000 亿元人民币。

⑤ 例如,央行的公开市场操作可通过中央结算公司完成,中央结算公司为中国人民银行实施货币政策提供担保品管理服务。

明确基础设施要求等①。我国传统的以保护本国范围内个人信息权利为重点的金融数据立法,对金融数据出境监管以及数据本地化存储要求较为严格。外资金融机构数据出入境受到管控,不利于金融机构融入全球营销网络和运维体系,制约其产业发展。新片区在金融数据跨境传输领域的"先行先试"依旧在推进过程中。

(二) 政策层面的不足

1. 跨境政策仍需进一步完善

在跨境金融领域"先行先试"的临港新片区金融机构按照国际管理办理跨境金融业务。但是现有监管框架仅针对少数跨境业务品种,如代客境外理财、跨境人民币结算再保险等业务出台了相关规定,其他业务基本参照境内同类型业务的相关监管要求。

一是部分境内规则与国际规则存在较大差异,不利于机构业务开展。①银行跨境贷款业务仍需遵循贷款通则②、贷款管理的"三个办法一个指引"③以及《商业银行并购贷款风险管理指引》。相较国际规则,对贷款用途④、比例、期限、还款来源⑤限制较多。②跨境银团贷款转让规则与国际差异较大。国际上,跨境银团资产转让既可以部分转让,也可以全额转让,并且在受让对象的优先级、借款人授权、银团成员类型等方面没有特别规定。但境内银行转出或受让国际二手银团贷款时存在诸多限制⑥。

二是部分政策存在空白,政策执行存在较大的不确定性。①银行机构开展跨境资产管理业务没有明确指引。对于投向境外的资产,尤其是指数基金等被动投资类资产,是否可以

---

① 新加坡建立了与欧盟类似的数据跨境传输要求,禁止向数据保护水平低于新加坡的国家或地区转移数据,但在特殊情况下,企业可以申请获得个人数据保护委员会的豁免。近期,新加坡金融管理局和美国财政部发布联合声明,支持金融服务公司进行跨境数据传输而无须数据本地化,只要金融监管机构能够根据监管和监督目的,访问所需的数据即可(该声明不具有法律约束力)。

② 1996 年 8 月 1 日,中国人民银行制定《贷款通则》,目的是规范贷款行为,维护借贷双方的合法权益,保证信贷资产的安全,提高贷款使用的整体效益。

③ 2009 年至 2010 年,原银监会印发"三个办法一个指引",其中三法是指:《固定资产贷款管理暂行办法》、《流动资金贷款管理暂行办法》和《个人贷款管理暂行办法》三种管理暂行办法,一指引是指:《项目融资业务指引》。"三法一指引"倡导贷款的精细化管理,强化贷款风险管控,对贷款流程进一步明确,对合理测算借款人资金需求、贷款资金的支付和贷后管理提出了新的要求,与传统的信贷管理制度相比,有深刻变化。"三个办法一个指引"成为银行信贷的重要准则。

④ 大多数发达国家和地区对公贷款主要是"公司融资贷款"这一大类业务品种,银行只需对符合条件的借款主体根据其信用水平和经营情况进行整体授信,贷款资金用途由银行与借款人自行约定,金融监管部门不就贷款的具体用途设定专门规定。境内银行开展跨境贷款业务时对贷款用途有明确要求,具体表现为"三个办法一个指引"以及《商业银行并购贷款风险管理指引》等监管政策所规范的固定资产贷款、流动资金贷款、并购贷款等。在实际业务开展过程中,境外银行业较为成熟的某些特定用途贷款,如用于小比例股权投资、上市企业分红、企业再融资等的贷款,按照境内现有的规定无法找到对应的贷款品种,使得境内银行无法参照境外银行的标准为非居民企业提供相应的融资服务。

⑤ 根据《商业银行并购贷款风险管理指引》,发放并购贷款时"并购交易价款中并购贷款所占比例不应高于 60%、并购贷款期限一般不超过七年",但国际市场同类贷款无此要求,并购贷款的比例和期限均由银行自行确定。再如根据《项目融资业务指引》,贷款人应当根据项目预测现金流和投资回收期等因素,合理确定贷款期限和还款计划。但在境外投融资项目中,往往允许一次性到期还款,从而导致境内外金融机构对于还款计划的合规性无法达成统一意见。

⑥ 根据《银团贷款业务指引》《关于进一步规范银行业金融机构信贷资产转让业务的通知》等文件要求,信贷资产必须整体转让,即转让的信贷资产应包括全部未偿还的本金及应收利息,不得部分出让;不得参与含有回购条款的银团贷款转让;转让时需优先转让给银团成员;转让前必须先征得借款人同意;不得参与非银机构参团的银团贷款等。

通过合规渠道(如 QFII、RQFII、沪港通、债券通等)回流境内证券和期货交易场所进行投资和交易,尚未予以明确。②QDII 额度共享存在不确定性。银行理财子公司可以与母行共享 QDII 额度,但目前的监管规定尚未明确,银行理财子公司与外资机构合资设立的银行理财公司能否使用银行理财子公司的 QDII 额度,或者需要独立申请。③境外资金流入境内理财体系存在不确定性。QFII/RQFII 是境外资金进入境内理财体系的可能路径。但中国证监会颁布的《合格境外机构投资者和人民币合格境外机构投资者境内证券期货投资管理办法》对于合格境外投资是否可以投资理财产品尚无明确指引。

三是部分政策在制定时缺乏对实际情况的考量[①]。①代客境外理财业务投资标的的限制问题。根据《中国银监会办公厅关于调整商业银行代客境外理财业务境外投资范围的通知》,代客境外理财资金"不得投资于国际公认评级机构评级 BBB 级以下的证券"。境内银行较为关注的部分投资标的,如中资银行在海外发行的一级资本债等,实际投资风险可控,但由于在国际公认评级机构的评级仅为 BB 级以上,不符合当前法规规定的资质要求,因而被排除在投资标的之外。②保险资金的使用限制问题。以从香港分回保险为例[②],境内保险机构在外币保费的投资运用上面临诸多限制:一方面,根据《保险业务外汇管理指引》第三十五条规定,境内保险机构的跨境再保险外币保费收入无法直接结汇,由于境内外汇投资渠道狭窄且收益率较低,限制了再保险人的资金运用;另一方面,跨境再保险外币保费收入如果用于境外投资,需要受合格境内机构投资者(QDII)额度限制,目前该额度资源稀缺。

2. 政策推进过程中遇到的问题

一是国际金融资产交易平台推进较为缓慢。国际金融资产交易平台是境外投资者投资人民币资产的重要载体,综合了离岸资金可以参与的要素市场。2019 年习近平总书记提出建设国际金融资产交易平台的要求,目前平台尚在推进过程中。

二是跨境人民币资产转让种类有限。目前新片区试点了有关贸易融资资产和不良资产的跨境转让业务,但其他信贷资产跨境转让缺少相关政策的支持,可转让资产相对有限。

三是跨境贸易投融资便利化的政策和反洗钱的关系存在一定处理困难。根据《中国人民银行上海总部关于切实做好中国(上海)自由贸易试验区反洗钱和反恐怖融资工作的通知》,在其他条件相同的情况下,应适当提高自贸试验区客户风险等级,对等值 200 万人民币以上的自贸区跨境交易必须要反洗钱部门审查,这在一定程度上使得自贸区企业的反洗钱审查标准高于区外企业。目前,新片区优质企业等值 200 万元以上交易比较频繁,导致银行难以兼顾优质企业业务便利化和反洗钱、反恐怖融资工作要求。

四是外资资产管理机构达到现有政策标准存在一定困难。外资资产管理机构由于初期

---

① 参考资料:上海银保监局,《上海银行业和保险业在临港新片区开展跨境金融服务的研究探索》,2020。

② 根据香港保险监管相关规定,境内保险机构不允许直接在香港销售保单,同时境内保险机构在香港设立机构销售保单成本较高,因此与当地保险机构合作在港开展业务成为业内首选模式。具体来说,由香港保险机构在当地销售人身险保单,内地保险机构以跨境再保险的形式将业务分回。受宏观经济形势影响,当前在香港销售的人身险多数为外币保险,因而通过再保险分回的保费也多以外币形式。

体量限制,无法满足资质申请条件。例如,外资资产管理机构 QDII/RQDII 的额度申请问题。外资资产管理公司具有丰富的海外投资经验,却在申请 QDII/RQDII 的额度上存在一定困难。一方面,公募基金公司申请 QDII 的条件是管理基金 2 年以上和大于 200 亿资产管理规模,加之 QDII 采用"先审后批"的审查方式,这意味着外商独资公募基金公司在初期的几年内都无法发行 QDII 基金。另一方面,取得 QDII/RQDII 的额度,首先需要中国银保监会(已变更为国家金融市场监管总局)批复公司外汇交易资质。而理财类资管机构,实际业务并不需要外汇交易资质。对于不需要进行外汇交易的公司,希望在申请 QDII/RQDII 额度时免去外汇交易资质的申请。

四、下一步展望[①]

(一)以制度创新为核心深化金融改革开放

1. 推动"本币跨境支付"模式下的资本项目可兑换

依托临港新片区先行先试的优势,逐步推动非金融企业资本项目可兑换。探索"本币跨境支付"资本项目兑换模式,用本币进行跨境资本交易支付后,在离岸中心实现自由兑换及离岸在岸有限双向渗透,降低资本外流风险。

2. 完善跨国公司本外币一体化资金池

统一各类跨境资金池和优化服务功能,提升总部经济能级,支持跨国公司在沪集聚设立全球性或亚太区资金管理中心,开展全球资金集中管理业务。优化跨境资金池监管政策,在防范金融风险的前提下,保持外汇监管与贸易融资便利性的平衡,同时借鉴国际资金池业务的经验,在除外汇监管以外的方面,营造更有利于跨国企业在我国开展资金集中运营等投融资活动的经济商务环境[②]。

3. 依托国际金融资产交易平台,探索非管道式的高水平的金融市场开放

组建国际金融资产交易所股份有限公司,发起股东包括全球各大交易所、金融机构以及一定比例的社会资本。国际金融资产交易所根据市场需求决定境内外交易品种,并向监管机构进行事前报备。交易所全面对接离岸账户。依托国际金融资产交易平台逐步建立以人民币计价结算、面对全球投资者的各类股权、债券、货币、保险、衍生品和大宗商品市场,并探索境外企业上市安排。

4. 持续推动贸易结算便利化安排,将便利化措施逐步拓展至全市范围

对标国际惯例,实现跨境结算资金自由流动,支持和引导银行按照国际惯例,在展业和"三反"审查前提下,为企业提供经常项下收支和汇兑等国际结算服务,逐步放宽事前审查单

---

① 本节内容参考金融局委托课题《临港新片区三周年总结评估资金自由专题报告》,课题组成员全程参与。
② 如在保持监管总体有效的前提下,仅对企业部分重要账户实行监管。

证真实性要求,逐步转向由外汇局通过国际收支监测平台做事后核查。对于优质企业可在洗钱风险可控情况下,适当放宽银行审查要求,保持反洗钱与便利化政策执行同步。

(二)发展相对独立功能强大的离岸体系

1. 在风险隔离前提下,率先形成本外币一体化的独立离岸账户体系

该账户具备以下特征。①需要独立的法律支持,避免受境内现有法律和监管的约束。②账户暂停适用《贷款通则》以及"三个办法一个指引",不对金融机构信贷业务的融资主体、借款人行业、融资比例、融资期限、资金用途等进行限制,相关内容由银行根据特定贷款业务及风险状况与借款人依据商业原则和风险原则进行约定,并作为借款合同的具体条款;不对商业银行离岸业务部门或机构实施银行业金融机构同业负债相关约束性规定、信贷额度相关限制性规定、存款准备金缴存相关规定、利率相关限制性规定,商业银行离岸业务纳入总行资产负债表,由总行依据自身资产负债管理等要求对离岸业务制定一系列管理指标。③银行、保险、证券等行业通过本外币一体化账户开展境外资产负债业务的境内管理规则,也可适度破除,由其自行承担操作风险、流动性风险、市场风险等。④通过本外币一体化账户开展金融业务可享受更优惠的税收政策。⑤与境内账户交易允许在一定额度内的本外币划转。

2. 积极拓展各项离岸业务

扩大离岸银行试点范围,完善离岸银行开办人民币离岸账户服务的相关监测指标,明确证券、保险、基金公司等参与离岸业务的权责和具体细则。支持金融机构在服务"走出去"企业的同时,拓展纯海外离岸客户。

3. 大力发展离岸债券。健全配套制度体系、明确监管框架

争取国家发改委支持,明确企业外债在上海离岸发行和交易结算的制度安排;建议争取人民银行、外管局支持,在不突破现有管理框架下,明确上海自贸区离岸债券的外债登记管理要求等。加强自贸离岸债政策支持力度。建议参考横琴[①]及境外关于离岸债券发行的相关财政激励与扶持计划,由财政给予自贸区离岸债券发行项目一定的财政激励。

4. 建设一流的离岸金融基础设施

一是进一步扩大CIPS系统的全球影响力[②]。①增强资本实力,进一步引进外资,完善治理架构,强化商业化色彩,提升CIPS的国际公信力。一方面,在现有中外股东的基础上进一步引进外资。另一方面,通过央行增资、中资商业银行增资、上海市国资委入股等方式追加中资资本。②支持CIPS建立自主的跨境清算账户体系,与国内清算体系风险隔离,以利于提高清算速度和延长清算时间(7×24)。③持续优化CIPS净额清算机制,提供更优质清算服务。④改直参、间参双层架构策略为以直参为主策略,推动全球主要银行都成为CIPS

---

① 参考《横琴粤澳深度合作区支持企业赴澳门发行公司债券专项扶持办法(暂行)》。

② 刘晓春等,《人民币跨境支付系统(CIPS)与上海跨境金融服务发展研究》,高金智库课题,2022。

的直参,尽快扩大 CIPS 的业务版图①。⑤以标准收发器为载体,深入开展跨境人民币支付领域金融数据交换标准应用,赋能银行进一步改善服务,提升跨境支付清算效率。⑥增加结算币种,提升服务本币结算的能力②。二是建立离岸证券交易托管结算系统,打造亚洲区域的 ICSD。

5. 优化离岸金融发展环境

对离岸业务实行特殊税收政策,将一定交易量内的业务所得税降至 15% 及以下,对符合条件的离岸企业减免印花税和增值税。

(三)提高上海价格全球影响力

1. 推动人民银行等部门牵头,扩大人民币在"一带一路"和 RCEP 区域中的使用

推动境外人民币国际化的基础设施建设,如建立人民币清算行以及拓展 CIPS 覆盖范围,促进人民币在"一带一路"沿线国家的使用。推动人民币同周边国家货币直接清算平盘工作,加强以人民币为中心的区域外汇交易市场建设。按照"本币优先"原则推动贸易投资使用人民币计价结算,针对大型央企、国企人民币结算意愿低的情况,建立适度的奖惩制度,推动大宗商品贸易人民币计价。

2. 深化外汇改革

适度优化外汇实需交易管理,逐步扩大外汇市场的投资交易功能。推动人民币外汇期货落地,以人民币兑美元期货为起点逐步推出境内外汇期货产品,在条件合适的情况下继续推出人民币兑金砖国家和"一带一路"国家货币的衍生品,使中国外汇市场逐步拥有完善的即期、远期、期货、期权、掉期等金融工具。

3. 进一步推动大宗商品衍生品市场对外开放

进一步扩大合格境外投资者投资范围,推动境外客户入场交易。探索"国际期货交易所"运营模式,引入境外会员,建立以市场为导向、同步面向国内国际市场的期货产品上市机制,推出国际接轨的交易准则,提升重要大宗商品全球影响力。推动大宗商品衍生品领域的"沪港通""沪伦通"建设。

(四)完善各类跨境投融资功能

1. 支持金融机构按照国际惯例开展各项跨境活动,推动金融业对外开放

进一步推出跨境金融相关业务细则和指引。银行方面,探索参照国际惯例,逐步放开跨

---

① 目前直参、间参双层架构中,在人民币国际化还处在起步阶段的当下,由于业务量有限,直参没有推广间参的积极性和主动性,CIPS 无法控制间参的推广进度。因此,在推动人民币跨境支付发展进程中 CIPS 需要进一步掌握主动权,改变直参、间参双层架构策略,确立"直参为主,间参为辅"的推广策略,主要通过扩大直参规模迅速将人民币清算服务业务覆盖到尽可能多的地方。

② CIPS 在 2021 年 9 月作为债券通"南向通"指定资金结算渠道,上线支持港元支付业务,为境内外金融机构提供跨境港元清结算服务,实现了人民币以外的币种服务。目前,在中国外汇交易中心挂牌开展与人民币直接交易的币种达到 24 个。CIPS 系统提供其他币种清算服务,可以考虑先从直接挂牌交易的货币做起。

境贷款用途限制,放宽对跨境贷款比例、期限等方面的限制,放宽银行参与跨境银团贷款转让业务的限制条件,适度放宽自由贸易账户理财资金投向境外标的资产的限制范围。保险方面,试点拓宽跨境再保险外币保费收入的投资途径①,探索更加便利的资金流动方式。证券方面,支持证券公司基于分账核算单元在自贸区内开展金融创新业务②,支持 FT 账户跨境收益互换③业务。

2. 支持资金"全球募集"和"全球投资",打造跨境资产管理示范区

优化 QDII/RQDII 额度申请安排,对外资公司的资质申请适当考虑母公司规模,试点对于不参与外汇交易的机构,在无须获得外汇交易资质的情况下依旧能够申请 QDII 和 RQDII 额度。深化 QDLP/QFLP 改革,放宽市场准入标准,允许基金采用更灵活管理架构;精简审批机制④,参照海南做法,在新片区试点取消联审,改为在工商设立后由管委会报备市金融办、外管局和相关主管部门。统一各准入框架下对各类证券和衍生品准入的规定,统一跨境资金划转规定。消除各类资管机构和资金进入各类金融市场的壁垒,方便各类资管机构和资金开展"全球募资"和"全球投资"。

3. 进一步促进跨境人民币贸易融资转让服务平台建设

探索扩大可转让资产种类,率先支持和试点各类银行信贷资产跨境转让。探索与境外金融机构办理双向跨境资产转让,增加境内资产品种的同时,允许境外资产上架交易,强化全球资源配置功能。开放路径可由中资银行境外机构的人民币资产拓展至"一带一路"金融机构资产,并逐步放开。

4. 打造一批更高开放度的跨境金融功能型平台

发挥上海人民币资产中心的作用,助力人民币国际化发展。围绕跨境股权投资、债权投资、财资管理、大宗商品、离岸贸易信息采集等功能定位,建立功能性跨境交易平台,提升上海跨境人民币枢纽功能。

(五)打造国际一流的金融发展生态

1. 积极探索建立覆盖全市场的综合性金融监管机制和风险监测体系

在现有金融监管框架基础上,进一步加强信息沟通和监管协调,积极探索金融综合监管

---

① 探索在自由贸易账户体系下,适当放宽跨境再保险业务保费收入的境外投资限制,允许跨境外汇再保险业务的保费收入直接开展境外投资,并在一定规模内不占用 QDII 额度。

② 包括但不限于:允许证券公司试点跨境经纪、外汇保证金等业务;试点开展账户贵金属、账户商品等柜台交易业务;允许证券公司独立业务单元的自有资金与境外联通,与境外主体进行交易结算;鼓励证券公司借助自营交易投资功能在区内创设满足基本需求、有自身特色的金融产品,为区内实体企业和符合条件的个人提供财富管理服务。

③ 跨境收益互换是扩充 FT 账户投资功能的一个重要创新,是境内投资人以人民币资产作为保证金提供相应投资方案要求金融机构在境外以等额外币进行海外资产配置,并按照最终的投资收益进行结算的方式,以达到境内投资者获取相应海外资产的方式。

④ 目前上海设立 QFLP 需要联审小组审议后再办理工商登记,在联审阶段要求申请机构提供非常详细的资料。

和功能监管。在跨境金融领域建立容错纠错机制①,鼓励金融机构先行先试。放宽银监创新互动机制的比照办理功能②,有批准先例的类似业务金融机构可以比照办理或采用备案机制,逐步推动创新互动机制从一事一议转变为准则的推广固定。

2.研究开展金融数据安全有序跨境流动

探索建立安全评估和分层分类机制。一是探索建立白名单机制。根据我国信息保护状况及对等措施,将部分地区纳入可自由流动的国家与地区。对于不符合白名单的地区,通过隐私盾或其他条款引导数据的跨境传输。二是根据安全评估的主要标准,建立指引性的数据跨境流动协议范本,类似于欧盟标准合同范本,引导企业在数据出境中,通过合同法律机制来管控数据出境风险。三是对不同性质的数据采取分类管理方法。不仅区分个人数据、重要数据,形成对应的跨境流动管理策略,也可进一步在管理实践中,根据数据的安全属性进行梯度性管理。四是鼓励行业协会及其他自律组织参与安全评估。作为市场机制补充,在安全评估中发挥作用,从而建立可落地实施,具有活力的数据管理秩序。

参考文献

[1] 巴曙松.在香港建设亚洲 ICSD 有利于加快人民币国际化进程[N].第一财经,2019 - 11 - 18.

[2] 高金智库课题组.临港新片区三周年总结评估资金自由专题报告[R].上海市地方金融监督管理局课题,2022.

[3] 高金智库课题组.五个中心升级版调研报告[R].上海市地方金融监督管理局课题,2022.

[4] 国际金融中心发展报告编写组.国际金融中心发展报告[M].北京:中国金融出版社,2022.

[5] 国家外汇管理局上海市分局.关于在中国(上海)自由贸易试验区临港新片区开展外债登记管理改革试点的通知[R].2020.

[6] 国家外汇管理局上海市分局.中国(上海)自由贸易试验区临港新片区开展跨境贸易投资高水平开放外汇管理改革试点实施细则[R].2022.

[7] 国家外汇管理局上海市分局、新片区管委会.跨境资金流动数据信息交流合作协议[R].2021.

[8] 国务院.中国(上海)自由贸易试验区临港新片区总体方案[R].2019.

[9] 国务院.关于构建更加完善的要素市场化配置体制机制的意见[R].2020.

[10] 横琴粤澳深度合作区执行委员会.横琴粤澳深度合作区支持企业赴澳门发行公司债券

---

① 深圳前海出台了《关于建设先行示范鼓励改革创新进一步强化容错纠错机制的若干规定》,为前海深化改革创新提供有力制度保障。

② 目前,银监创新监管互动机制下已核准项目不能比照办理,对于获批的单个项目,再遇到类似的项目需再次上报银监局核准,增加了金融机构的合规成本。

专项扶持办法(暂行)[R].2022.

[11] 虹桥商务区管委会等.关于支持虹桥商务区企业开立自由贸易账户有关事项的通知[R].2021.

[12] 金鹏辉.围绕国家战略定位建设上海国际金融中心[J].中国金融,2022(18).

[13] 类承曜.债券市场对外开放:从历史到未来[J].中国外汇,2021(22).

[14] 临港新片区.加快建设跨境资产管理示范区的若干措施[R].2021.

[15] 临港新片区管委会,等.中国(上海)自由贸易试验区临港新片区促进离岸贸易高质量发展的若干措施[R].2021.

[16] 刘晓春,等.人民币跨境支付系统(CIPS)与上海跨境金融服务发展研究[R].高金智库课题,2022.

[17] 上海市人民政府.关于促进中国(上海)自由贸易试验区临港新片区高质量发展实施特殊支持政策的若干意见[R].2019.

[18] 上海市人民政府.上海国际金融中心建设"十四五"规划[R].2021.

[19] 上海市人民政府.上海市能源发展"十四五"规划[R].2022.

[20] 上海市人民政府.关于推动向新城导入功能的实施方案[R].2022.

[21] 上海市人民政府.关于全面做好企业复工复产和稳外贸稳外资稳投资金融服务的若干意见[R].2020.

[22] 上海市人民政府.关于加快推进上海全球资产管理中心建设的若干意见[R].2021.

[23] 上海银保监局.上海银行业和保险业在临港新片区开展跨境金融服务的研究探索[R].2020.

[24] 上海银保监局.中国(上海)自贸试验区银行业务创新监管互动机制[R].2020.

[25] 上海银保监局.新片区管委会.战略合作备忘录[R].2021.

[26] 上海证券交易所,中国证券登记结算有限责任公司.境外机构投资者债券交易及登记结算业务实施细则[R].2022.

[27] 深圳前海.关于建设先行示范鼓励改革创新进一步强化容错纠错机制的若干规定[R].2020.

[28] 解冬.全国政协委员解冬:上海自贸区离岸债券市场需加速完善[N].中国经营报,2022-03-04.

[29] 徐燕燕.债券通这五年:从千亿外资向北流,到南北双向开放[N].第一财经,2022-06-30.

[30] 杨小平.CIPS在云南周边国家的覆盖面、影响力仍然有限[J].中国金融家,2021(03).

[31] 张春.资本账户开放与离岸金融中心建设[J].中国金融,2020(18).

[32] 张春,蒋一乐.新片区账户体系创新研究[R].高金智库研究课题,2020.

[33] 张杨.上海油、上海铜、上海金等话语权不断增加"上海价格"与全球金融中心并跑[N].解放日报,2022-07-14.

[34] 中国人民银行.关于支持外贸新业态跨境人民币结算的通知[R].2022.

[35] 中国人民银行.贷款通则[R].1996.

[36] 中国人民银行.关于境外人民币清算行等三类机构运用人民币投资银行间债券市场试点有关事宜的通知[R].2010.

[37] 中国人民银行.中国人民银行关于全口径跨境融资宏观审慎管理有关事宜的通知[R].2016.

[38] 中国人民银行.2022年人民币国际化报告[R].2022.

[39] 中国人民银行,等.关于进一步加快推进上海国际金融中心建设和金融支持长三角一体化发展的意见[R].2020.

[40] 中国人民银行,等.关于进一步便利境外机构投资者投资中国债券市场有关事宜[R].2022.

[41] 中国人民银行,等.关于规范金融机构同业业务的通知[R].2014.

[42] 中国人民银行,等.进一步推进中国(上海)自由贸易试验区金融开放创新试点加快上海国际金融中心建设方案[R].2016.

[43] 中国人民银行,等.关于银行业金融机构境外贷款业务有关事宜的通知[R].2022.

[44] 中国人民银行上海总部.关于切实做好中国(上海)自由贸易试验区反洗钱和反恐怖融资工作的通知[R].2014.

[45] 中国人民银行上海总部.中国(上海)自由贸易试验区分账核算业务实施细则(试行)[R].2014.

[46] 中国人民银行上海总部.中国(上海)自由贸易试验区分账核算与风险审慎管理细则[R].2014.

[47] 中国人民银行上海总部.关于进一步拓展自贸试验区跨境金融服务功能支持科技创新和实体经济的通知[R].2016.

[48] 中国人民银行上海总部.关于明确自由贸易账户支持上海发展离岸经贸业务有关事项的通知[R].2020.

[49] 中国人民银行上海总部.中国(上海)自由贸易试验区临港新片区境内贸易融资资产跨境转让业务操作指引(试行)[R].2020.

[50] 中国人民银行上海总部.关于进一步做好金融支持疫情防控和经济社会发展工作的指导意见[R].2022.

[51] 中国银监会.固定资产贷款管理暂行办法[R].2009.

[52] 中国银监会.项目融资业务指引[R].2009.

[53] 中国银监会.流动资金贷款管理暂行办法[R].2010.

[54] 中国银监会.个人贷款管理暂行办法[R].2010.

[55] 中国银监会.关于进一步规范银行业金融机构信贷资产转让业务的通知[R].2010.

[56] 中国银监会.银团贷款业务指引[R].2011.

［57］中国银监会.金融机构衍生产品交易业务管理暂行办法［R］.2011.

［58］中国银监会.商业银行并购贷款风险管理指引［R］.2015.

［59］中国证券登记结算有限责任公司.内地与香港股票市场交易互联互通机制登记、存管、结算业务实施细则［R］.2022.

城市能级提升专栏研究

引　言

　　21世纪以来,世界"全球城市"网络体系快速发展,全球城市加速崛起、人口高度集聚、国际连接性显著增强。一国全球城市的竞争力已经成为国家综合国力的根本体现,国家间竞争已经被具体化为各全球城市及其腹地区域之间的竞争。提升全球城市能级水平、代表国家参与国际竞争成为世界各区域全球城市的重要使命。上海作为我国最大经济中心和长三角城市群核心,早已纳入全球城市体系之中,是我国经济发展水平最高的国际化大都市,在构建以国内大循环为主体、国内国际双循环相互促进的新发展格局中,承担着带动长三角、长江流域乃至全国经济高质量发展和高水平对外开放的重要使命,实现上海全球城市能级提升需要引起高度重视。

　　城市能级(urban competitiveness ranking),是指一个城市因具备某种或诸种功能对外部世界产生的影响,主要体现在两个方面:一是城市的吸引力和集聚力,二是城市的竞争力和辐射力。从国内城市的能级情况来看,长期以来,上海总体上名列前茅,尤其在经济、金融等方面拥有极强的资源配置能力和辐射影响力。2017年,《上海市城市总体规划(2017—2035年)》指出,上海将加速推进国际经济、金融、贸易、航运、科技创新"五个中心"建设,努力建成卓越的全球城市和具有世界影响力的社会主义现代化国际大都市,并明确提及了"强化上海全球城市功能能级"①。时至今日,在《总体规划》引领的5年时间里,上海及长三角城市群的城市能级又实现了显著提升。在金融领域,上海逐渐成为全球金融要素市场最集聚的城市之一,随着证券、期货、银行间债券、外汇、货币等金融市场双向开放的步伐加快,上海国际金融中心的影响力与能级日益增强,全球金融资源的配置能力和辐射能力也逐步提升②。

　　然而,我们也应清醒地认识到,与纽约、伦敦等公认的高能级全球城市相比,上海在城市综合实力、功能能级、区域带动能力、开放水平等方面,仍存在较大提升空间,国际竞争力和影响力还有待加强③。在构建国内国际双循环的新发展格局背景下,上海未来城市建设发展、能级提升的关键点应统筹兼顾国内国际两个大局。一方面作为长三角世界级城市群的核心城市,持续推动区域高质量一体化、协同化建设发展,努力实现长三角区域要素有序自由流动,逐步消除行政壁垒,建立统一开放的市场体系;另一方面作为不断崛起中的全球城市,不断推动"五个中心"建设,尤其是作为国际金融中心,积极利用政策优势、区位优势进一步推动金融领域对外开放水平。

---

　　①　《上海市城市总体规划(2017—2035年)》,https://www.shanghai.gov.cn/newshanghai/xxgkfj/2035002.pdf.
　　②　缪琦.上海城市能级五年明显提升 接下来要打造"五个中心"升级版[N].第一财经日报,2022-06-17(A05).
　　③　周振华.活力之都:上海迈向全球城市的基本内功[N].文汇报,2014-02-10(010).

浦东引领区金融开放研究

子课题①负责人：李明良

内容摘要：我国金融业对外开放取得了积极进展，但在全球单边主义、保护主义升温的复杂环境下，持续抓好金融业对外开放承诺落实，对标开放程度较高的国际标准，推动更高水平金融开放，提高我国金融机构服务水平以及防风险能力，既是构建国内国际双循环的必然要求，也是进一步提升服务实体经济能力的重要保障。中国是全球第二大经济体，唯有持续抓好金融业对外开放，才能不断扩大我国的全球经济金融影响力，加深在国际事务中的话语权，中国金融业本身才能不断获得发展新动能，为中国经济进一步崛起营造有利氛围，也是上海建设国际金融中心愿景的重要目标。

2021年发布的《中共中央 国务院关于支持浦东新区高水平改革开放打造社会主义现代化建设引领区的意见》（下称《意见》），赋予浦东新区改革开放新的重大任务。在浦东引领区推进金融开放，有助于走出我国金融开放新路径，统筹发展在岸业务和离岸业务，也有助于探索资本项目可兑换路径，推进人民币国际化进程。根据实现上海国际金融中心升级版两步走的建设目标，可以设想在2025年前通过在浦东引领区推进金融开放，打造人民币可兑换"试验田"，为上海到2035年稳步发展成为更高水平的国际金融中心打下坚实基础。

一、在浦东引领区推进功能完善、开放高效的金融市场体系建设

立足国内大循环和国内国际双循环，实现高水平对外开放，需要在浦东引领区建设包括资本市场、商品期货市场和人民币资产市场等，更加开放、更有国际影响力的金融市场体系。

（一）建设具有重大国际国内影响力、更加适应创新驱动发展模式、投融资并重的资本市场

进一步提升全球资源配置能级和效率，全力打造人民币及相关产品交易主平台和定价中心。以全面注册制为导向，深化资本市场全要素、全链条改革，强化服务科技创新和经济

---

① 本课题组由高金智库组织相关专家组成，课题组长：李明良，高金智库资深研究员、中国金融期货交易所资深法律专家；课题组成员：汪洋、王玮、齐冠云、吴尚尚。

高质量发展建设能力,将上海资本市场打造成为国内企业上市融资和支持科技创新的主平台。

一是充分发挥现有主板市场的平台作用。在主板市场实施"新蓝筹行动",通过进一步改革创新吸引和服务更多的优质企业到主板上市,更好支持经济社会高质量发展和实现共同富裕。

二是建设具有全球影响力的国际金融资产交易平台,引入国际发行人和国际化产品,成为国际国内资本双向流动与转化的战略支点。吸引一批中概股在国际金融资产交易平台上市。国际金融资产交易平台采用适应创新驱动发行上市模式、符合国际规范的交易制度以及高效安全的登记托管制度,全面引入国际发行人和国际化产品制度。既能吸引中概股回归,也能提供发展中国家的优质企业发行上市。可以设想 2025 年前,推动若干家"一带一路"和 RCEP 等地区的境外企业在平台发行上市。

三是推动债券市场基础设施一体化建设,全力打造服务"一带一路"、辐射全球的人民币债券发行和交易市场。深化与全球主要金融市场的互联互通,推动在投资者准入、资金跨境流动、监管规则等方面实现更高水平开放。以建设国际金融资产交易平台为抓手,建设全面开放的资本市场同时,也应提供辐射全球的人民币债券发行和交易服务。

四是配套提供全面的金融期货及期权交易体系,提供全面高效的风险管理工具。由于国内现有的股指期货和国债期货已有"特定品种对外开放机制",因此在国际金融资产交易平台上应该主要以新交易标的为主。除了新的交易指数标的外,考虑到人民币国际化的业务,重点应考虑推出人民币外汇期货和期权(场内)以及人民币短期利率期货及期权产品。具体可以考虑分两步走,先开展离岸交易(隔绝风险传递到在岸市场),并为以后在岸市场上市提供经验和借鉴。时机成熟后,再推广到在岸市场。

(二)打造对国内外开放的具有全球重要价格影响力的期货市场

打造具有全球重要价格影响力的期货市场,推动上海大宗商品重点期货品种在区域定价影响力上形成突破,提升系列重要大宗商品的全球定价能力。

一是构建满足实体经济产业链需求的系列化的期货品种体系,研究推进成品油、天然气、电力等期货产品上市,构建我国能源衍生品体系;积极布局钴、氢、氨等新能源相关品种,助力实体经济实现绿色转型;拓展商品期货期权、指数等其他衍生品市场,丰富大类资产工具类型。不断优化交易交割结算规则制度,进一步提升服务产业客户的能级。吸引更多银行保险等境内外中长期资金参与交易。

二是促进期货国际化集中交易,探索将上海国际能源交易中心升级为"国际期货交易所",引入国际会员,建立以市场为导向、同步面向国内国际市场的期货产品上市机制,形成能源化工、有色金属等对外开放品种序列,加快境内及海外交割仓库建设。深化黄金国际板建设,允许进出口黄金直接参与期货交割,促进实物黄金在期货、现货市场间顺畅流转,推动黄金期货国际化,开发以国际板白银定价合约为基准的白银 ETF 产品,探索开展离岸白银租借、白银库存充抵保证金等业务。持续研究国际板铂、钯等贵金属产品业务。

三是组建上海交易所集团,研究推动上海证券交易所、上海期货交易所、中国金融期货交易所、中国证券登记结算公司上海分公司等组建上海交易所集团,提升资本市场服务效率,形成覆盖期货期权的衍生品市场,增强上海面向国际的资本市场影响力,并对海外交易所开展并购。优化大宗商品交易的配套措施,在上海成立全国性大宗商品仓单注册登记中心股份有限公司,实现实体化运作。

(三)提升人民币金融资产配置中心和风险管理中心功能

一是建设跨境人民币资产交易平台并开展各类人民币资产跨境转让,包括但不限于信贷资产、票据和保险等。推动人民币信贷资产、票据、保险等金融要素在更大范围、更宽领域、更深层次的对外开放。同时研究在临港新片区设立跨境人民币资产交易平台,开展各类人民币资产跨境转让业务,进一步拓宽可转让资产范围。

二是设立专门的信贷资产跨境流转板块以促进转让行为的标准化和流程化。开展贸易融资资产、不良资产、银团贷款份额、基建信贷资产和银行承兑汇票贴现资产等跨境转让试点。按照"先试点,后推广"的原则,出台关于人民币资产跨境转让业务的试点要求及操作指引。

三是高标准建设国家级大型贵金属储备库。推动中国信登升级成为国际信托受益权交易市场,建设国际信托中心。

四是设立融资租赁交易所,破解行业流动性瓶颈和融资难题,更好服务航空航运、高端装备、新能源、医疗器械、半导体与芯片等重点产业转型升级与高质量发展。

二、建设种类丰富多元的金融产品体系

推进金融开放,离不开提升人民币相关金融产品定价能力和国际话语权,这就需要在浦东引领区构建健全和完善的人民币债券、利率、汇率等指数以及基准价格体系,因此,有必要建设种类丰富多元的人民币金融产品体系。

(一)开发相应人民币金融产品,推动"上海价格"在全球广泛使用

一是建立和完善具有全球影响力的人民币债券、利率、汇率等指数和基准价格体系,优化国债上海关键收益率(SKY)曲线、上海银行间同业拆放利率(Shibor)、贷款市场报价利率(LPR),推广CFETS人民币汇率指数的使用。

二是深化金融期货和衍生品市场发展,完善市场产品体系,在权益类、利率类、外汇类等金融衍生品中加大产品供给,积极推进人民币计价的金融期货和期权产品开发。

三是探索重大金融产品上市注册制,由金融市场报国家金融管理部门同意或备案后,自主决定产品上市发行,授权国家在沪金融管理部门对同一标的后续金融衍生产品上市实施

备案制。推动金融衍生品跨境跨市场发展,推动股指期货和国债期货扩大对外开放业务平稳落地,推动国内跨市场债券 ETF 以及银行间挂牌债券 ETF 的落地。

(二)强化金融对科技创新的服务功能

金融产品的丰富离不开相应的金融科技创新。

一是在浦东引领区打造"科技金融改革先行区",支持重点产业集群发展,推动科技金融服务向覆盖更广、服务更专、产品更精的方向发展。拓宽科技企业直接融资渠道,发挥科创板"试验田"作用和"头雁效应",建立更包容的上市标准,提高科创板科技创新培育孵化能级。

二是不断完善科创板上市、发行、交易等相关制度,完善再融资、并购重组、股权激励、股份减持等制度。率先推出"T+0"交易、取消个股涨跌幅限制等方式。创新特殊目的收购公司(SPAC)上市制度。推出科创板期权产品。吸引更多科技企业在科创板上市。推动上海股交中心、科创板以及主板之间的转板和联动发展。推动银行信贷与科技创新的有效融合。

三是探索适配科创企业特点的信贷审核机制和风控体系。创新推出风险投资信托计划(VCT)、技术支持证券(TBS)、公益科技基金、技术众筹等金融衍生品。打造"科技创新保险示范区",开展"科技保险创新沙盒"试点,为突破"卡脖子"技术的国家重大科研攻关和科技创新提供专业化、精准化、差异化的保险服务。

四是设立国家科技金融研究院,联合科技部、国家知识产权局等逐步建立技术估值标准。

(三)建设国际绿色金融枢纽

一是支持经济社会绿色低碳转型和可持续发展。会同"中国金融学会""绿色金融专业委员会"在沪设立"绿色金融标准研究院",牵头或参与绿色金融及转型金融相关标准的制订修订工作。推动国际合作与交流,研究建立"国际 ESG 发展合作组织",参与国际、国内 ESG 相关披露规则、会计准则等的研究与合作,打造 ESG 生态系统。

二是完善绿色产品服务供给。用好碳减排支持工具及各类支持绿色发展的专项再贷款,稳步提高绿色贷款占比。创新发行绿色债券,建立绿色债券项目储备。支持推出各类绿色保险。积极建设碳金融中心,推出更多碳融资工具、碳交易工具、碳金融支持工具等。建立健全"碳普惠"机制。

三是打造全球气候投融资中心,设立国家级专业化的气候投融资平台,开展相关政策支持、标准开发、产品创新、产融协调、系统支撑、项目库管理、项目对接、绩效评价、能力建设、国际合作等工作。同时设立国家级气候投融资基金,依托国家绿色发展基金等公共资金,采用公共部门引导、市场化投资的方式,充分利用来自金融机构及低成本国际气候基金的资金,发挥公共资金在降低绿色低碳项目投资不确定性、弥补绿色投资收益等方面的作用,引导社会资本更多投向气候友好型产业、气候创新项目等。

四是健全多层次巨灾风险分散机制,积极开展巨灾债券发行和交易。

(四)打造养老金融新高地

一是搭建全国性的养老投资管理平台,研究设立国家级企业年金管理机构。

二是创新养老金融产品体系,推动券商资管发行的资产管理计划纳入"个税递延型养老保险"的投资范围,对于第三支柱养老金,引入更多税项优惠和产品选项。积极拓展养老金投资组合的海外投资渠道。

三是推动国内外资金有序参与养老三支柱体系,鼓励外资资产管理机构参与养老基金市场。打通个人养老金账户与企业年金账户的衔接机制,引导个人加入第三支柱。

三、建设高效及安全的金融基础设施

加强金融开放,就需要强化金融基础设施在保障市场运行、连接金融机构、服务实体经济、防范金融风险、推动金融创新等的关键作用,建设具有国际先进水平的支付、登记、结算、清算、托管体系。

(一)完善跨境人民币支付清算系统(CIPS)全球网络覆盖和人民币核心支付通道功能

进一步提高 CIPS 国际影响力,提升网络覆盖的广度和深度。推进 CIPS 系统增加结算币种建设,鼓励开展多币种跨境清结算业务,在全球推广 CIPS 标准收发器,实现 7×24 小时清算。在推动银行间债券市场和交易所债券市场互联互通的基础上,健全跨境清算规则标准体系,增强 CIPS 规则标准权威性和指导性。

(二)建设包括国际领先的中央证券托管机构等在内的交易平台基础设施,加强跨境互联合作

一是研究建设亚洲国际中央证券托管机构,建立统一的市场运作机制和国际性的统一托管结算金融基建设施。加大在沪托管、结算、清算等基础设施数字化赋能,增强跨境互联合作。

二是支持城银清算代理非银持牌金融机构集中接入各类基础设施。分阶段建设覆盖全金融市场的交易报告库。

三是考虑依托上海数据交易所,开展金融数据交易,培育金融领域数据要素市场。

(三)建设具有全球重大影响力的金融科技中心

打造国际领先的金融科技生态圈,完善对金融科技企业的认定标准,支持境内外具有"硬科技"属性的金融科技企业在沪集聚并上市。

一是建设内容丰富、覆盖面广、引领细分领域的金融科技创新应用高地,深化资本市场金融科技创新、量化投资、保险科技等应用,推动在人工智能、大数据、隐私计算等领域推出重要研究成果,形成具有上海特色的系列标准,推动金融服务中小微企业和促进共同富裕水平显著提升。

二是推动数字人民币成为人民币国际化新支点,率先探索在跨境贸易和跨境电子商务等方面的应用。

三是推动金融科技监管创新,探索符合数字金融的监管方法,将部分金融科技和监管科技相关全国性监管职能放在上海,在沪建立全国金融风险监测中心。

四、培育更具创新力的金融机构体系

深化金融开放,推进国际金融中心建设就离不开建设与国际金融中心相匹配的金融机构,提升统筹发展在岸业务和离岸业务能力。而发展人民币离岸体系,集聚更多超大型、功能性、国际化金融机构,推动贸易投资高水平自由化便利化,深化全球资产管理中心建设,以及提升上海国际金融中心机构能级,会进一步促进金融开放。

(一)发展相对独立、功能强大的人民币离岸体系

依托临港新片区建立"离岸金融创新实践区",为我国扩大开放和深化改革探索新思路和新途径,成为我国深度融入经济全球化的重要载体。

一是在风险隔离前提下,率先形成本外币一体化的独立离岸账户体系,在风险可控的前提下,推动离岸账户和在岸账户从完全隔离过渡至离岸到在岸单向渗透、再过渡至双向渗透。发挥上海在岸的离岸优势,加强央行对人民币离岸市场流动性调控。扩大离岸银行试点范围,完善离岸银行开办人民币离岸账户服务的相关监测指标,明确证券、保险、基金公司等参与离岸业务的权责和具体细则。

二是支持在沪交易所等金融市场开展海外并购,扩大人民币离岸业务规模。依托中央结算公司上海总部面向国际投资者发行国债、地方政府债及自贸债,并探索在国际金融资产交易平台挂牌交易。支持由境外企业发行、面向国际投资者的标准人民币离岸债券。对离岸业务实行特殊税收政策,将一定交易量内的业务所得税降至 15% 及以下,对符合条件的离岸企业减免印花税和增值税。

三是加强离岸金融行业自律组织建设,实现对于交易微观层面的风险防控。参照国际惯例,大幅度提高违法离岸业务处罚金额和违法成本。推动科技赋能离岸市场监管体系,在沪建设"国家级跨境资金流动分析监测中心""外汇线索研判中心""离岸经贸业务监测中心(离岸通 2.0 版)""反洗钱筛查中心"等平台。

(二)推动贸易投资高水平自由化便利化

一是逐步推动非金融企业资本项目可兑换。探索"本币跨境支付"资本项目兑换模式,

用本币进行跨境资本交易支付后,在上海在岸的离岸中心实现自由兑换及离岸在岸有限双向渗透。

二是降低资本外流风险,推进人民币跨境支付系统的使用。深化外汇管理改革,赋予银行更多灵活性和自主权。完善跨国公司本外币一体化资金池,统一各类跨境资金池和优化服务功能,提升总部经济能级,支持跨国公司在沪集聚设立全球性或亚太区资金管理中心,开展全球资金集中管理业务。探索在自贸试验区率先全面实现人民币存贷款利率的市场化。扩大人民币在"一带一路"和 RCEP 区域中的使用,按照"本币优先"原则推动贸易投资使用人民币计价结算,不断完善境外人民币回流投资渠道,吸引全球投资者配置人民币资产。扩大自主借用外债试点的广度和深度。进一步提高在上海注册的非金融企业的跨境融资上限。

三是建全风险防范体系,完善各有关部门信息共享与合作机制。运用数字人民币等技术,提升对海外人民币资金的追踪监管能力。

(三)深化全球资产管理中心建设

打造内外协同的全球资产管理服务网络和信息网络,形成境内外多币种、直接融资和间接融资相结合、覆盖全市场的资产配置体系。

一是优化完善"沪港通""沪伦通"和"债券通"等金融市场互联互通安排。加快建设国内最大、联通全球的资产管理市场,开展全球理财通。进一步探索非管道式的高水平的互联互通安排,统一各准入框架下对各类证券和衍生品准入的规定,统一跨境资金划转规定。

二是推动资产管理机构体系和市场体系、产品体系深度融合,消除和打通银行理财公司、保险资管机构、信托公司等资管机构和资金进入各类金融市场的壁垒和冗余环节,推动人民币金融资产配置和风险管理中心建设,方便各类资管机构和资金开展"全球募资"和"全球投资"。

三是发展特殊资产市场,推动形成全国不动产投资信托基金(REITs)发行和交易中心。充分利用上海证券交易市场的优势,推出 REITs 上市板块,建立交易规则和监管规则。深化不动产投资信托基金作用,由基础资产拓展至保障性租赁住房、长租公寓、物流仓储、商品住宅等领域。

四是鼓励大型金融机构在沪设立和集聚金融市场交易、金融投资管理、财富中心、私人银行等功能性机构。培育资产管理领军机构。

(四)提升上海国际金融中心机构能级

一是通过"提能级、补短板、走出去"推动金融机构体系从"多而全"向"强而壮"发展,世界级的金融中心基本有超大型的金融机构作为支撑,积极争取若干家与上海有渊源或者有意愿的超大型银行业金融机构、保险集团和存款保险机构等功能性机构迁入上海,从根本上提升上海国际金融中心的机构能级和影响力。

二是研究设立国际再保险、政策性科技银行、科技保险集团等一批关键性、基础性金融主体,助力上海切实推动国际再保险中心建设和科技创新中心建设。强化开放枢纽门户功能,吸引更多外资来沪设立银行、保险、证券、基金、信托等机构,并依托上海发展壮大,成为在国内外具有重要影响力的金融企业。

三是打造上海金融"国家队",推动一批金融机构在"一带一路"和 RCEP 地区设立分支机构实现"走出去"和全球布局,提供与中国国家主导权和区域核心地位相匹配、与产业链分工重构和贸易重心转移相适应的跨境贸易人民币结算、投融资等服务,成为人民币国际化的桥头堡。推动国有企业、中资金融机构按"本币优先"原则率先在 RCEP 区域内的商品服务贸易和跨境投资中使用人民币结算。

四是在沪筹建一家"国际性金融资产管理公司"专注于国际不良资产管理业务。

五、营造国际一流的金融发展生态

强化顶层设计,持续增强金融改革发展稳定软实力,全面打造国际一流的金融发展生态,是做好上海国际金融中心建设,践行浦东引领区金融开放的制度保证。

(一)建立健全与上海国际金融中心建设战略规划和推动落实相适应的体制机制

一是强化顶层安排和指导,上海应在国务院金融主管部门的统筹指导下切实推进国际金融中心建设,形成定期研判、分析、部署、推动金融改革开放和发展稳定的工作机制。针对跨部委、跨市场、跨区域、跨国境难题,应积极开展专题研究,并寻求国务院金融主管部门支持,更好发挥上海国际金融中心在国家中长期发展格局中的战略牵引作用。

二是探索与上海"中心节点"和"战略链接"相适配的监管模式,充实国家在沪金融管理部门职能,赋予其有关上海国际金融中心特定政策制定、金融市场交易监管、金融机构设立审批、跨境金融风险监测预警处置等职能,协调推进中央与地方政策执行。

(二)持续优化金融营商环境

一是研究开展金融数据安全有序跨境流动,探索建立安全评估和分层分类机制。

二是研究建立具有国际竞争力的金融税制安排。

三是完善金融人才服务体系,研究制定国际职业资格证书对等认可制度,便利海外高层次紧缺金融人才在沪执业。对已有一线城市户籍的金融人才,来沪可直接办理落户。

四是在沪建设一批具有国际影响力的全球高端金融智库。加强与国际权威金融组织的合作与交流,力争其有关分支机构、分专业委员会、创新中心等落地上海。

（三）打造社会主义"金融法治试验区"

上海目前已成为世界排名第四位的国际金融中心[①]，仅次于纽约、伦敦、香港，地位尽显。为保障国际金融中心地位的稳固和持续健康发展，上海势必重视金融法治环境的健全和优化，实现全方位、深层次的金融法治创新，打造市场主体容错创新的试验场，拓宽上海国际金融中心的创新制度空间。根据《法治上海建设规划（2021—2025 年）》，建议从健全金融司法体系、完善金融法律体系和强化金融人才培养等三个方面入手，发挥上海优势，探索具有上海特色的金融法治生态模式。

1. 健全高效、公正、多元的金融司法体系

金融司法水平是衡量金融中心法治水平的重要因素。为建立健全高效、公正、多元的金融司法体系，上海应把工作重心放到金融司法机构建设和机制创新上来，进一步夯实金融领域的审判、检察、仲裁等机构基础，推动其国际化、专业化进程，并完善法律解释、管辖、法律适用等机制建设，探索具有中国特色的金融司法创新模式。

1）在金融司法机构建设方面

第一，深化金融审判机构改革，完善金融司法服务保障，指引金融业务发展。从各大国际金融中心发展建设的经验来看，金融审判机构的专业化程度是金融法治水平的重要标志，金融业务的发展和创新亦有赖司法层面的指引。作为全国首家金融法院，上海金融法院在近年来金融法治环境提升方面发挥了关键作用。为了适配上海国际金融中心的进一步改革和升级，上海金融法院于 2022 年 7 月发布《关于金融市场案例测试机制的规定（试行）》，以"案例测试机制"为抓手，深入研究司法功能的拓展和延伸。针对金融市场亟待明晰的重要、典型法律问题，综合鼓励和规范金融创新、防范金融风险、保护金融消费者、投资者合法权益等因素，通过测试案例的判决意见进行有效的规则指引，也为法律法规、司法解释等的制定积累经验。

第二，研究筹建专门化的金融检察机构，精准打击金融犯罪，有效防范金融风险。随着金融工具和金融科技的飞速发展，其中滋生的金融犯罪具有涉及面广、社会危害性大、发展变化快速等显著特征，有时还伴有跨国跨境属性，给检察机构审查办理案件带来很大挑战。为坚决打好防范化解重大金融风险攻坚战，坚决维护好金融稳定和金融安全，可借鉴法国巴黎等国际金融中心建立专业金融检察机构的经验，以上海市检察院下属的上海金融检察研究中心为依托，推进专门化金融检察机构的筹建。专门化的金融检察机构的管辖范围应覆盖证券期货、银行保险、金融科技等多领域犯罪，拥有金融刑事合规、金融刑事公益诉讼等复合职能，同时应加强行政执法和刑事司法衔接，与金融监管机构、自律组织保持密切沟通协作，为国家提供司法保障金融安全稳定的新鲜经验和可行方案。此外，金融检察机构应密切同国际组织和世界各国检察机构的联系，依法开展国际司法协助，打击跨国金融犯罪行为。

[①] 根据英国权威智库 Z/Yen 集团最新发布的第 31 期全球金融中心指数（GFCI 31）排序。

第三,促进国际金融仲裁机构建设,打造多元化的国际金融纠纷解决机制。2021 年,全国首家专业化的国际金融仲裁机构——贸仲证券期货金融国际仲裁中心正式落地上海,为上海国际经济贸易仲裁委员会、上海金融仲裁院等仲裁机构的国际化、专业化建设提供了良好范本。在国际金融仲裁机构的建设中,应在规则适用、仲裁程序、仲裁员选择等方面与国际接轨,落地"临时仲裁"等创新机制,吸纳具有金融和法律复合背景和知识储备的专家、律师、高校人员等符合条件的专业人士等进入仲裁专家库,引导证券期货等金融企业掌握国际新型金融规则,加强与金融监管部门和人民法院的对接,共建多元化的国际金融纠纷解决机制。

2)金融司法机制创新方面

第一,研究制定与高水平改革开放相配套的司法制度,试点金融"案例测试机制",缔造中国特色的金融审判规则。十四五时期,为落实中央支持上海浦东高水平改革开放、打造社会主义现代化建设引领区政策要求,应进一步完善"金融市场案例测试"等司法机制,为金融创新发展提供司法服务保障。针对金融领域前沿性、影响大的典型法律问题,根据金融机构或交易对手方的申请,司法机构对案例进行模拟审理,形成旨在指导金融业务实践和未来法院同类判决的审判意见,对当前金融交易规范进行必要补充。另外,可借鉴欧美国家的"判例法"经验,尝试通过一定方式将部分具有指导性的审判意见、解释结论进行固定,如建立金融司法案例库,或通过最高人民法院发布指导性案例等方式,并可考虑向国际社会推介典型案例,弘扬中国特色社会主义法治文化,形成具有国际影响力的中国特色金融审判规则。

第二,拓展金融审判机构的司法管辖权限,涵盖金融刑事案件和域外金融案件的管辖权。一是丰富案件管辖范围,增加金融刑事案件管辖权限。目前上海金融法院仅管辖金融民商事和金融行政案件,建议未来建立民事、行政、刑事案件"三合一"审判模式,更好处理涉及刑事犯罪以及民刑交叉的案件,防范金融风险和加强金融安全,推进国家治理体系和治理能力现代化。二是尊重当事人对管辖法院的选择,支持协议管辖制度。不论当事人在境内有无住所,只要该纠纷与中国存在一定法律上的联系或当事人自愿选择,甚至当事人协议将纯外国属性的金融争议提交审理时,上海金融法院试点受理。三是依法行使涉外金融纠纷司法管辖权。为应对美欧单边主义和"长臂管辖",建议建立司法对等机制,针对境外公司损害境内投资者合法权益的金融商事案件,上海金融法院有权管辖,以高效、及时解决国际金融纠纷,保护投资者权益。

第三,丰富涉外金融审判中的法律适用,吸收域外法律规则作为审判参考,充分运用外国法查明机制。当前,深圳前海自贸区已对于协议选择准据法有所突破。在涉外金融审判中,建议统筹考虑域外法律、司法判例、国际金融规则、惯例等,作为审判机构作出判决的参考。此外,从尊重国际金融活动习惯与自由意志的角度,可以试点扩大法律适用范围,允许当事人就实体法律选择达成合意,适用包括域外法律规则,运用外国法查明系统,完善对外国法律规则的适用。

2. 发挥浦东立法权限优势,完善国际金融中心法律体系

上海作为国际金融中心所面临的是时刻变化创新的金融生态,单纯依靠中央立法存在一定的滞后性,不足以有效调整区域内金融行为、防范金融风险,因而应考虑充分利用浦东的立法优势和既有的立法权限,并争取获得涉外金融法律的制定权限,完善金融中心法律规则体系。

1) 利用上海浦东新区立法权限优势,深化金融立法改革

根据全国人大常委会授权,浦东新区获得了"比照经济特区法规"的立法授权,同时授权在浦东新区变通适用国家法律、行政法规,浦东新区具备实施相对独立的金融法律制度的可行性。在浦东新区范围内,上海可利用此特殊立法优势,对于建设全球金融中心需要配套的各项金融法治改革措施,调法适用,豁免"地方性法规制定不得与国家法律和行政法规相抵触"的限制;对于暂无法律法规明确规定的领域,制定新规,为改革创新开路,也为全国性立法探索经验。

2) 充分行使既有地方立法权,优化金融发展法治环境

除利用特殊立法权限优势外,上海还应充分行使既有的地方立法权,立足金融法治试验区建设和上海国际金融中心建设实际,在现有的法律框架内,制定与金融发展环境相关的规范,如自由贸易区商事注销条例、个人破产条例等,特别在金融科技创新、城市数字化转型、绿色金融、商事争端解决等领域,加快建设充分体现中国特色社会主义法治文化且与国际通行规则接轨的高水平金融规则体系,在试验区内先行试点,为全国积累可复制、可推广的经验。

3) 吸纳国际经验,完善涉外金融法律规范制定

针对涉外金融法律的制定,充分发挥上海浦东新区"法治试验田"作用,先行探索研究。在制定涉外金融法律的过程中,可以考虑把国内具有指导性的涉外金融案例判决意见、域外金融法律规则、国际金融惯例等以一定方式固定,内化为区域性金融规范,供司法机构适用。为保证涉外金融法律规范的专业性、科学性,可以考虑借鉴相关领域的国际经验和行业最佳实践。

3. 重视金融法律人才培养,为国际金融中心法制建设提供充足的中坚力量

1) 拓宽金融司法人才选任路径,组建一支多元专业的金融司法队伍

建议试点优化金融审判人员、金融检察人员入额机制,允许采用合同制招聘审判辅助人员,吸引社会上优秀的律师、仲裁员、高校法律专家等高端金融法治人才加入协助审判。另外,借鉴"陪审制度"经验,试点金融审判专家辅助制度,支持符合条件的金融专业人士担任审判辅助人员,就司法判决提供辅助意见。

2) 优化金融法律服务环境,打造一批专业型、复合型金融律师群体

为适配国际金融中心发展趋势,培育优质的金融法律服务环境,应进一步有序引入国际金融市场兼容的中介机构,逐步建立和优化与之配套的法律服务环境。具体到金融律师的成长发展方面,应重视建立健全激励机制和在职培养机制,形成一批对证券市场和期货衍生

品市场具有深刻理解的律师群体。

3）重视金融法律教育发展，储备一批理论和实践知识兼备的金融法律生力军

利用上海高等院校的先发优势，以国内和上海知名高等法学院校为载体和培养基地，加强金融法律人才培养的投入，构建更具复合型、国际化的培养模式。

参考文献

[1] 肖本华.上海自贸试验区临港新片区发展金融交易平台思路和举措[J].科学发展,2020(07).

[2] 证监会.加快试点改革步伐 为长三角一体化提供资本市场支持[J].宏观经济管理,2021(12).

[3] 姚林.我国商品期货国际定价影响力研究[J].价格理论与实践,2018(11).

[4] 任新建,李浩,张苑.论打造全球人民币资产交易、定价和清算中心对上海国际金融中心建设的战略意义[J].上海金融,2012(01).

[5] 主力军.我国促进科技创新的金融路径选择与完善——以德国科创板为研究视角[J].中国发展,2023,23(03).

[6] 田璐.上海建设人民币离岸金融交易中心的创新经验与启示[J].对外经贸实务,2021(08).

[7] 乔依德,范晓轩,谭旻等.上海自贸试验区临港新片区统筹发展离岸和在岸业务研究[J].科学发展,2021(04).

[8] 王方宏.离岸金融税收安排的国际经验和海南探索[J].海南金融,2022(02).

[9] 刘辉.论我国自贸区离岸金融的法律监管[J].经济法论坛,2018,20(01).

[10] 李学武."一带一路"中落实本币优先实践[J].中国金融,2019(21).

[11] 吴婷婷,刘格妍.RCEP视角下的人民币国际化发展路径研究[J].金融理论与教学,2023(02).

[12] 张莫."跨境理财通"推动金融市场互联互通机制再深化[N].经济参考报,2021-09-14(001).

[13] 丁元泽.上海建设全球资产管理中心战略研究[J].科学发展,2021(12).

[14] 吕晓光.推动建设开放型世界经济 提升上海国际金融中心能级[J].智慧中国,2022(11).

[15] 宋澜."一带一路"倡议中上海金融国企"走出去"的法律问题及应对[J].上海市经济管理干部学院学报,2017,15(04).

[16] 金鹏辉.围绕国家战略定位建设上海国际金融中心[J].中国金融,2022(18).

[17] 金鹏辉.提升上海国际金融中心能级[J].中国金融,2019(15).

[18] 吴弘,许国梁.营造上海金融法治试验区的思考[J].上海经济,2021(05).

[19] 王雨乔."一体双峰":临港新片区金融法治建设初探[J].中国外资,2022(11).

［20］法治上海建设规划（2021—2025 年）［EB/OL］.https：//www.shanghai.gov.cn/nw12344/20210406/854f75c63fa4498aa62d5a7447855a9f.html.

［21］上海金融法院首发《关于金融市场案例测试机制的规定》［EB/OL］.https：//www.hshfy.sh.cn/shfy/web/xxnr.jsp？pa＝aaWQ9MjAyNzk2NzQmeGg9MSZsbWRtPWxtMTcxMTcxMjcxMTcxMjc xMTcxMjcxMjc xz.

［22］乔芳娥.金融市场案例测试机制：内容特征、运作程序与价值功能——兼论金融司法审判创新试验［J］.南方金融,2022(08).

［23］施鹏鹏.法国："立竿见影"的金融检察院［N］.检察日报,2018(03).

［24］彭奕,彭小铮.涉外民商事审判中的自由裁量权探析——以金融危机应对和指导性案例为中心［J］.河南财经政法大学学报,2012,27(06).

［25］王春业.论我国立法被授权主体的扩容——以授权上海制定浦东新区法规为例［J］.政治与法律,2022(09).

［26］黄一灵.支持浦东新区探索金融领域立法［N］.中国证券报,2022‐03‐05(A03).

［27］牛韧,刘永琴,马晓宾.上海金融人才国际化发展研究［J］.党政论坛,2018(05).

［28］中国人民银行上海总部专项课题组.上海国际金融中心升级版新使命新内容新对策［J］.科学发展,2023(01).

长三角金融一体化发展研究

子课题[①]负责人：韩汉君

内容摘要： 本报告主要研究长三角一体化背景下的长三角金融一体化发展与上海国际金融中心建设相互支持、相互促进的互动关系。报告认为，长三角地区的金融业发展及正在快速推进的金融一体化发展，是上海国际金融中心建设的重要组成部分，上海国际金融中心的建设非常需要长三角地区合作共建，共同参与上海国际金融中心的建设。另一方面，上海国际金融中心在继续加强金融中心自身建设和发展、显著提升金融中心能级的同时，还要继续增强金融支持长三角一体化发展的作用，推动长三角地区实现高质量、一体化发展。

报告详细分析长三角三省一市金融业发展状况，评估其主要发展成就和在全国金融业体系中的地位。重点分析了长三角金融一体化发展中面临的主要问题，指出由于行政区划、金融监管体系等方面的体制性因素，金融机构跨区域经营一直受到严格限制，导致金融资源跨区域流动受限，从而也制约了金融资源的有效配置和利用。报告研究了长三角金融一体化发展的主要路径和机制，并针对长三角金融一体化发展面临的主要问题提出相应的对策建议，认为应加快推进长三角金融一体化发展的基础设施建设，同时应充分依靠科技进步、强调金融政策协调。

2018 年 11 月，习近平总书记在首届中国国际进口博览会开幕式上宣布，支持长江三角洲区域一体化发展并上升为国家战略，这标志着长三角进入了更高质量一体化发展的新的历史阶段。上海国际金融中心建设多年来一直是在国家层面推进的重大战略，2020 年实现了基本建成的目标。在长三角一体化上升为国家战略的同时，国家层面相关部委也相继推出了一系列重要政策，进一步推进长三角一体化发展和上海国际金融中心建设。长三角金融一体化是长三角一体化发展的重要组成部分，也必将在上海国际金融中心新一轮建设和发展中发挥重要作用。在各方的共同努力和全面协调之下，两大国家战略相互融合、相互促进已成共识，并将在未来的长三角高质量一体化发展中发挥出更大的能量。

---

① 本课题组由高金智库组织相关专家组成，课题组长：韩汉君，高金智库资深研究员、上海社会科学院经济研究所副所长；课题组成员：汪洋、张逸辰。

一、长三角金融一体化发展与上海国际金融中心建设的互动关系

根据 2019 年 12 月中共中央、国务院印发的《长江三角洲区域一体化发展规划纲要》（以下简称《纲要》），长三角一体化发展主要包含以下内容：①跨界区域、城市乡村等区域板块一体化发展；②科创产业、基础设施、生态环境、公共服务等领域基本实现一体化发展；③全面建立一体化发展的体制机制。

长三角金融一体化是长三角一体化的重要组成部分，并且对长三角一体化发展起到重要的支持作用。根据《纲要》的顶层设计，长三角金融一体化主要体现在金融要素市场的一体化，以及与投资贸易相关联的金融交易自由化便利化。从长三角一体化发展的实际情况出发，长三角金融一体化的要义是金融要素资源在长三角各地区间的自由流动，以及各地区在金融活动、金融市场、金融政策等方面的相互协调、相互依赖和相互渗透而形成的一个整体；并进一步在上海国际金融中心的辐射带动和支持下，长三角区域内的金融资源配置持续优化，金融效率不断提升。

因此，在长三角一体化发展的背景下，长三角金融一体化与上海国际金融中心建设之间相互支持、相互促进的互动关系，主要体现在以下几个方面。

（一）长三角金融一体化发展是上海国际金融中心建设的重要组成部分

虽然上海国际金融中心建设的主要载体在上海，但在长三角一体化发展的背景下，上海的金融中心建设与周边的长三角地区存在千丝万缕的联系，这意味着，上海金融中心的金融市场、金融机构的空间布局以及金融功能的建设，都会涉及长三角地区。因此，促进长三角地区的金融业发展以及进一步地推动长三角地区金融的一体化发展，本身都是建设上海国际金融中心的重要组成部分。

与此紧密关联的一点就是，我们一直主张上海国际金融中心的建设不仅仅是上海的事情，也是长三角地区共同的事情，因此非常需要长三角地区一起参与金融中心的建设。只有这样，上海国际金融中心的运行和发展才会有更加充裕的空间和更加坚实的实体经济基础，而这些都是加速上海国际金融中心下一步发展的必要条件。当然，显然可以更加肯定的一点是，当长三角地区合作共建上海金融中心、长三角金融一体化成为上海国际金融中心建设的重要组成部分的时候，上海国际金融中心积极支持长三角地区经济高质量发展，也就更加富有成效。

（二）上海国际金融中心建设强化金融支持长三角一体化发展

根据《上海国际金融中心建设"十四五"规划》制定的发展目标，到 2025 年，上海国际金融中心能级显著提升，服务全国经济高质量发展作用进一步凸显。据此，并结合长三角一体化发展战略实际情况，上海国际金融中心下一步应继续重视金融中心自身的建设和发展，同

时要继续增强金融支持长三角一体化发展的作用。

1. 上海国际金融中心要进一步加强自身的建设和发展，提升金融中心作用能级

在基本建成上海国际金融中心的基础上，进一步加强金融中心自身的功能建设，是有效发挥上海金融中心的辐射带动作用和金融支持经济高质量发展的作用的必要前提。

首先，要进一步拓展各金融市场发展规模，完善市场功能，以更加有效地配置金融资源。我们始终认为，上海国际金融中心的市场拓展应以发展提供直接融资的证券市场为主。所以，近期应重视多层次资本市场的建设和发展，中长期则要重视与人民币国际化进程相适应的金融市场发展，特别是人民币外汇期货市场发展。

其次，从金融服务实体经济的方向出发，重点发展绿色金融，服务绿色经济发展，支持经济低碳和可持续发展；发展科技金融，支持科技创新和产业发展。

再次，重视金融科技发展和应用。在科技发展突飞猛进、科技在金融领域的应用日新月异的背景下，金融市场发展、金融产品创新等都要重视和依靠金融科技。重视金融科技产业的集聚，加大金融科技关键技术研发力度，提升对金融产品、金融服务、金融监管创新的支撑能力。

最后，上海国际金融中心所有这些方面的发展，当然都要在加强金融监管、有效防范金融风险的前提下有序推进。上海国际金融中心尤其需要构建与金融开放创新相适应的风险管理体系和金融监管体系。

2. 上海国际金融中心建设要增强金融支持长三角一体化发展的作用

上海国际金融中心建设要支持国民经济高质量发展，具体落实到支持长三角高质量、一体化发展，就是要强化对长三角产业发展、城市发展的金融支持。

在金融支持长三角产业发展方面，主要体现在：①支持新能源、信息技术、生物医药、环保节能、高端装备制造等新兴战略性产业；②支持企业科技研发及创新协同；③支持新兴产业的空间布局和集聚，构建高效安全的产业供应链；④支持企业参与国际市场竞争，提升区域国际竞争力。

在金融支持城市建设和发展方面，主要是支持长三角区域内的交通运输、信息网络等基础设施建设，以及区域内城市更新建设，以为长三角当前经济社会的一体化、高质量发展提供强有力的基础设施支撑。

二、长三角金融一体化发展现状及面临的问题

（一）长三角金融一体化发展进程

从比较宽泛的意义上说，长三角金融一体化发展始于上海国际金融中心建设和长三角各地金融业的常规发展。随着长三角一体化发展的持续推进，特别是在长三角一体化发展作为国家战略确立之后，长三角金融一体化发展的目标更加明确，相应的金融一体化发展机

制加速形成并有效推进。

在具体落实过程中,长三角金融一体化发展包含两个层面的意思:其一是推进金融业进一步纵向发展,为长三角一体化作出积极推进的作用;其二是促进区域间金融业一体化的横向协调,做到数据共享、业务互通互认,并协同推进跨区域的金融发展。从这两个意义讲,长三角金融一体化可以看成是长三角一体化与区域金融业发展相结合的过程。

1. 长三角金融一体化发展协调机制确立

1986年7月,中共上海市委、市政府在上报中共中央、国务院的《上海市城市总体规划方案》中提出设想:"……在陆家嘴附近形成新的金融、贸易中心,成为上海市中心的延续部分。"同年,国务院在批复《上海城市总体规划方案》中进一步指出:"……在浦东发展金融、贸易、科技、文教和商业服务设施……使浦东地区成为现代化新区。"至此,上海金融领域的建设大规模开始,并与长三角城市群的发展有机结合在一起。在日后的发展过程中,长三角城市群将逐步受益于上海金融功能的溢出效应。

1990年4月,上海浦东新区开发开放正式启动。为了将上海建设成国际金融中心,国务院批准建立上海陆家嘴金融贸易区。1992年,党的十四大报告以上海浦东开发开放为龙头,带动长三角和整个长江流域地区经济发展作为重要战略部署。此后,长三角城市经济合作和协调机制建立并逐步完善。截至2005年,长三角一体化发展、长三角金融一体化发展的协调机制基本确立。

2. 长三角金融一体化目标的进一步明确

2009年3月25日,国务院颁布了《国务院关于推进上海加快发展现代服务业和先进制造业建设国际金融中心和国际航运中心的意见》(国发【2009】19号,以下简称《意见》),提出上海到2020年,基本建成与我国经济实力以及人民币国际地位相适应的国际金融中心。

首先,《意见》明确了上海作为长三角龙头城市的金融业发展目标,为长三角金融一体化的远景目标打下坚实基础。意见同时提出:到2020年,上海基本建成与我国经济实力以及人民币国际地位相适应的国际金融中心。目前这一目标已经实现。同时,在上海建设国际金融中心的过程中,长三角其他地区的金融业也获得较快的发展。

其次,《意见》明确了上海国际金融中心建设的核心任务是不断拓展金融市场的广度和深度,形成比较发达的多功能、多层次的金融市场体系。《意见》提出的多项推进举措,虽然主要是为建设上海国际金融中心,但实际上也涉及长三角金融一体化和中国金融发展的整体改革和创新。

2010年5月24日,国务院正式批准实施《长江三角洲地区区域规划》(以下简称《规划》)。《规划》强调科学发展、和谐发展、率先发展、一体化发展。在战略定位方面,《规划》指出,长三角是亚太地区重要的国际门户,围绕上海国际经济、金融、贸易和航运中心建设,打造在亚太乃至全球有重要影响力的国际金融服务体系。在产业发展与布局中,《规划》提出,推进上海国际金融中心建设,进一步健全金融市场体系,加快金融产品、服务、管理和组织机构创新,促进金融业发展。可见,在国家层面已经明确,长三角金融一体化发展应围绕上海金融中心建设,充分依托上海发达的金融业,进行业务深化并不断扩大辐射范围。

3. 长三角金融一体化进入深化实践阶段

2018 年以来,长三角金融一体化进行了更深一步的实质性推进。2018 年 6 月 1 日,长三角地区主要领导座谈会在上海召开。这次会议认真贯彻习近平总书记关于长三角地区一体化发展的重要指示精神,以"聚焦高质量,聚力一体化"为主题,全面分析了新时代长三角地区一体化发展的新内涵新要求,围绕长三角地区实现更高质量的一体化发展要求,着重做好规划对接、加强战略协同、深化专题合作、统一市场建设、创新合作机制等方面的工作。

2018 年 11 月,习近平总书记在首届中国国际进口博览会开幕式上宣布"支持长江三角洲区域一体化发展并上升为国家战略",标志着长三角进入了更高质量一体化发展的新的历史阶段。

2019 年 5 月,中央政治局会议审议了《长江三角洲区域一体化发展规划纲要》(以下简称《纲要》),《纲要》指出,长三角城市应当加强各类资本市场分工协作,加快金融领域协同改革和创新,促进资本跨区域有序自由流动。同时,《纲要》提出多项加强长三角金融协调和一体化发展的实施举措。至此,长三角金融一体化有了可落实、可推进的具体规划。

与此同时,国家相关部委也相继推出了一系列支持政策,如 2020 年 2 月 14 日中国人民银行等发布《关于进一步加快推进上海国际金融中心建设和金融支持长三角一体化发展的意见》(银发【2020】46 号),以上海作为国际金融中心这一特殊的职能,促进长三角金融一体化。

(二)长三角三省一市金融发展状况

1. 长三角三省一市金融发展主要指标

自长三角金融一体化进入深入实践阶段以来,长三角金融业发展呈现出竞争力稳步提升、协调性不断增强的态势。本报告选取金融业增加值占 GDP 比重、人均金融业增加值、存贷款余额、社会融资总额、保费收入、保费收入结构、金融机构数量、金融业从业人员占比、上市公司数量等指标,来衡量长三角地区金融业发展状况;以企业债券融资总额、非金融企业股票融资总额衡量地区间接融资结构的变化;并以北京大学数字普惠金融指数和不良贷款比率作为金融业健康程度的度量,对 2018 年以来长三角三省一市金融业发展状况进行整体分析。

从金融业增加值占 GDP 比重和人均金融业增加值来看,上海市近几年发展较快,且在三省一市中具有遥遥领先的地位。2021 年,上海市金融业增加值占 GDP 的比重为18.45%,高于浙江省的 8.38%、江苏省的 7.88% 和安徽省的 6.47%(见图 1)。从人均金融业增加值来看,上海自 2018 年至 2021 年,人均金融业增加值增长了 8 200 元,远高于江苏的 2 700 元、浙江的 2 200 元以及安徽的 1 000 元(见图 2)。这体现出上海作为国际金融中心,在长三角金融一体化过程中所起到的引领作用。

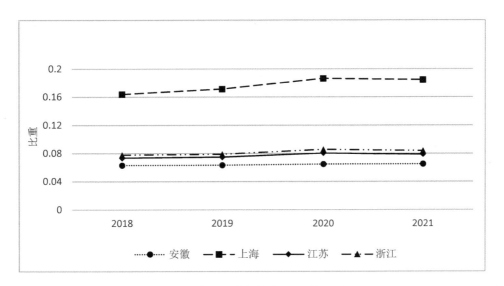

图 1　金融业增加值占 GDP 的比重

数据来源:国家统计局

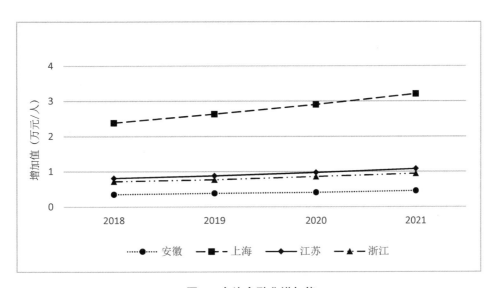

图 2　人均金融业增加值

数据来源:国家统计局

表1 长三角三省一市金融业增加值情况

项 目	省市	2018	2019	2020	2021
金融业增加值 （亿元）	上海	5 901.90	6 535.20	7 216.20	7 973.30
	江苏	6 846.90	7 435.70	8 245.20	9 164.00
	浙江	4 506.30	4 904.00	5 538.20	6 159.10
	安徽	2 142.50	2 340.60	2 498.70	2 779.50
金融业增加值 占 GDP 比例（%）	上海	16.39	17.13	18.65	18.45
	江苏	7.35	7.46	8.03	7.88
	浙江	7.77	7.87	8.57	8.38
	安徽	6.30	6.31	6.46	6.47

数据来源：Wind

在本外币存款方面,江苏省相对于其他两省一市在存款规模上占据优势,而浙江省、上海市则呈现出较高的存款增速。得益于稳增长、保企业、惠民生政策措施,截至2021年末,江苏省本外币存款余额19.6万亿元,三年累计增长35.9%,分部门看,住户存款、非金融企业存款机关团体存款余额增量最为显著。上海市的本外币存款无论是体量还是增速都与浙江省非常接近。2021年末,上海市以17.58万亿元的存款余额位居第二,而浙江省则以17.08万亿元位居第三。受益于外向型经济的财富积累效应,上海市和浙江省过去三年存款余额累计增长均超过了45%。三省一市中存款规模发展相对较为缓慢的是安徽省,安徽省2021年末的存款余额为6.69万亿元,三年来累计增长30.6%。如图3所示。

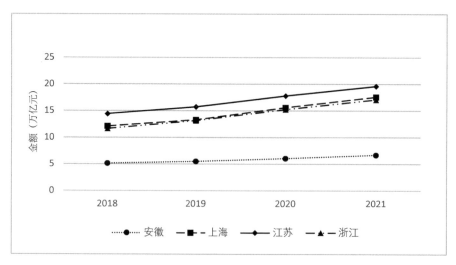

图3 本外币存款余额

数据来源：Wind

在本外币贷款方面,江苏省和浙江省规模与增速相对领先。截至 2021 年末,江苏省和浙江省的贷款余额分别为 18.01 万亿元和 16.58 万亿元,三年来累计增长 53.2% 和 56.7%。两省固有的"苏南模式"和"温州模式"加强了经济活力,而金融对实体经济领域的信贷支持进一步支撑了两省实体经济的发展。三年来,两省的民营经济贷款、普惠小微贷款、制造业贷款、涉农贷款、科技服务业贷款实现了大规模增长。上海市和安徽省则以 9.6 万亿元和 5.87 万亿元的贷款规模,以及 31.1% 和 48.7% 的累计增长率位居第三、第四。如图 4 所示。可见,实体经济始终是金融业发展的基石,长三角金融一体化过程离不开实体经济的发展。

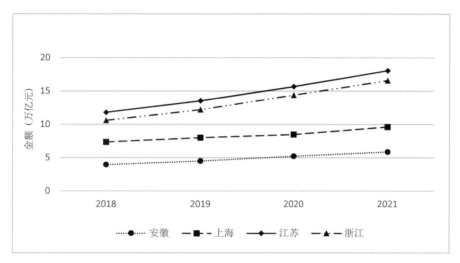

图 4　本外币贷款余额

数据来源:Wind

在保费收入方面,保费收入体现出一个地区保险行业发达的程度。2021 年,江苏省保费合计 4 051 亿元,位居长三角地区之首。浙江省的保费收入为 2 485 亿元,位居第二,从 2018 年到 2021 年,上海市的保费收入增长最快,累计增幅 40%,浙江省和江苏省则以 27% 和 22% 的累计增长率紧随其后。从保费收入结构上来看,寿险和健康险占比逐年增加,两者合计占比从 2018 年末的 66% 上升至 70%,体现出长三角地区人民对于养老、医疗方面的重视以及日益增加的相应保险需求。如图 5、图 6 所示。

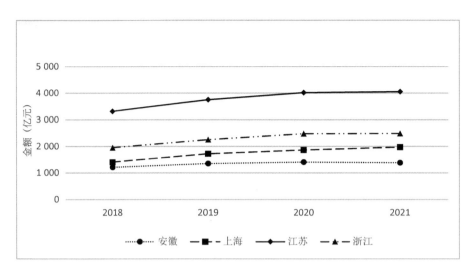

图 5　保费收入

数据来源：Wind

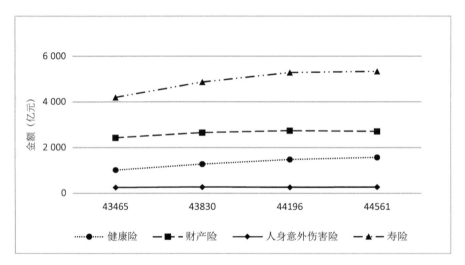

图 6　保费收入结构

数据来源：Wind

在金融业就业人数占常住人口比方面，上海市遥遥领先其他两省一市，体现出作为国际金融中心，上海所具有的强大金融禀赋（见图 7）。从发展趋势上看，上海和江苏的金融从业人数占比呈现上升态势，而安徽和浙江则呈现下降态势。

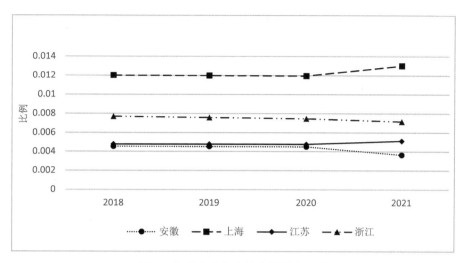

图 7　金融业就业人数占常住人口比

数据来源：Wind

在社会融资总额方面，由于市场主体经营周转和居民消费资金需求，江苏省和浙江省位居长三角地区前列。如图 8 所示。2021 年，江苏省和浙江省的社会融资总额为 3.5 万亿元和 3.4 万亿元。从结构看，对实体经济发放的本外币贷款占社会融资总额比重两省分别为69.6% 和 64.7%，而直接融资占比都超过 20%。上海市 2021 年的社会融资总额为 1.2 万亿元，而间接融资占比 88%，呈现出与其他省份截然不同的金融生态。安徽省 2021 年的社会融资总额 9 712 亿元，其中间接融资占比 67%，直接融资占比超过 20%，融资结构与江苏省、浙江省相近。

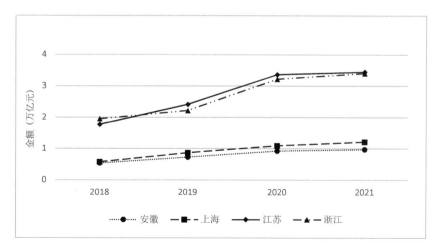

图 8　社会融资总额

数据来源：Wind

在间接融资的内在结构方面,非金融企业股票融资总额与企业债券融资总额能够反映企业融资主体的需求和市场参与者的风险偏好。长三角三省一市的非金融企业股票融资总额逐年增加。2021 年,上海市、浙江省和江苏省的非金融企业股票融资总额均在 1 200 亿元附近,这得益于上述地区畅通的直接融资渠道以及日益增长的实体经济活力。从 2018 年至 2021 年,上海市非金融企业股票融资总额增长了 1 055 亿元,超过浙江省的 839 亿元和江苏省的 707 亿元,增长势头良好(见图 9)。从企业债券融资总额来看,长三角各地区 2021 年企业债券融资均较为低迷。其中,江苏省和浙江省的下降的幅度最大,分别达到 4 682 亿元和 3 970 亿元(见图 10)。这是由于两省民营企业占比较高,而 2021 年民营企业发债数量、发债规模以及发债主体数量占比降至新低。民企债券发行规模的萎缩主要有两方面原因。一方面,民企违约率上升导致金融机构风险偏好下降,不愿意投资民企债券;另一方面,民企本身的投资需求随着宏观经济的波动而下降,债券融资需求不足。综上,在长三角金融一体化进程中,非金融企业股票融资总额稳定增长而企业债券融资总额较为低迷。债券市场作为支持长三角民营经济发展的重要融资渠道之一,当前市场规模逐渐萎缩的局面亟待改善。

在金融机构数量方面,2021 年上海市在长三角三省一市中占据绝对领先的位置,其证券公司、期货公司、基金公司的总数超过其余省份的总和。作为全球金融中心,上海拥有大量内资金融机构,同时,上海还吸引了外资证券基金期货机构 29 家,外资代表处 34 家。江苏省和浙江省在机构数量上基本持平,而安徽省的发展则相对较为滞后(见表 2)。

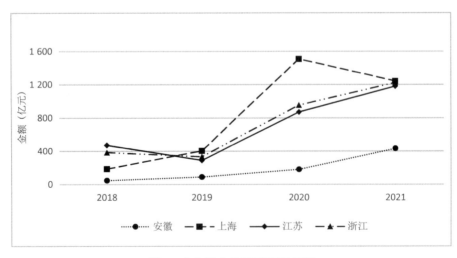

图 9 非金融企业股票融资总额

数据来源:Wind

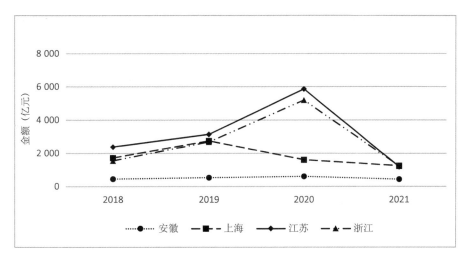

图 10　企业债券融资总额

数据来源：Wind

表 2　2021 年末金融机构数量　　　　　　　　　　　　　　　（单位：家）

机构类别	上海市	江苏省	浙江省	安徽省
证券公司	31	6	6	2
期货公司	35	9	12	3
证券期货分支机构	1 144	＞1 200	＞1 400	394
基金公司	61	0	3	0

注：上述机构均只包含辖内内资机构

数据来源：各省、市 2022 年金融运行报告

　　从上市公司数量来看，截至 2021 年末江苏省共有境内上市公司 571 家，浙江省共有境内上市公司 606 家。上海市共有境内上市公司 449 家，安徽省则有境内上市公司 117 家。上市公司数量体现了各省市辖内实体经济的活力，反映出直接融资对于地区经济的贡献。可以预见的是，随着长三角金融一体化的进一步实施，各省市上市公司的数量将进一步上升。

　　整体而言，长三角三省一市在金融业发展规模上呈现出一定的差异化。这主要体现在以下几个方面：首先，江苏省、浙江省由于实体经济发达，金融业进一步发展具有一定的潜力。如何利用好实体经济基础发展长三角金融一体化，同时使金融业对实体经济产生更大的支持力度，是摆在江苏省、浙江省面前的重要课题；其次，上海市的金融业具备外溢的能力，利用已有优势带动周边省份发展将使上海市在长三角地区发挥更大的能量；再次，安徽省的金融业发展相对滞后，找准产业发展机会，挖掘、盘活自身金融需求，将使安徽经济得到更好的发展。

　　北京大学数字普惠金融指数（以下简称"数字普惠金融指数"）衡量的是地区普惠金融和

创新型数字金融的发展程度,涵盖了数字金融的覆盖广度、使用深度和普惠金融数字化程度,并在数字金融使用深度的维度下进一步在支付、保险、投资、信贷等细分领域进行了探讨。将数字普惠金融指数纳入衡量长三角三省一市的金融发展(见图11、图12),有助于探讨长三角金融业在基础设施建设以及技术创新上的差异。

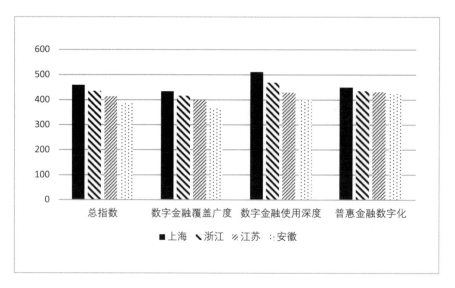

图 11　数字普惠金融指数

数据来源:北京大学数字金融研究中心

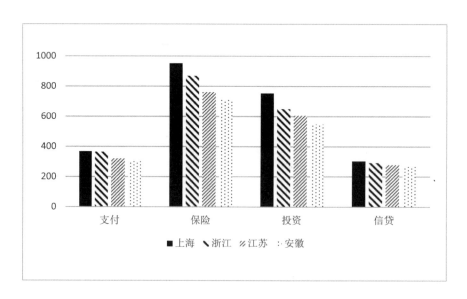

图 12　数字金融使用深度

数据来源:北京大学数字金融研究中心

从数字普惠金融指数上看,2021 年长三角地区数字普惠金融发展程度呈现出由上海市向浙江省和江苏省辐射,再向安徽溢出的态势。上海市分别在总指数、数字金融覆盖广度、使用深度、普惠金融数字化方面居长三角之首。在数字金融的使用深度的细分领域方面,上海在保险和投资领域与其他省份显著拉开了差距。浙江省在支付和信贷领域的数字化创新起步较早,因此在这两个领域和上海几乎在同一发展水平。由此可见,在数字金融和普惠金融领域,长三角三省一市有进一步加强融合,深化协同的空间。而进一步发展数字普惠金融,有赖于建立信息共享机制,提升数据分析实力。

从不良贷款比率看,三省一市总体呈现下降趋势,其中上海市、浙江省相对较低,体现出良好的风险管理能力。目前,上海市、浙江省、江苏省的不良贷款比率均低于 1%(见图 13)(安徽省 2019 年数据为 1.8%,其后再未公布)。因此,长三角金融风险防范化解成效明显,高质量发展和高水平安全实现良性互动。

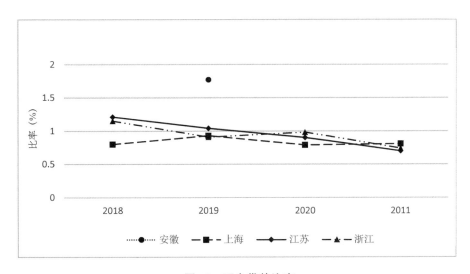

图 13 不良贷款比率

数据来源:Wind

2. 长三角主要金融指标与全国指标的对比

2021 年末,长三角地区本外币存款余额合计 60.95 万亿元,占全国 26.24%。本外币贷款余额 50.1 万亿元,占全国 26%。这两个比例与长三角占全国 GDP 的比重(24%)基本一致,体现出长三角对于我国整体经济的贡献巨大。存款余额对应着地区收入,体现了地区消费潜力,而贷款余额则反映出地区的投资活力,因此进一步推动长三角一体化对拉动地区经济有直接的促进作用。

长三角地区金融业增加值占全国金融业增加值的 28.59%,体现出长三角金融发展相较于其他省市具有领先地位。长三角金融业就业总人数 144.76 万人,占全国金融业就业总人数的 17.69%,因此从业者人均增加值远远领先全国平均水平,体现出金融业效率的优势。

在社会融资总额方面,长三角 2021 年合计社会融资总额 9.03 万亿元,占全国 28.81%,该比例在 2018 年为 21.49%,体现出近几年来长三角地区实体经济的资金需求比其他地区更大。从细项上来看,长三角地区企业债券融资总额占全国的百分比逐年增加,从 2018 年的 23.14% 上升至 2021 年的 44.93%,非金融企业股票融资总额则常年占据全国 30% 以上的份额。这说明长三角地区直接融资的发展进程走在全国前列。

表 3　2021 年长三角三省一市金融业发展相关指标

指标	上海	江苏	浙江	安徽
金融业增加值(亿元)	7 973.30	9 164.00	6 159.10	2 779.50
GDP(万亿元)	4.32	11.64	7.35	4.30
本外币存款余额(万亿元)	17.58	19.60	17.08	6.69
本外币贷款余额(万亿元)	9.60	18.05	16.58	5.87
非金融企业股票融资总额(亿元)	1 241	1 179	1 223	431
企业债券融资总额(亿元)	989	6 808	6 064	905
上市公司数量(家)	449	571	606	117
保费收入(亿元)	1 971.00	4 051.10	2 485.00	1 379.67
金融从业人数(万人)	32.38	43.47	46.70	22.21

数据来源:Wind

从数字普惠金融指数的角度来看,长三角三省一市常年位居全国前十。上海市自 2011 年以来总指数始终位于全国第一,浙江省则牢牢位居第三。江苏省和安徽省进步较快,前者从 2011 年的第七位上升至 2021 年的第四位,后者从 2011 年的第 18 位上升至 2021 年的第 9 位。因此,从数字普惠金融发展的角度而言,上海市和浙江省起步早、底子厚,而江苏省和安徽省则展现出良好的发展势头。

长三角地区的平均不良贷款比率低于全国水平将近 1 个百分点,显示出良好的业务稳健性以及强大的金融风险管理能力。截至 2021 年末,除尚未披露数据的安徽省外,上海市、江苏省和浙江省不良贷款比率的算术平均值为 0.75%,而全国水平则为 1.73%,长三角地区整体信贷资产质量高于全国平均水平,风险管理水平较高。如表 4 所示。

表 4　2021 年长三角地区相关指标与全国对比

指标	长三角	全国	长三角占全国比例(%)
GDP(亿元)	27.61	114.37	24.14
金融业增加值(亿元)	26 075.90	91 205.60	28.59
社会融资总额(亿元)	90 312	313 509	28.81

指标	长三角	全国	长三角占全国比例（%）
金融从业人员（万人）	144.76	818.50	17.69
不良贷款率（%）	0.75	1.73	—

数据来源：Wind

3. 金融发展规划及政策分析

2021年，长三角三省一市分别制定了第十四个五年规划和二〇三五年远景目标，并在金融领域作出了长远的部署，对金融业发展和金融业集聚区建设进行了整体规划。本报告主要针对上海、江苏、浙江、安徽的金融业发展规划及金融业集聚区布局进行分析解读。

1）上海市

上海市把显著提升国际金融中心能级作为其"十四五"的重要目标，具体而言将做到以下七个方面：第一，增强金融服务实体经济能力；第二，建设人民币金融资产配置和风险管理中心；第三，把握机遇加快推动金融高水平对外开放；第四，推进人民币可自由使用和资本项目可兑换先行先试；第五，建设具有全球影响力的资产管理中心；第六，建设具有全球竞争力的金融科技中心；第七，营造与国际接轨的优良金融生态。

上海市在《上海国际金融中心建设"十四五"规划》中进一步提出了要加强对长三角地区更高质量一体化发展的金融支持。上海市将加强区域金融要素市场协作，提升长三角资本市场服务基地功能，服务区域企业在资本市场融资；加强长三角区域股权市场合作；推动长三角大宗商品期货与现货市场合作；促进区域金融合作创新，建设长三角区域科创金融改革试验区；支持金融业务跨区域发展，推进长三角支付清算、信用担保、授信管理等业务同城化；加强区域金融监管协同，进一步优化长三角区域人民银行、银保监局、证监局和地方金融监管局之间的合作机制；继续完善长三角地方金融监管局局长圆桌会议制度。加强信息沟通和监管联动，建立风险联防联控和重大案件协调处置机制；扩大金融行业组织交流，鼓励长三角区域金融行业协会加强合作。

2）江苏省

在《江苏省国民经济和社会发展第十四个五年规划和二〇三五年远景目标纲要》中，江苏省提出将在"十四五"期间提高金融服务实体经济的效率和水平。江苏省将强化现代产业体系的金融支撑、推动金融支持科技创新，并健全普惠金融服务体系。

《江苏省"十四五"金融发展规划》指出，江苏省将全面融入长三角一体化发展。积极推动长三角金融一体化发展，进一步巩固长三角金融管理部门定期交流平台机制，共同加强对重大前沿问题的前瞻性研究，推进长三角金融领域规划衔接和政策协同，合力打造功能互补、优势叠加、特色明显的长三角金融生态圈。主动促进上海金融资源优势与江苏实体经济嫁接融合，支持近沪地区对接上海金融机构布局配套功能拓展区。会同兄弟省市积极争取国务院金融管理部门将更多金融改革创新政策在长三角地区试点，共同落实上海国际金中心建设和金融支持沿沪宁产业创新带、G60 科创走廊先进制造业高质量发展、长三角生态绿色一体化发展示范区建设等政策措施。

江苏省将重点打造南京市和苏州市作为区域性的金融业集聚区。具体而言,南京市将发展新街口金融商务区、建邺区河西金融城、江北新区新金融示范区。南京市将形成以河西金融集聚区为核心,江北新金融中心和新街口金融商务圈为两翼的"一核两翼、多点联动"的金融空间布局。全力建设科创金融改革试验标杆区、产业金融发展示范区、金融科技应用创新区、国际金融中心协同承载区。南京市金融业集聚区的主要业态包括:产业金融、科技金融、绿色金融和知识产权金融。其主要目标为建设成为南京都市圈金融要素配置的重要枢纽,上海国际金融中心辐射带动区域金融一体化发展的重要战略支点,基本建成具有持续创新能力、专业特色和国际化特征的东部重要金融中心。

苏州市将发展相城区的数字金融产业聚集区和位于苏州高新区的金融小镇。苏州市将立足服务地方经济社会发展,完善涵盖债权融资、股权融资、企业上市、中介服务的多层次金融服务体系,推动国家级数字金融试点项目、持牌金融机构、数字金融企业、创新创业企业、大院大所、产业基金、专业服务机构协同聚集发展。打造成为金融服务实体经济、数字金融创新、全国产业资本和金融开放合作的标杆城市。苏州市金融业集聚区的主要业态包括:数字人民币、金融区块链、金融科技、产业投资基金。其主要目标是建设国家级数字金融产业集聚区,成为功能性金融中心。

3）浙江省

浙江省在《浙江省金融业发展"十四五"规划》中提出,"十四五"期间将提升金融服务实体经济能力。实施融资畅通工程升级版,实现金融要素高效配置和循环畅通。健全多层次资本市场体系,加大企业上市和并购重组推进力度,提升资本市场服务企业全生命周期能力,推动上市公司高质量发展。开展区域性股权市场创新试点,率先建立资本市场普惠服务体系。拓展多元融资渠道,健全企业发债融资支持机制。深化政策性融资担保体系建设,完善担保服务机制。加大数字赋能金融产品和服务创新力度。加快打造全国一流新兴金融中心。坚持金融科技方向,联动建设钱塘江金融港湾、杭州国际金融科技中心和移动支付之省,建设数字金融先行省。推进杭州金融科技创新监管试点,完善金融科技基础设施,争取数字人民币试点。建立完善金融科技风险防范机制,落实金融信息安全保护制度。加大金融科技人才支持力度,营造一流金融科技发展环境。深化区域金融改革,大力发展科创金融、普惠金融、绿色金融和数字金融,创新政保合作机制。支持地方法人金融机构做优做强。

对于长三角金融一体化发展,《浙江省金融业发展"十四五"规划》进一步提出:浙江省将支持长三角高质量一体化发展。支持长三角现代化基础设施互联互通,深化投融资方式创新,用好地方政府专项债等工具充实资本金。积极争取全国性金融机构总部资源倾斜,推动区域内分支机构密切协作,通过银团贷款、联合授信、债券联合承销、保险资金运用等方式,加大金融支持力度。规范有序推广政府和社会资本合作（PPP）、基础设施领域不动产投资信托基金（REITs）等模式,有力保障长三角一体化发展、"一带一路"建设等重大项目建设资金。协同完善长三角金融一体化合作机制。主动对接上海各大交易所,推动浙江法人金融机构优化在长三角区域的发展布局。深入推进长三角绿色金融信息管理系统、征信机构联盟建设,探索抵押品异地互认。加强地方金融立法、自贸区金融创新、区域金融改革等方面合作,推进金融联合监管、风险联防联控等机制建设。

浙江省着力在杭州市和宁波市发展金融业集聚区。杭州市的金融业发展主要集聚于以杭州金融城、钱塘江金融城为主的钱塘江金融港湾核心区,主要打造金融机构总部集聚区、国际金融科技核心区、财富(资产)管理核心区,重点集聚发展省级以上银行、证券、保险金融机构,大型要素交易场所、大型金融科技公司、大型财富(资产)管理机构、大型公(私)募基金、上市公司投融资总部和其他专业型金融服务机构总部。杭州市金融业集聚区的主要业态为:金融科技、财富管理以及其他新兴金融服务业。争取到 2035 年,将杭州市建设成为全球领先的国际金融科技中心。宁波市金融业发展主要依托两大国家级试验区的推进,即宁波国家保险创新综合试验区和普惠金融改革试验区。宁波市的金融业集聚区位于宁波东部新城金融商务区,将围绕国家级保险创新综合试验区、国家级普惠金融改革试验区建设,构建"一中心引领、三小镇联动"的空间格局,规划面积约 10 平方公里。打造保险供给侧结构性改革引领区、普惠金融精准优质服务试验区和两大改革试验区金融业集聚区。宁波市金融业集聚区的主要业态为产业金融、保险科技、普惠金融。争取到 2025 年,宁波市初步建成国际化程度高、辐射范围广的产业金融创新中心和区域性金融中心。

4)安徽省

在推动服务业高质量发展方面,《安徽省国民经济和社会发展第十四个五年规划和二〇三五年远景目标纲要》提出要稳步扩大金融业对外开放,积极稳妥推进金融产品和服务模式创新,发展高效安全、绿色普惠、开放创新的现代金融服务业。安徽省将现代金融作为"融会观通融会贯通"服务业重点工程的首要目标,鼓励发展科技金融、绿色金融,推动金融机构数字化转型,积极稳妥推进金融产品和服务模式创新。实施合肥滨湖金融小镇、蚌埠长安保险总部基地等项目。

在长三角金融一体化方面,《安徽省"十四五"金融业发展规划》提出安徽省要深化与上海各类金融要素交易市场的合作,积极引入金融要素资源。开展长三角区域性股权市场合作,推动开展制度和业务创新试点。参与设立长三角一体化发展投资基金。支持符合条件的长三角区域金融机构互设分支机构。探索建立长三角跨区域重大项目联合授信、联合(银团)贷款协作机制,支持安徽省长三角一体化重大项目建设。探索建立长三角经济金融信息共享交换机制,逐步推进金融结算、异地存储、信用担保、保险理赔同城化。加强安徽金融业与长三角著名金融研究机构及咨询机构的合作,促进建立金融人才柔性流动机制,吸引沪苏浙高端金融人才到安徽创业或任职。积极对接粤港澳大湾区建设,深化长江经济带、中部地区各省合作,加大资本市场互动,促进产业链、供应链上的深度对接。

在金融集聚方面,安徽省将以合肥市滨湖金融小镇作为抓手。安徽省将探索科技创新与金融融合的新路径、新模式和新机制,加快人工智能、大数据等核心技术在金融领域的开发应用,构建具有合肥特色的科技金融服务体系,汇聚金融力量服务合肥综合性国家科学中心、滨湖科学城建设,推动合肥成为区域内有影响力的科创金融试验区。滨湖金融小镇将以产业金融、普惠金融作为主要业态。继而实现建成合肥区域性科创金融中心的目标。

(三)长三角金融一体化发展方向及面临的问题

目前,长三角金融一体化发展已经初步完成顶层设计和体系建设,并在产品创新、合作机制方面取得了重大成就。

在顶层设计方面,上海市地方金融监管局牵头成立了上海层面推进"金融30条"工作机制,一体化示范区"金融同城化"、长三角金融支持绿色发展等相关领域一批重要创新举措率先落地。

在体系建设方面,相关金融市场通过一系列服务提升长三角企业到上海金融市场融资的效率和便捷度。例如,票交所创新推出供应链票据平台、贴现通、票付通等业务,运用金融科技手段,建设全国统一、安全高效、电子化的现代票据市场,更好发挥票据在供应链金融中的作用,帮助解决中小微企业、科创企业融资难的问题。

在产品创新方面,通过金融科技手段,让银行获得企业日常经营的各类信息,再结合银行大数据分析和风控手段,将极大帮助银行把握企业的运营和风险状况,实现信贷精准投放。为此,长三角三省一市依托"一网通办"大数据平台,推出了大数据普惠金融应用,实现了政务数据向银行的开放,引导商业银行敢贷、愿贷、能贷。

在合作机制方面,三省一市人民银行率先成立了金融服务长三角高质量一体化发展合作机制,建立长三角跨境人民币工作定期交流制度。同时共同推进长三角征信链推广应用,编制长三角普惠金融指标体系及长三角金融稳定季度指数等。三省一市证监局建立长三角证券期货监管服务协作联席会议机制,三省一市金融工作局也建立健全合作机制,为深化合作提供有力保障。

下一步,三省一市将更要紧密合作,深化金融服务"同城化",通过更为广泛和深刻的金融改革开放创新,推动金融市场深度服务长三角一体化以及金融产品业务创新,加速自贸试验区金融改革创新,使长三角成为引领我国经济高质量发展的主要动力源,打造成为我国发展最强劲的增长极。

目前,长三角金融一体化的发展过程中主要还存在以下几个方面的问题:

1. 相关机构的设置依然按照原有的行政区块划分,尚未与长三角金融一体化发展完全匹配

目前,长三角金融一体化主要由中国人民银行上海总部进行牵头协调,在具体的政策实施层面则由上海总部、南京分行、杭州中心支行、合肥中心支行分别落实。同时,上海总部与各分支行均未单独设立统筹管理长三角金融协调发展的部门,各区域间、各部门间的沟通,以及全局性政策的执行反馈并未形成统一有效的组织管理框架,整体效率有待进一步提升。

2. 根据监管规定,金融机构跨区域经营一直受到严格限制,这导致金融资源跨区域

流动受限,从而制约了金融资源的有效配置和利用,同时也使得长三角金融机构之间的竞争不足

中国人民银行于 2020 年 10 月 16 日发布《中华人民共和国商业银行法(修改意见稿)》。该意见稿明确规定了城市商业银行、农村商业银行、村镇商业银行等区域性银行应当在住所地范围内依法开展经营活动,未经批准,不得跨区域展业。2021 年 12 月 31 日,人民银行发布《地方金融监督管理条例(草案征求意见稿)》,提出地方金融组织原则上不得跨省级行政区域开展业务的规定。

就控制金融风险的角度而言,这两个文件的修订限定了地方金融组织的展业范围从而控制了风险暴露。但从加强金融要素市场化的角度来看,这一限制无形之中降低了市场充分竞争的程度,容易形成各行政辖区内金融资源的淤塞,不利于实体经济获得充分且经济的金融资源支持。

3. 金融机构现有经营管理模式有待进一步转型,分支机构在辖区内各自为政的模式亟需改变

以信贷业务为例,目前上海银行业金融机构存贷比不到 70%,低于苏浙皖三省。与存贷比偏低相伴的是,上海资金价格也相对较低。但是,原有模式下不同地区银行在风险管理、审批流程和审批权限有所差异,同一家银行系统内的互相竞争,区域间资金价格差异,以及项目当地行与异地授信行之间缺乏有效协作机制,都严重阻碍了信贷资源跨省流动。只有打通行政区域壁垒,整合资源并提高利用效率,才能使长三角金融一体化从微观层面上得以更好地落实。

4. 金融信息流缺乏完善的互联互通机制

长三角三省一市之间不管是地理位置上还是行政区域上都存在着分割,这种分割对于金融业发展所需的信息流通具有非常明显的阻碍作用,这造成辖区内金融机构之间的信息和数据存在孤岛问题,资本市场割裂、监管机制不佳,制约了长三角金融一体化的发展。

三、长三角金融一体化发展的主要路径及机制

长三角区域一体化上升为国家战略以来,其在国家经济社会发展中的地位和作用不断提高和增强。上海、江苏、浙江、安徽紧扣"一体化"和"高质量"两个关键词抓好重点工作,相互支持、各展所长、持续赋能,推动长三角一体化发展不断取得成效。然而,在过去很长一段时间内,受制于长三角三省一市间的发展不平衡、政策差异化、属地监管不协调等现实因素,长三角金融一体化缺乏协调,区域内金融资源流动并不顺畅。

金融资源作为一种重要的生产要素,其资源配置效率对社会经济发展具有重要作用。金融资源具有自身运动规律,在区域间的流动既受到市场层面上资金使用效率最大化的支配,更需要政策层面上体制机制和实施路径的推动与支持。近年来,伴随着上海国际金融中心建设进入新发展阶段,其金融机构聚集水平及金融市场齐备程度在全球排名不断跃升并

稳居前列,浦东引领区的建设也拉开了新一轮金融改革开放"先行先试"的序幕,上海城市金融功能得到进一步提升,与此同时,上海充分发挥其在长三角协同发展中的龙头作用,长三角金融一体化驶上快车道。

当前,长三角金融一体化将立足于为产业和城市发展服务的现实路径,将进一步集聚区域金融要素资源,提高资源配置效率,促进区域产业集群发展和城市产业升级。

(一)路径一:服务于产业集群发展

2020 年,人民银行、原银保监会、证监会、外汇管理局、上海市政府联合发布《关于进一步加快推进上海国际金融中心建设金融支持长三角一体化发展的意见》,其核心内容是金融服务实体经济高质量发展。2022 年 10 月,党的二十大在北京胜利召开,二十大报告中着重强调高质量发展是全面建设社会主义现代化国家的首要任务,也对金融事业高质量发展推进中国现代化进程提出了新的要求。长三角地区作为我国经济发展最活跃、开放程度最高、创新能力最强的区域之一,其经济高质量发展是构建国家新发展格局的重要基石,长三角金融一体化的推进需要服务于长三角经济一体化,服务于构建协调发展的区域产业体系。

一是要立足于服务战略性新兴产业一体化发展。首先,要挖掘长三角战略性新兴产业的金融需求。依托临港新片区在服务重点产业、战略性新兴产业金融创新先行先试的政策优势,在长三角区域内形成辐射圈层,挖掘长三角各地区战略性新兴产业的投融资需求、金融中介服务需求、股权激励服务需求,挖掘和服务于潜在企业主体的内部发展和外部兼并收购、债务重组、战略联盟的需求、创新企业全生命周期金融服务,特别是针对高科技企业、专精特精中小企业的各类金融服务需求。其次,着力构建长三角战略性新兴产业的金融服务体系。打造服务于科技创新和科技成果的产业化需求,服务于重点产业人才、战略性新兴产业人才、科技创新人才的股权激励等激励机制设计,与各地区的金融服务形成优势互补、协调协同的一体化金融服务体系。最后,深化各资本市场之间的联动。依托上海多层次资本市场比较完备的优势,进一步完善各层级资本市场之间的转板机制、进入退出机制,加强区域沟通、联动和协调机制。

二是要立足于现代服务业一体化发展的需要。一方面,挖掘长三角现代服务业的金融需求。长三角地区现代服务业活跃,外向型经济特征明显,要依托长三角各区域的现代服务业集聚区、现代服务业重点产业挖掘金融服务需求,发挥不同层级金融机构、金融市场之间所提供的不同能级的金融服务的协同性和及时性,满足现代服务业需求,以金融服务提升现代服务业能级和附加值。另一方面,以金融服务促进现代服务业的新技术、新模式、新业态、新产业的发掘、培育和壮大。依托自贸区、临港新片区的经济金融政策的先行先试,为转口贸易、离岸贸易等提供离岸金融服务创新。

三是要立足于服务现代农业一体化发展的需要。一方面,发掘现代生态农业发展所需的金融需求。依托长三角各地的农业基础和特色,进一步挖掘上海青浦、江苏吴江、浙江嘉善构成的"长三角生态绿色一体化发展示范区"的示范作用,打通要素流通渠道,大力发展普惠金融,为长三角的现代农业发展融资、融智,助力长三角现代农业、农村的发展,同时反过来促进农业金融体系的完善和深化,提升农业金融体系和普惠金融服务的能级和深度。另一方面,充分发挥期货市场功能。依托上海期货交易所等金融市场在国际农产品大宗商品市场的价格发现和定价功能,提高长三角地区现代农业发展所需要素的配置效率,提升农产品在国际农产品市场的竞争力和附加值,提升其在全球产业链中的价值。

四是要立足于服务长三角产业融合发展、构建协调发展产业体系的需要。一方面,进一步丰富当前上海国际金融中心已经形成的支付结算、价格发现、资源配置、风险管理、信息披露等功能内涵,借助大数据、云计算、区块链等赋能金融科技,促进产业链金融、普惠金融、绿色金融、数字金融、跨境金融等协调发展。另一方面,与长三角地区的本地金融服务形成辐射和优势互补,挖掘长三角地区产业结构调整、产业转型升级、产业融合发展中的金融市场、产品与服务需求,服务于产业链的构建、衍生、增值和升级,服务于提升长三角在全球产业链、价值链中的价值和地位。

(二)路径二:服务于城市升级建设

《长三角地区一体化发展三年行动计划(2021—2023)》提出要进一步发挥上海龙头带动作用,江苏、浙江、安徽要各扬所长,全面提升区域核心竞争力和全球资源配置能力,在加快形成以国内大循环为主体、国内国际双循环相互促进的新发展格局中发挥好开路先锋、示范引领、攻坚突破的作用,努力打造"一极三区一高地",加快形成经济活跃强劲、创新能力跃升、营商环境优良、要素流动畅通、绿色美丽宜居、公共服务便利共享的一体化发展新格局。

长三角金融一体化应立足于服务提升城市能级及城市发展一体化水平,包括基础设施一体化、平台互联互通、集聚区示范区一体化、联动协调机制改革、一体化营商环境等,充分挖掘和满足在服务长三角城市能级提升和城市一体化过程中的多层次金融服务需求,进而实现长三角金融一体化。

一是服务于互联互通综合交通体系。长三角金融一体化要服务于长三角互联互通综合交通体系的建设和能级提升,服务于沿海、沿江、省际铁路直连直通重大项目、跨区域城际铁路和市郊铁路、都市通勤交通圈的建设,服务于提升省级公路通达能力,服务于推动港口群协同发展,服务于打造世界级机场群,服务于发展和完善长三角高端高效运输服务供给体系的建设,通过满足长三角互联互通综合交通体系的投融资需求、风险管理需求等金融需求,实现金融服务供给和标准的协调、一体化。

二是服务于提升长三角能源互保共济能力。长三角金融一体化应立足于服务区域新能源和综合智慧能源领域的合作,立足于服务区域能源市场合作和交易机制创新,通过金融赋能跨区域能源基础设施、能源交易平台、能源科创平台、数字能源运营合作平台等促进和提升长三角跨区域能源互保共济,在此过程中探索跨区域绿色金融、碳金融等跨区域金融创新和一体化。

三是服务于新时代数字长三角建设。长三角金融一体化既要服务于数字长三角建设,又需要数字长三角建设的支撑。长三角金融一体化要立足于服务高标准数字基础设施建设,服务于"长三角工业互联网一体化发展示范区"建设,服务于"数字+"产业发展,服务于数字治理标准建设,金融赋能数字长三角建设,推动科技金融和金融科技的协同发展和标准建设,进而推动长三角金融一体化。

四是服务于集聚区、示范区及平台的跨区域联动建设。长三角金融一体化应立足于服务长三角生态绿色一体化发展示范区的高水平建设、服务于虹桥国际开放枢纽的高水平打造以及省级毗邻地区的深度合作;发挥金融支持欠发达地区的发展,通过普惠金融、农村金融等方式,增强欠发达地区的发展动能;服务于上海大都市圈、南京、杭州、合肥、苏锡常、宁波、徐州都市圈建设以及跨省特色合作区的发展;发挥金融支持长三角区域内各农业示范区、产业集聚区、文旅集聚带、新城的跨区域联动发展,开发和满足其中的金融服务需求,同步提升金融环境和条件,进而实现长三角金融一体化。

五是服务于推动长三角公共服务便利化共享。长三角金融一体化应立足于服务长三角公共服务便利共享,服务于跨区域人力资源、医疗卫生、教育、文旅、社会治理等公共服务基础设施的建设和联动发展,探索在社会保险、医疗保险、教育金融产品和养老金融等方面的金融创新,在满足长三角公共服务一体化的同时,推动长三角金融一体化的发展。

六是服务于一体化营商环境建设。长三角金融一体化应服务于长三角区域营商环境一体化的建设,服务于智慧法院、异地审理、金融法院等建设,服务于流动顺畅、搜寻匹配及时的人力资源跨区域流动体系,服务于跨区域联动体制机制的深化和落地,特别是聚焦金融营商环境的一体化建设,进而为长三角金融一体化提供环境和条件。

长三角一体化发展的基础是市场一体化,应着重运用市场力量促进金融资源在区域内优化配置,通过长三角区域共享、开放的制度资源,结合人民币国际化机遇来实现。因此,长三角金融一体化除了立足于产业发展和城市发展两方面外,还要通过市场化机制、一体化发展和金融开放机制来实现。

(三)机制一:完善市场化机制

金融的核心功能包括提供资金支付、结算、汇集和融通,为市场提供流动性,提供价格发现机制或定价机制,提供跨期、跨区域、跨经济活动配置资源的机制和途径,提供风险管理的工具、渠道和平台,提供公司治理和激励机制,解决信息不对称的市场机制。因此,金融业本身就是一种市场机制,其内涵和功能需要统一的大市场。《上海国际金融中心建设"十四五"规划》提出,到2025年上海国际金融中心能级显著提升,服务全国经济高质量发展作用进一步凸显,人民币金融资产配置和风险管理中心地位更加巩固,全球资源配置功能明显增强。为到2035年建成具有全球重要影响力的国际金融中心奠定坚实基础,提出上海国际金融中心建设的目标是"两中心(全球资产管理中心、金融科技中心)、两枢纽(国际绿色金融枢纽、人民币跨境使用枢纽)、两高地(国际金融人才高地、金融营商环境高地)"。为实现这一目标,上海提出国际金融中心建设的五个抓手,即"市场化、国际化、法治化、绿色化、数字化",

而市场化则是最基础也是最关键的抓手。长三角金融一体化应当着力培育市场化机制,包括培育市场化定价权、支持市场主体跨区域发展、打破市场割裂、打通要素流通渠道以及提升市场化机制的配套水平五个方面。

一是培育市场化的定价权。依托上海的各交易中心、托管清算中心以及长三角区域的产权、股权、私募等区域金融市场的联通,深化交易机制、定价机制改革,培育具有定价权和定价能力的金融市场和金融机构。通过加强长三角各区域市场在定价标准、定价机制、价格发现机制的沟通交流、协调联动和一体化改革,实现长三角金融一体化。

二是培育多样化市场主体,支持市场主体的跨区域发展。长三角地区民营经济活跃,要积极开展长三角民营经济跨区域协同发展,完善长三角各区域市场主体跨区域注册经营的利益分享机制和服务分担机制,促进民营经济的培育和发展壮大。通过深化培育多样化市场主体,为不同所有制、规模、类型的市场主体建立市场化的交易、交流机制,深化不同市场主体跨区域经营和发展机制的改革,从而实现长三角金融一体化。

三是打破市场割裂,建立区域统一大市场。建立长三角各类区域市场之间的沟通交流、协调联动政策和机制,进一步深化"放管服"改革,加强"放管服"改革中的一体化考虑和规划,完善各区域市场的进入、退出、转换机制改革,建立各区域在税费、业绩考核等方面的利益分享机制和责任共担机制,打破市场割裂,建立区域统一大市场,实现长三角金融一体化。

四是打通要素流通渠道,加强各要素市场的纵向和横向联动。进一步深化多层次资本市场改革,加强各层次资本市场之间的联动和转换机制,促进不同层级资本市场之间要素的流动,加强长三角区域产权、股权和私募等区域资本市场之间的互联互通,促进跨区域之间的流动。深化产品市场、要素市场、资本市场之间、区域之间的互联互通,打通要素流动渠道,通过类似于"沪港通"机制、人民币国际化和离岸金融的发展,实现全球金融资源要素在长三角区域的产品市场、要素市场、资本市场之间的流动和配置,也进一步打通区域内外要素的自由流动和效率配置,实现长三角金融一体化。

五是提升市场化机制的配套水平。进一步深化"放管服"改革和营商环境建设,加强长三角区域"放管服"改革和营商环境建设的一体化考虑和规划,提升政府服务水平和跨区域对接和流动的便利性,为各类市场化主体提供公平竞争、规范合法的经营环境,为市场化机制运行保驾护航,从而实现长三角金融一体化。

(四) 机制二:推进金融制度型开放

二十大报告中强调要推进高水平对外开放,要稳步扩大规则、规制、管理、标准等制度型开放,要优化区域开放布局,巩固东部沿海地区开放先导地位,要有序推进人民币国际化。《上海国际金融中心建设"十四五"规划》所谋划的上海国际金融中心3.0版本建设也需要更加突出的金融制度型开放来实现。上海国际金融中心的"两中心、两枢纽、两高地"都需要制度型的开放来推进,而长三角金融一体化则更加需要通过长三角区域共享制度型开放的制度资源,共享人民币国际化机遇来实现。

一是共享制度型开放的制度资源。以深化经济金融体制机制改革和上海国际金融中心3.0版本建设为依托,更多的让上海、北京和深圳共享香港国际开放的制度资源优势。依托自贸区、临港新片区制度型对外开放的先行先试,逐步推动长三角区域规则、规制、管理、标准等制度型开放并实现其共享。

二是共享人民币国际化机遇。未来,随着全球各国对于非美元货币的需求不断增加,多元货币金融中心格局(美元、欧元主导的欧美金融体系,人民币和日元主导的亚洲金融体系)将会形成,在经历竞争、合作、此消彼长等一系列复杂过程后,必将形成一个新的全球货币体系架构。因此,上海作为全球人民币产品交易中心和产品创新中心将大有可为。同时,长三角巨大的国际贸易需求将对人民币国际化形成强有力的支撑。届时,上海国际金融中心建设与长三角金融一体化将取得很好的协同效应,因此,人民币国际化是两大战略相互促进形成最大合力的难得机遇。

四、加快推进长三角金融一体化发展的对策建议

为加快推进长三角金融一体化发展,各方应在长三角地区现有金融业及产业特点的基础上,进一步加强基础设施建设、促进金融资源跨区域流动、协调发展绿色金融一体化、强化科技支持力度、加强金融政策协调性。

(一)加快推进长三角金融一体化发展的基础设施建设

1.建设长三角统一的信用信息平台

从长三角金融一体化的基础设施来看,征信体系的一体化建设尤为重要。长期以来,长三角各地区在信用领域存在信息孤岛,信息不能够充分共享和交流,从而造成效率损失。因此,长三角信用一体化的建设具有非常重要的意义。

在具体操作方面,一是建议聚焦数据开放、技术创新等关键点,切实打通信用长三角平台与三省一市信用信息平台的对接通道。推动信用可视化、可挖掘、可追溯的智慧型"信用长三角"平台建设;二是建议抓住信用评级市场对外开放关键时期,向贷款业务中的小额贷款公司、融资性担保公司等主体进一步开放信用评级市场,培育完善信用服务业体系;三是建议探索推动三省一市金融控股公司,以产业投资联盟或实体的形式形成投融资共同体,聚焦金融科技基础设施建设,全面推进长三角地区新型基础设施互联互通和生态优化。

2.加强长三角金融监管协同机制建设

建议优化有关机构在长三角的组织架构,提高长三角一体化的全局管理协调能力。当前,中国人民银行上海总行、南京分行、合肥中心支行、杭州中心支行分别对三省一市进行管辖,在区域协调、一体化发展过程中存在一定的组织架构、协调机制优化的空间。相关机构可根据长三角金融一体化需要进行架构调整,提升监管协同效率。

3. 推进长三角一体化金融稳定评估系统建设

建议编制长三角普惠金融指标体系及长三角金融稳定季度指数。由于长三角民营经济活力较强,金融创新层出不穷,区域或存在一定的影子银行风险、信用风险,以及金融秩序紊乱的风险。长三角金融服务的健康一体化发展,离不开区域联动的风险预警体系和相互协调的监管机制。三省一市相关金融监管机构应加强联动,开展长三角金融监管机制的顶层设计,实现协同统一监管。

4. 加强金融统计信息共享

建议打通区域内金融机构间以及金融机构与其他行业间的数据壁垒,在法律层面和实际操作中实现一定的突破。在以往的展业过程中,金融机构希望可以使用官方征信系统和税务、海关、电力、工商等几大政府部门的"硬数据",也希望能够和其他金融机构、实体企业实现更大范围的信息互联互通。如果能够通过一定的数据交换机制进行数据共享,势必将极大程度上降低信息不对称性,金融机构展业风险将得以降低。

5. 推动制定长三角金融一体化发展专项规划

长三角金融一体化离不开时间进度的规划和区域功能的规划。建议编制《长三角金融一体化发展规划》,确定长三角金融一体化发展的中长期目标、主要步骤及协调措施;区域内主要城市制定因城施策、一城一策的具体实施方案。

(二)促进金融资源跨区域流动

为了促进金融资源的跨区流动,可以从允许金融机构跨区经营、发展自贸区创新业务、从长三角一体化角度规划发展进行着手。

目前金融机构受到严格的跨区经营限制,这种模式避免了区域间金融风险的传递,同时也降低了金融资源在区域间流动的活力。为了促进资本要素的市场化定价以及有效分配,建议尝试修改监管规则,在长三角地区试点金融机构跨区域经营模式。这一模式的转变将很大程度上引入新的行业竞争,有效提升资金利用效率,使原本无法获得资金支持的行业及企业将能够得到金融服务的覆盖,实体经济融资成本将进一步降低。

在金融业务增量方面,建议将各地自贸区创新业务进行推广复制。例如,可将负面清单管理、对外投资备案制管理、跨境人民币双向资金池等模式向自贸区外延伸。在金融市场(资本市场)发展方面,应充分利用长三角一体化带来的要素流动,降低实体经济的融资成本;在人才流动方面,建议加强人员业务交流,扩大业务沟通渠道,从而提高区域金融发展水平。

(三)促进长三角绿色金融一体化发展

长三角金融一体化中很重要的一环是发展绿色金融。"双碳"目标的提出,为绿色金融创造了巨大的需求。为此,国家发改委印发《长三角生态绿色一体化发展示范区绿色金融发展实施方案》,提出金融机构应加大绿色金融产品供给,探索开发能效贷款、碳排放权质押贷款等创新信贷产品。随后,《江苏省关于大力发展绿色金融的指导意见》《湖州市绿色金融促进条例》《上海加快打造国际绿色金融枢纽,服务碳达峰碳中和目标实施意见》等文件相继推出,预示着绿色金融一体化整装待发。建议长三角各地区依照绿色金融发展规划,利用好金融科技,对绿色科技企业进行更大力度的金融支持。同时,也应严格风控管理,防范项目"洗绿""漂绿""染绿"风险,真正做到为绿色经济提供高质量服务。

(四)加强长三角金融一体化的科技支持

科技支持是长三角金融一体化最重要的动力之一。长三角金融一体化就是要利用好科技的力量,有效提升区域数据流动、金融运行效率。因此,建议充分利用大数据、云计算、区块链等金融科技手段,制定数据共享以及使用法律法规建立起统一的数据标准和大数据平台,实现促进金融业发展所需的信息在深度和广度上更充分的流动。由于数据本身并不存在行政区域、行业的限制,因此可以进一步抽象为数据资产,从而使金融业更好地参与服务实体经济。未来,长三角在征信供给、产权交易、监管体系等领域,都将受益于科技支持所带来的信息流互联互通。

(五)加强金融政策协调

区域间、层级间协调的金融政策是长三角金融一体化的手段之一。从目标来看,金融政策是为了金融业全面服务实体经济而设定的规则,这一目标在落地执行层面应得到完整、全面的解读并予以充分的实施。可以说,金融政策需要顶层设计,但落地执行离不开地方。为此,建议长三角金融一体化的顶层设计应充分考虑地方发展特点和诉求反馈,而地方在制定执行细则时应尽量与顶层设计的目的靠拢,在确保一致性的同时提高执行效率,从而提高金融政策协调性,为更好地服务实体经济打下基础。

参考文献

[1] 安徽省人民政府.安徽省国民经济和社会发展第十四个五年规划和二〇三五年远景目标纲要[R].

[2] 安徽省人民政府.安徽省"十四五"金融业发展规划[R].

[3] 郭峰,王靖一,王芳等.测度中国数字普惠金融发展:指数编制与空间特征[J].经济学(季刊),2020,19(4).

[4] 江苏省人民政府.江苏省国民经济和社会发展第十四个五年规划和二〇三五年远景目标纲要[R].

[5] 江苏省人民政府.江苏省金融业发展"十四五"规划[R].

[6] 陆岷峰.长三角区域金融一体化动因、现状与对策[J].广西经济管理干部学院学报,2019(4).

[7] 马子玉,李巍,王琦.金融发展促进区域经济一体化了吗?——来自长三角区域的经验证

据[J].哈尔滨商业大学学报(社会科学版),2022(02).

[8] 上海市人民政府.上海市国民经济和社会发展第十四个五年规划和二○三五年远景目标纲要[R].

[9] 上海市人民政府.上海国际金融中心建设"十四五"规划[R].

[10] 邵宇,陈达飞.协同推进上海国际金融中心与长三角一体化建设[G].

[11] 屠光绍.承上启下,上海国际金融中心建设步入 3.0 时代[EB].2021－9－14,https://mp.weixin.qq.com/s/GWoPSGbevkCzZU0mTvj0Ug.

[12] 吴成颂,王姗姗,程茹枫,叶丽圆.长三角金融一体化高质量发展评价与提升策略[J].江苏海洋大学学报(人文社会科学版),2022,20(02).

[13] 浙江省人民政府.浙江省国民经济和社会发展第十四个五年规划和二○三五年远景目标纲要[R].

[14] 浙江省人民政府.浙江省金融业发展"十四五"规划[R].

[15] 中国人民银行合肥中心支行.安徽省金融运行报告(2022)[R].

[16] 中国人民银行杭州中心支行.浙江省金融运行报告(2022)[R].

[17] 中国人民银行上海总部.上海市省金融运行报告(2022)[R].

[18] 中国人民银行南京分行.江苏省金融运行报告(2022)[R].

[19] 中国人民银行,中国银行保险监督管理委员会,中国证券监督管理委员会,国家外汇管理局,上海市人民政府.关于进一步加快推进上海国际金融中心建设和金融支持长三角一体化发展的意见[R].2020.